民营企业家的
先贤和楷模

张謇传

张孝若

◎ 著

岳麓書社 · 长沙　博集天卷 CS-BOOKY

图书在版编目（CIP）数据

张謇传/张孝若著. —长沙：岳麓书社，2021.2

ISBN 978-7-5538-1489-6

Ⅰ.①张…　Ⅱ.①张…　Ⅲ.①张謇（1853—1926）—传记

Ⅳ.①K825.38

中国版本图书馆 CIP 数据核字（2020）第 260789 号

ZHANG JIAN ZHUAN

张謇传

作　　者：张孝若

责任编辑：蒋　浩　田　丹　章　程

责任校对：舒　舍

书籍设计：利　锐

岳麓书社出版

地址：湖南省长沙市爱民路 47 号

邮编：410006

版次：2021 年 2 月第 1 版

印次：2021 年 2 月第 1 次印刷

开本：680mm×955mm　1/16

印张：18

字数：240 千字

书号：ISBN 978-7-5538-1489-6

定价：58.00 元

承印：天津丰富彩艺印刷有限公司

如有质量问题，请致电质量监督电话：010-59096394

团购电话：010-59320018

张季直先生在近代中国史上是一个很伟大的失败的英雄，这是谁都不能否认的。他独立开辟了无数新路，做了三十年的开路先锋，养活了几百万人，造福于一方，而影响及于全国。终于因为他开辟的路子太多，担负的事业过于伟大，他不能不抱着许多未完的志愿而死。这样的一个人，是值得一部以至于许多部详细传记的。

——著名学者胡适

物则棉铁，地则江淮，盖其自任天下之重如此，着眼远处，着手近处，凡在后生，宜知勉矣；

早岁文章，壮岁经济，所谓不作第二人想非耶，孰弗我有，孰是我有，晚而大觉，尚何憾乎。

——教育家黄炎培

张謇一生似乎是一个结束二千年封建旧思想，最最殿后，而值得注意的一个大人物。同时亦是走向新社会，热心为社会服务的一个先驱者。

——张謇挚友刘厚生

（张謇）先生脱离了政界的旋涡，看定了实业界中有造机会之可能，他毫不迟疑地抓牢着，奋斗着，终究建设了许多伟大的事业；他抛弃了虚荣，更抛弃了因做官而得的势力和金钱，情愿找能替社会尽义务的机会，在中国实业上，另开了一条新路，完全从他的机警、创造性和智慧几方面得来的。

——翻译家邝富灼

昔南通因有张四先生，致地方事业大兴，号称"模范县"。如各县都能有张四先生其人，则国家不患不兴。

——实业家荣德生

今者于中华国家，不问朝野，为开发中华抱一志愿而始终不改者，殆无一人。惟公独居南通之地，拥江北之区域，献身于实业之振兴，尽心于教育之改革，卓举效果，此世人之所以称伟也。

——日本农学家驹井德三

在中国近代史上，我们很难发现另外一个人在另外一个县，办成这么众多的事业，产生这么深远的影响。

——历史学家章开沅

张謇是一位伟大的实业家、教育家，他的实业实践和教育实践的思想基础不是极端的利己主义，而是以人道与理性追求为特征的人文主义精神。

——历史学家茅家琦

目 录

C o n t e n t s

第二编

光绪二十五年己亥（1899 年）至宣统三年辛亥（1911 年）

第三编
民国元年壬子（1912 年）至十五年丙寅（1926 年）

南通张季直先生传记序

传记是中国文学里最不发达的一门。这大概有三种原因：第一是没有崇拜伟大人物的风气；第二是多忌讳；第三是文字的障碍。

传记起于纪念伟大的英雄豪杰。故柏拉图与谢诺芳念念不忘他们那位身殉真理的先师，乃有梭格拉底的传记和对话集。故布鲁塔奇追念古昔的大英雄，乃有他的《英雄传》。在中国文学史上，所有的几篇稍稍可读的传记，都含有崇拜英雄意义，如司马迁的《项羽本纪》便是一例。唐朝的和尚崇拜那十七年求经的玄奘，故《慈恩法师传》为中古最详细的传记。南宋的理学家崇拜那死在党禁之中的道学领袖朱熹，故朱子的年谱成为最早的详细年谱。

但崇拜英雄的风气在中国实在最不发达。我们对于死去的伟大人物，当他刚死的时候，也许送一副挽联，也许诌一篇祭文，不久便都忘了！另有新贵人应该逢迎，另有新上司应该巴结，何必去替陈死人算烂账呢？所以无论多么伟大的人物，死后要求一篇传记碑志，只好出重价向那些专作诔墓文章的书生去购买！传记的文章不出于爱敬崇拜，而出于金钱的买卖，如何会有真切感人的作品呢？

传记的最重要条件是纪实传真，而我们中国的文人却是最缺乏说老实话的习惯。对于政治有忌讳，对于时人有忌讳，对于死者本人也有忌讳。圣人作史，尚且有什么为尊者讳，为亲者讳，为贤者讳的谬例，何况后代的谀墓小儒呢！故《檀弓》记孔氏出妻，记孔子不知父墓，《论语》记孔子欲赴佛肸之召，这都还有直书事实的意味，而后人一定要想出话来替孔子洗刷。后来的碑传文章，忌讳更多，阿谀更甚，只有歌颂之辞，从无失德可记。偶有诽谤，又多出于仇敌之口，如宋儒诋诬王安石，甚至于伪作《辨奸论》。这种小人的行为，其弊等于隐恶而扬善。故几千年的传记文章，不失于谀颂，便失于诋诬。同为忌讳，同是不能纪实传信。

传记所写所传的人最要能写出他的实在身份，实在神情，实在口吻，要使读者如见其人，要使读者感觉真可以尚友其人。但中国的死文字却不能担负这种传神写生的工作。我近年研究佛教史料，读了六朝唐人的无数和尚碑传，其中百分之九十八九都是满纸骈俪对偶，读了不知道说的是什么东西。直到李华、独孤及以下，始稍稍有可读的碑传。但后来的"古文"家又中了"义法"之说的遗毒，讲求字句之古，而不注重事实之真，往往宁可牺牲事实以求某句某字之似韩似欧，硬把活跳的人装进死板板的古文义法的烂套里去，于是只有烂古文，而决没有活传记了。

因为这几种原因，二千年来，几乎没有一篇可读的传记。因为没有一篇真能写生传神的传记，所以二千年中竟没有一个可以叫人爱敬崇拜、感发兴起的大人物！并不是真没有可歌可泣的事业，只都被那些谀墓的死古文骈文埋没了。并不是真没有可以叫人爱敬崇拜、感慨奋发的伟大人物，只都被那些烂调的文人生生地杀死了。

近代中国历史上有几个重要人物，很可以做新体传记的资料。远一点的如洪秀全、胡林翼、曾国藩、郭嵩焘、李鸿章、俞樾；近一点的如孙文、张之洞、张謇、严复、袁世凯、盛宣怀、康有为、梁启超——这些人关系一国的生命，都应该有写生传神的大手笔来记载他们的生平，用绣花针的细密功夫来搜求考证他们的事实，用大刀阔斧的远大识见来评判他们在历史上的地位。许多大学的史学教授和学生，为什么不来这里得点实地训练，做点实际的史学功夫呢？是畏难吗？是缺乏崇拜大人物的心理吗？还是缺乏史才呢？

张季直先生在近代中国史上是一个很伟大的失败的英雄，这是谁都不能否认的。他独立开辟了无数新路，做了三十年的开路先锋，养活了几百万人，造福于一方，而影响及于全国。终于因为他开辟的路子太多，担负的事业过于伟大，他不能不抱着许多未完的志愿而死。这样的一个人，是值得一部以至于许多部详细传记的。

他的儿子孝若先生，近年发誓用全副精力做季直先生的传记。他已费了几年工夫编辑季直先生的全部著作，自己亲手整理点读。这部全集便是绝大的史料。还有季直的朋友的书信，保存在南通的，也有近万封之多，这也是重要史料。季直先生自己又编有年谱，到七十岁为止，此外还有日记，这都是绝可宝贵的材料。有了这些材料做底子，孝若作先传的工作，便有了稳固的基础和坚实的间架了。

孝若作先传，还有几桩很重要的资格：第一，他一生最爱敬崇拜他的先人，所以他的工作便成了"爱的工作"，便成了宗教的工作。第二，他生在这个新史学萌芽的时代，受了近代学者的影响，知道爱真理，知道作家传便是供国史的材料，知道爱先人莫过于说真话，而为先人忌讳便是玷辱先人，所以他曾对我说，他作先传要努力做到纪实传真的境界。第三，他这回决定用白话作先传，决定打破一切古文家的碑传义法，决定采用王懋竑《朱子年谱》和我的《章实斋年谱》的方法，充分引用季直先生的著作文牍来做传记的材料，总期于充分表现出他的伟大的父亲的人格和志愿。

有了这几种资格，我们可以相信孝若这篇先传一定可以开儿子作家传的新纪元，可以使我们爱敬季直先生的人添不少的了解和崇敬。

十八年十二月十四夜　胡适

复胡适之先生信

适之先生：

前天接到你的信并传序，我真铭刻心骨了！

这一回我求你作序，论理极应该将传记全稿送上请教，等你看后作序。但是我已将全稿付去排印，所以只好先将目录送上。难得你看了目录就给我作序，越发可感了！

你这篇序，关于传记在文学上的价值和努力作传记的途径，尽量发挥，周详指示，我很得到不少的启发。你问我有没有不可用之处，格外见得你的谦量，叫我佩服。

你说从前没有纪实传信的碑传，其根本原因，不失于谀颂，便失于诋诬，这种见解，确是定论。

我想从前碑传所以不能纪实传真，专说假话：第一，因为本人没有什么可说，只好想出话来凑成文章。第二，因为世间都认碑传是一种虚荣，只要好看，不管虚实。第三，因为文人作买卖式的文章，只要凑成缴卷，也不管所作的人是否符合。我还觉得中国文学上碑志还有好的，讲到传记，除你举的二三种外，简直找不出好的了。最大的原因，还是文体的障碍。

古今中外凡成为伟大人物的，本来一个人同时总有几种特长：有的是文学家兼政治家，有的是科学家兼哲学家，也有的是军事家兼文学家，这些人着实不少。譬如我父是个文人，但同时有事业，有政见，所以他的著作不是单纯的文集，他的传记也不是单纯的家传。

我这回作传记，抱定一个主意，就是对于我父一生主张的变迁，出处的关系，他的人格，他的志事，连他所交的朋友，和游宴的琐事，只要是我父亲口说的话，亲手做的事，只要能表现他的个性，不问他怎样寻常，不管他有无忌讳，我都尽力竭思，信笔直写。总想从各方面衬托放射出一个真的我父、活的我父。我希望读了我父的传记，就好像见了我父其人。话虽这样讲，这样设计，可是我的能力，哪配做这个工作，达这个目的呀？

你称我父为失败的英雄，这话确当得很。就是我父本人也承认的。因为他生平志事没有实现的，何止百分之八九十，只遗留了许多实地测验的具体计划。数十年来，他想办地方普及教育和民兵制度，没有成功；他想办通、海一带大电力厂，大纺织染厂，没有成功；他想垦辟沿海几百万亩的荒田，没有成功；他想疏治淮、运、江、湖、松、辽诸水道，没有成功；他想实现棉铁政策，改革盐法，和划一度量衡，没有成功。没有成功，不是失败吗？你的眼光看到我父一生的成功，只是一小部分，只是引路发端，距离他的志愿抱负，还远得很呢，到他瞑目，终于是个失败的英雄。这种评论，岂是寻常的颂扬，不是你说不出，不是我父当不起。

你说我作我父的传记，是"爱的工作"，我读到这里，不觉泪下了。自从我父逝世以后，我好譬一只失巢的小鸟，好譬一片离树的秋叶，多么地孤苦飘零，父子之爱，人生只有一回，地久天长，终身惘惘，从不作飞傍青云再上高枝之想。加之中国的社会环境所给予我们青年走的路，太狭仄了。前面高山要攒爬，后面大海要堕落。所以我发誓关着门埋着头编理父书，今日以后，还是死心塌地做这个工作，我希望你永远做我的监督人。

你所说作传该用的绣花针和大刀阔斧，我这回都用的。可不知道用得对不对，好不好。我父的身份神情，究竟写出没有写出，等你看过我的书，再听你的按语吧。我自己实在没有多大把握。

你序内奖勉我的地方，真叫我汗流浃背，无地自容，唯有格外加鞭奋勉而已。

你病后帮我作传序，这是永远不会忘记的。

张孝若　十八年十二月十八日

自序

○————————

　　我父的传记和年表，本来都为我父全集而作，我想摆在全集的前面，作为一个有系统的叙引。但是动笔一写，写成二十余万言，觉得太长了，不合于做叙引的体例。又因为二层原因，我就决定将传记、年表及年谱先行付印单行本：

　　一　自从我父逝世以后，中外人士常常问我要我父的详细历史，三年以来，几乎无月无之。所以我觉得我父的传记既然已经写成，就不必再耽搁时日了。

　　二　我父遗著门类很多，散在外边的，一直到现今还没有搜集齐全。就是关于编纂方面的许多工作，也很繁重。倘能给以充分时间，比较地可望少些遗漏，完整一点。

　　年谱本是我父自己编定的，只写到七十岁为止，我现在帮他续编四年到他逝世，但是前面凡关重要的事情，我父一时遗忘没有写入的，我也添进去不少，所有体裁，仍旧照我父自定一样，没有变动。

　　我写这篇传记，很取法于胡适之先生所编的《章实斋先生年谱》。我认为凡可以表现一个人的思想、主张、行事的地方，在他的著作内，都择要地摘录出来，这个方法是编著传记或年谱的一件极精妥、极有心得的发明。我更觉得凡后人帮前人编著东西，在时过事后加以追述记载，无论怎样详尽周到，总不如直接引证那位本人当时当事的作品来得妥当。何况我父有许多实在的事业，他一生几乎没有一件事没有一篇文字的。关于这传记内一篇一篇的摘录，因为既要摘出精彩要点，又要连贯接气，我着实也跟适之先生一样，费了一点工夫。

我写这篇传记，是拿年代做经，事类做纬，可是有一二处因为要归纳在一个相类的事的系统之内，所以年代和事类，有时难免不稍有先后。

谭组安丈的题字，胡适之先生的序文，都给这本书以无上光荣，我实在感激得很。

还有许多朋友，帮我查问事情、人名、时日，许文清、孔得天二君帮助我抄写，中华书局印刷所诸君帮助我校对，在这里也都得谢谢他们！

我写这传记，共费三个多月，时间异常匆促，加之我才力薄弱，不完妥的地方一定很不少，还希望读者诸君加以原谅，指教。

民国十八年十一月

张孝若　时年三十二

第一编

清咸丰三年癸丑（1853年）至光绪
二十四年戊戌（1898年）

第一章　导言及先世

第一节　导言

我构思设计，要作我父的传记，转眼将近两年了。

有时候已经要动笔，但想到写我父一生，不是一件容易的事，写得不妥当，反而失掉我作传记的本意。又想到，我父生我很晚，早年的事，不能亲知亲见；到了后来，我在国内外，进学游历，又离开了我父好几年。一来是我的识见，和观察，不足了解我父的一生；二来是我的思想力，和文笔，也不足传写我父的一生。所以两年来，虽是几次三番想动笔，终究动不来。可是现在，我整理我父的遗著，及创办事业历史，不久都将完成付印了。想到传记，是个需要的东西；既然需要，那我就不能过于迟疑审慎了。

等到我决定要动起笔来，又想起作传记，应用文言，还是用白话的一个问题；因此我着实又考虑了不少时候。用文言吧，有时叙述起来，恐怕不能宜畅自然，加之我的古文程度，没有根底，恐怕画虎不成，弄巧成拙，最后，我才决定用白话写。同时，又觉得用白话，做一篇很尊严庄重的东西，难免当世没有怀疑责备我的人，不觉又为难起来，忽然想到古人一句话"至亲无文"，说得很有道理，我既然替我父作传记，当然是再"至亲"也没有了；用白话写传记，是再"无文"也没有了。幸亏有这一层，还或者可以承当世的原谅，我于是立刻放胆动笔写起来。

我作这篇传记所依据的东西，不是我亲见亲闻的，就是见于我父著作，或亲友传述的。我必诚诚恳恳，原原本本写出来，没有一句假造粉饰的话，也没有一件靠不住铺张的事。我对于我父，虽然有骨肉天伦的恩情，但是向来作传记的人，应该有的坦白无隐的精神，和可以备史家正确立论的信条，我必自始至终，从我的思想，到我的笔尖，牢牢地抱住，决不因父子的关系，而有所违背和迁就。

美国鲁宾逊博士（Dr. J. H. Robinson）在《新史学》上说过："……实在说起来，历史家学最重要的职务，在于记载实在的事体，不问它怎样平常。"我并不是历史学家，但是我叙述我父的为人，和行事，也一定着重很实在、很平常的事体。

所以我的文字，或者有不完美的地方，而我这种时时刻刻，要将我父一生的真面目写出来的诚实的心意，可以自信，可以求谅于当世，还可以使我父心灵上得到多少的安慰。

第二节　先世

要写我父，不能不将我家族先世的渊源，叙述一番。

据《通州张氏宗谱》上所载，我们张氏，本来是江南常熟县人士。约在六百余年以前，适当元朝的末代，有一位名建字惟贤的，因躲避兵乱，从常熟名叫土竹山的地方，渡江迁移到通州的金沙场住下来，他就是我们第一世的迁祖。后来人丁一代比一代繁盛，散居到四处；宗族以内又分出许多支脉来，渐渐弄不分清。我们这支人丁，回溯上去，可以稽考的，只有第十一世祖以下一直到我（第十七世）；算来，他又是我们这分支的开山老祖了。

我们的高祖以上，都是乡农，到了高祖（第十四世朝彦公），在嘉庆初年，仍旧是种田过活，但是有了很少的家产。当他逝世的时候，我的曾祖，才只八岁；而我的伯曾祖，年纪比曾祖大得多，不晓得稼穑的艰难，时常出外游荡，很不为母亲姚夫人所喜。姚夫人有点积蓄，本想等曾祖长大成人后，私给予他。不料姚夫人在嘉庆九年（1804年）二月间，忽得急病而亡，来不及料理打算要做的事。但是伯曾祖也在外游荡得不回家里了。

哪里晓得，嫁到邱氏去的一位曾祖姑，疑心曾祖得了母亲的遗蓄钱财，于是不存好心，特地叫她大家的阿侄，去引诱曾祖赌博。赌具是本地的一种纸牌，名叫"十张麻雀"。她想，只有这种做法，可以荡兄弟的家财，从中渔利。果然不到两年，什么都输光了。那时候，乡间的人，有几句嘲笑曾祖的歌谣，说："张三麻雀输不足，今年卖田，明年卖屋。"哪想到这歌谣慢慢又应了事实，到第三年，果然将房屋卖掉了，是一位姓翟的买了去。

到了道光二十九年（1849年）春，翟姓忽然在堂下掘出姚夫人从前所藏的窖银，在两个瓦罐里，上面还盖了两层铜钱，翟姓得了这笔横财，自然就暴富起来。那时候，我的曾祖，已经迁往西亭去了。有许多人告诉他，并且劝他，去要还他母亲所藏匿的银钱，哪知道，他慷慨得很，说道："银子上并无我张家的记号，银子也不认识人，翟姓发财是命，我守我的穷，也是命。"

他的为人，性质非常地耿介。子女一多，更加窘迫。有一天，有位邻居李老太，看见曾祖母在河边淘很少的米，于是就拿她的米，约一斗光景，倾在祖母的淘箩里。后来曾祖晓得了，就节省了两个月的米，照数地还了她。还告诫祖父，不要忘记李老太的恩惠。等到老太的儿子死了，祖父每年必拿一斗米送给她，一直送到老太去世。

我所以要写这一段故实，因为要表示：我祖父，我父，一生不爱私财，和不取非分的财，实在有点得之历代遗传的天性和家教。

第三节　祖父母

我先前不是说过我曾祖以上都是种田的人家吗？一直到祖父方才识字读书。我祖父（第十五世彭年公）小时候很聪明，愿意读书。私塾里的丁姓先生很喜欢他。曾祖常常要叫祖父到田里边去做生活，而祖父不愿，总是走到私塾去。曾祖很发怒说道："家里穷，人口多，不种田，哪里来得吃？父亲在田里晒太阳，儿子到屋子里乘风凉，哪是道理？"

丁先生总是帮祖父说好话，最后才决定半天读书，半天种田。等读完了《诗经》，能做七言对就停止，从此，我家也是读书人家了。

我曾祖曾经有一回，借了李姓的钱，没有还他就去世了。去世后，李姓迫不及待就向祖父大索其债，十分横蛮，不讲情理；祖父忍不下去，愤愤地说道："父亲欠人债，儿子应该还，没有话说，但是不能受人家无理的侮辱。"于是即刻设法，当的当，借的借，凑成整数，请了许多戚友，当了众人面，还给李姓。到后来，祖父又请了通州宋蓬山先生，在家处馆。李姓要叫他的儿子来附读，请人来疏通。祖父说："从前的事，已经了结，儿子附学，是现在的事，有何不可？"

那时乡里中，不时发生吵闹纷争的事，大家晓得祖父长厚，很有点公道，常常不约而同到我家，请祖父评理处断。祖父总是细心体会，事的来由，理的是非，心平气和，帮双方判断曲直，排难解纷；大家都是心悦诚服，就此相安无事。祖父常说："我用口舌诚意，来保全乡里的和平，是良心上很安逸的事，可是后辈子孙，万万学不得。"这是祖父的意量和识见。

咸丰三四年间（1853—1854年），（南）通州海门一带，旱灾蝗害，遍地皆是；粮食一贵，穷人更多，求借讨饭，跑上门来，一天总有十几起。祖父及祖母，常常节省饭食，分给大家，个个欢天喜地。

有一年，我父出痘，邻居范姓子，也出痘。祖父怜他穷苦无告，拿了一条棉被，当了四百钱，帮他延医生，买药物，和照应自己儿子的病一样。

平常祖父坐小车出门，要过桥的时候，必定预先下车，自己走一段路再坐上去。告诉人说："这一来，不但没有危险，还可活动筋骨，让车夫舒一舒气，省一省力。"这是祖父的仁慈，和恕道。

我现在再摘录一两段我父做的祖父的墓志铭，更可以看出祖父的生平了：

> 府君督謇兄弟读书力田，……曰："从古无穷人之天也，人而惰，则天穷之。"每作一事，必具首尾；每论一事，必详其表里。虽仓卒小札，盐米计簿，字必完整，语必谨备，亦往往以此教子……方謇之甫登朝籍也，倭氛日棘，戚友贺者，数謇归期；府君曰："丈夫之仕，犹女子之嫁也，子尚为吾有乎？"病亟，或问思謇否？府君曰："渠不当归。"

我曾祖虽然不识字，然而有他卓绝的天性，耐得穷苦，有骨气。所以教导祖父，极为严正不苟。而祖父居心的仁慈，克己的勤苦，爱惜物力，无微不至；最难得，是以穷苦的人，救济穷苦的人，这是何等的人格！还靠着他的诚意口舌，帮乡里解纷争，保和平；但又极不愿子孙去学他管问事，这是何等远大的识见！儿子既然为国服务，就立即以子许国，不再以私人家庭的分际，分散儿子忠君奉公的责任；直到病危，依然不改。

一旦见儿子贵了，名气大了，心里边也不觉得有什么两样的地方，总是牢牢地不脱乡农的本色。这是何等恢宏的意量。甚至收拾一块地方，修订一本书册，都是极洁净，极有条理；这些事，看看不算稀奇，做做就很不容易了。

所以我家的一种安贫乐道、独立自重的家风，我曾祖传之祖父，祖父再传之我父，真所谓"水有源，木有根"。

我现在要一述祖母了，我祖母姓金氏，是东台金氏长女。在张㴛亭先生所做的墓志铭和我父的行述里边，说她的为人，都很详细：

> 謇兄弟甫四五龄，母夜篝灯，教识字，益拥絮，手衣履箴作，且作且复问謇等。深宵寒风凛冽，室中萧然，顾视謇兄弟，辄泪

下；盖其悲苦有不可道者……其平居训迪謇兄弟，必以远大中正，无世俗之言。诸子有过，痛笞楚不少贷。所与游，必问其何人，近者查视，远者参询，辄能决。是其贤也，则喜，必加敬礼；不贤也，戒勿与近，而其人后果往往败。（《金孺人墓志铭》）

母病，謇侍，叩所欲言，曰："勉为好人，孝汝父。吾平时所言，所为，汝曹所悉者，谨记之，一生学不尽也。有不讳，勿营佛事；有钱，以偿夙负，振贫乏。汝曹有贤师友，乞数言，以永吾平生之苦，如是而已。"（我父行述）

平常的人家，大半是父亲是厉害的，母亲是宽纵的。为儿女的，当然怕惧厉害，喜欢宽纵。

自古及今，母教厉害，毫不假借的，儿女多半不会走上坏路。譬如许多人家的母亲，总没有希望儿女不做好人而堕落的道理；但是爱之不以其道，不问情由，瞒了父亲给儿女钱用，造成儿女的邪恶，世间多得很！

我祖母却大不然，她管教儿子，厉害的程度，或者比祖父还要加一点。我父的成立，得之祖母义方之教，不在少处。还有一件也很难能，就是祖母很相信念佛，平日供奉礼拜，虔诚异常，不管寒暑早晚，在起睡的前后，必定要跑到佛堂，去念几卷经；可是临危的时候，告诫家人说："我去世以后，不要请和尚做佛事，有钱要还债，周济穷人。"信佛，而不一味愚佞，与寻常妇女的识见，确有不同的地方了！

我曾祖先后为祖父娶祖母兴化葛氏、东台金氏二人，葛太夫人先后生大伯父（名誉）及五叔父（名警）二人。

说到祖父娶金太夫人，内中还有一段很曲折的故实：先是外高祖开了一家小瓷货店，在通州金沙的地方。他没有儿子，只有一个女儿。晓得曾祖是个有志气的人，上了人当，才倾家败产，很加怜悯，于是就请人做媒，招曾祖做女婿，说定曾祖养了儿子，要兼祧吴氏的。不到几年，曾祖陆续生了儿女，人口日繁，恐怕牵累外家，于是移居到西亭。后来，外高祖从金沙迁到海门常乐镇，带种一点田。曾祖每隔一月，必定叫祖父从西亭走七十里路，到常乐镇去省视他的丈人。有起事来，少则住五六天，多则半月一月。哪晓得二叔祖忽遭横祸，于是三叔祖迁到通州住，祖父就奉了曾祖迁到常乐去住。等到外高祖去世了，外高祖母孤单一个人，年纪又很老了，听说同乡中有一位金氏女，很贤孝，于是告知曾祖，帮祖父娶来，一面侍奉她，一面郑重声明，要履行生子兼桃吴氏的前约。

祖母金太夫人来归后，先后生二伯父、三伯父及我父三人。

第二章　诞生

第一节　入书塾

我父生于咸丰三年（1853年）五月二十五日卯时，是生在海门常乐镇敦裕堂内。

四岁时候，海门还闹着旱灾，蝗虫一阵飞起来，看不见天日，落到地上，有两三寸厚。我父听说它是吃田禾的害人东西，于是爬上门槛，拾起小木棒来，将蝗虫打个不休。这年，祖父已经教父识《千字文》；到了第二年，三叔祖从通州来，叫我父背念《千字文》，哪晓得从头至尾，竟没有一个错字！

祖父母和叔祖，自然都欢喜得很，就叫父跟了阿哥等，进邻居邱家的书房。第一件事，是起一个学名，邱先生就替我父起叫吴起元。这就因为曾祖和祖父曾经答应过外高祖父母，等到祖母金太夫人生子，就兼桃吴氏，所以这时我父姓吴，不姓张。

到八岁时候，我父跟着祖父母到西亭，有一天，有位族兄带了我父去游城隍庙，一跑跑到殿后，天井里树木森森，阴邃得很。佛龛中，坐了神夫妇二人，高高在上，族兄叫父作揖拜神，我父刚刚弯了腰作揖下去，忽然听得上面的笔筒笺筒，一齐翻倒下来！我父一吓，哭起来了，回去后，祖母说："下回不要逛庙了。"

到了十一岁，《三字经》《百家姓》《神童诗》《孝经》《大学》《中庸》《论语》《孟子》，都念完了。正开始念《诗经·国风》的时候，先生出了一个"月沉水底"的四字对，我父立刻就对"日悬天上"。

这年江南还有兵乱①，许多人到江北来逃难。有一天，我父在街上，听见一个衣衫褴褛的外乡人，高声大念其《滕王阁序》，假此募一点钱，我父听了一两遍，记在心上，回得家来，告诉祖父说："这个人是不是拿'关山难越'的四句话，来诉他的苦境吗？"

到了第二年，有一天祖父也在书房里和先生闲谈，看见一个武官，骑了一匹白马，从大门外走过，先生乃随口出一个"人骑白马门前去"的七字对，我父不待思索，就对了"我踏金鳌海上来"的七个字，祖父和先生听了，很为高兴。

在这时候，几位伯伯叔叔，读书没有我父那样好，受了祖父的责罚，我父必定也在旁边带哭带求，一定要等祖父消怒停罚，方才走开去。

我父在十三至十五岁的三年间，应该读的书如《尔雅》《礼记》《春秋》《左传》《仪礼》等，都已依次读完，能做八韵诗，制艺也能成篇了。大凡读书人家，所最隆重的第一关"科名"，工具的"考"，我父现在已经走进这一步了。

第二节　奋勉

我父小时候，天分极高，对父母极知孝顺，对兄弟处处友爱。好学向上的念头，不要父母师长的督责，总是天天自己加鞭，努力奋发。

向来一个种田人家，看了读书人家，正如看天上神仙，何等光荣，好不羡慕！所以只要能有一个希望，自己家里可以培植一两个读书子弟，赶上前程，就是吃尽千辛万苦，也是值得的，也要耐守的，我家当时的观念，何尝不是这般情状，我父也就成了一家所希望中的人了。

所幸他完全了解这情形，并且还明白一家的父母兄弟，不顾生计的

---

① "这年"当指 1863 年，当时正处于太平天国运动末期。

压迫，环境的艰困，个个咬紧牙根，忍穷耐苦，都是等他读成功书，赶上去考，一层一层的顺利，总有一天来补偿这个代价的，比不得富厚人家，看待子弟的读书，可以"但问耕耘不问收获"的。

果然，我张家前途的光明灿烂，已随着我父的天才，坚忍努力，好像钱塘江八月十八的潮，浩荡奔腾而来。可是，我父无穷的周折、痛苦、恐怖、冤仇，也跟着这潮打进来了！

第三章　科举

第一节　误入族籍始末

讲到中国从前阶级制度的专横恶劣，岂但官民有阶级，富贫有阶级，士农工商有阶级，就是靠着真才实学，硬碰硬的考试制度，都摆布着一种周密的罗网，拥护保持那特殊的阶级。

比如一座极富丽堂皇的宅子，专供给一班公子王孙，在里边逍遥自在。假使有一个平常人，要进去享受，也未始不可，但是要恭恭敬敬，有代价地请宅里边的人介绍一下，方才有进得去的希望。那介绍的人，还是有操纵的权能。天下事，这可算得顶不自由顶不平等的了！

然而不自由不平等，也得要去试一试，哪晓得我父去一试，就弄到焦头烂额，进退维谷，幸亏有一帮锄强扶弱、打抱不平的朋友，去指导他，去援助他。我父自己到了这条岔路上，悬崖勒马，回头得快，终究靠了自己的本领，打开了这个宅门，大摇大摆地走进去了。

这件事，非但在我父历史上占了很重要的一页，在科举时代也是一桩"习非成是"的功令，现在我要讲本文了。

从前科举，最初一步的考试，叫"小考"，大凡一个人，他的三代，没有做过学官，或者进过学，那么他的子弟就不能随便去考，叫作"冷籍"。

假使他希望去应考，必定要找同族中有这资格的人，或是廪生去承认，叫作"认保"；同时学使又怕发生弊端，再由同县廪生，连环出保，叫作"派保"。其实这两层关键，就是限制，当然有许多人，就假此留难、弄钱、行贿，不端的事，一件一件地生出来。

我父十四五岁的时候，远近同族中，大家晓得他读书读得好，必定要去考，必定要人保，于是认定机会来了，不约而同，都视为俎上之肉。当时族中人品比较高一点的一两家，要来"认保"，可是祖父对于我父的教读先生，向来事事尊敬，言听计从，总要和他商量一下，他都没有赞成。其原因，是不是已蓄有作用愚弄的心意，无从晓得；但是后来他所自动介绍的人和所指示的路，已经陷我父于很深酷的窖中，几乎爬不上来！

他所介绍的，是如皋专门招摇不务正业的人，名叫张驷，他和张氏讲好价钱，叫我父认他为一族，到如皋去考，哪晓得我父到如皋以后，强逼我父，改名叫张育才（我父十岁后，祖父母因五叔已生，父读书又好，不愿再为吴氏后，仍还姓张），认驷作祖。

县州院各试，我父先后都考取了。其时祖父和父已经渐渐明白，走入岔路了。本来冒顶的考，是很不妥当的事，立刻要想更正。不料张驷父子，大为居奇，百番敲诈，勒索巨款；不能如愿，就一面写了不少岂有此理的信，威吓我家；一面控告我父是逆子于学院，种种压迫荒谬的举动，不一而足。

当时也有一两个坏官劣绅，替他作伥，壮他的胆，所以他才敢猖狂到这种地步。最后，祖父忍无可忍，乃上呈学官，详述被骗、被逼、被辱，种种事实和苦衷，请求矜怜成全。当时幸亏得到学使知州亲友的援助，主张公道，竭力维护帮忙，一层一节地呈核、咨转、疏释、证明，于是我父乃得归本籍。

从同治七年（1868 年）到十二年，前后五年，我父奔走四方，所耗费差不多已经要倾家了！但是精神虽然受尽了侮辱和痛苦，身体受尽了奔波和艰险，可是志气和人格却得到不少的奋发和勇敢的经历。

关于这件归籍的事，我父著有专记，在全集中说得极详尽，我现在摘录几段：

四月初，与叔往如皋，谒学官。……关通知县为之，必制余无他遁之途，……随时听传。时日向晚矣，大风密雨；上灯后，计不如叔留而余回通……旋念出北门，必经县署，不便；折出东门，过桥骤风灭灯，时甫浚城河，缘河，泥淖深二三尺，连属不绝；虽雨势稍细，而云黯如墨，立桥下久之……行数步，辄一蹲，足陷泥淖及踝……是时忿火中烧，更不知有何畏怖，亦辄作挟利刃砍仇人头之想。又念父母在，此身事大，不值与鼠头并碎，且自解且行……外雨内汗，襦裤尽湿，足疱累累，遂坐而待旦；日甫出，乘小车亟走百三十里，一日而至通。

我们仅仅读过这一段文字，就可以想象到我父当时受尽变幻流离、走投无路的苦楚，完全凭着他坚定的毅力，百折不回，在荆天棘地中，向势不两立的恶魔进攻斗争，求一个最后的胜利，读到"亦辄作挟利刃砍仇人头之想"两句，悲壮激昂，斩钉截铁，这种深切沉痛的豪侠气概，和古时荆轲高歌易水一去不复还的决心，没有两样。

我父虽然一腔激愤，视死如归，可是再仔细一想，担负一家的责任和前途的光荣，还有不得不降志辱身的情势，吃得苦中苦，方为人上人，也只得忍一忍"胯下之辱"了。

还有一首诗，那时正在悔恨伤痛交迫的辰光：

丝麻经综更谁尤，大错从来铸六州；白日惊看魑魅走，灵氛不告蕙荪愁。高堂华发摧明镜，暑路凋颜送客舟；惆怅随身三尺剑，男儿今日有恩仇！（《占籍被讼将之如皋》）

第二节　苦学

讲到我父苦功读书，真是不容易呀！我父十六岁起去考州试，名次取在一百以外。同时有一范先生当世，是我父的朋友，取在第二名。回书塾以后，先生大为苛责，说："假使有一千人去考，要取九百九十九人，只有一个不取，就是你！"

我父听了，非常地难过，于是在塾中窗格上，帐顶上，没一处不写"九百九十九"五个字。睡的时候，并且用两根短青竹头，拿辫子夹住了，只要头一动，身子一翻转，辫子牵动头皮，立刻就醒了；一醒以后，不管天亮不天亮，就爬起来读书，又处处看见五个大字，不由得不感伤落泪，也不觉得什么疲倦了。到了第二年，十七岁去考，我父名次取在前列，范倒反落后了。

塾中一到夏天，蚊子多得很，我父每夜点了油灯，写字读书，桌子底下的两只脚，差不多做了蚊子的饭菜，个个不住嘴地大吃特吃，我父弄得苦不胜言，后来想得一法，搬了两只空罐子摆在桌子底下，拿两只脚伸进罐里去，蚊子就没法来侵扰了。

科举的时代，城里人总是看不起乡下人，等到学使临试的时候，五属的士子都云集城中，有钱绅士子弟的预试，及已充廪生的，没有一个不是华服翩翩，自顾不凡。我父夏天只有一件旧沉香蓝袍，羽毛青套，冬天只有一件棉套，也不觉得难为情。进场的时候，常常立在试院门外石狮子前，不轻与人谈笑，我父心里想："穿的绸儿缎儿，有什么用处？要考得好，才算得光荣得意。"每回发榜，我父总是第一名。

有一天，经古试题出来，大家多瞠目相对，莫名其妙，有的因为看来带，就晓得了，于是交头接耳，奇货可居。我父看了，不耐烦起来，就将题解的出处，大书特书，粘在场屋的柱子当中，大家都看得了，那来带的人反不高兴，起来质问我父。我父说："就是大家做'学而时习之'的题目，做起文章来，也有好坏。"

我父归籍以后，换了名考试，大家都不晓得；考试完毕，那许多妒忌的人，看见榜发，大家都拍手得意地说道："这一回，不是张育才了。"哪晓得张謇就是张育才，名字虽然换了，还是一个人。

第三节　主试师知遇

我父在三十岁前后，名气已经渐渐大起来。大凡主考的人，一来替国家皇上选拔人才，二来希望将来有名的人，收在门下，所以每逢到考试的时候，必定要格外留心，凭着自己的眼力，将心中要取的人，取在自己的手里。（因为科举考试的卷子，恐怕各阿所好，生出弊端，所以是誊录代为抄写的，不到看定了拆开卷子的时候，一辈子不会晓得谁是谁的，这叫作"弥封"。）所以那几年主考的总裁，最著名的大臣，是吴县潘公祖荫、常熟翁公同龢，都是认准了我父，打算要中他，收在自己门下的。虽然如此想，可是和打灯谜没有两样，有时候也会弄出李代桃僵、张冠李戴的事情来。这些事实，非但有关我父一生所受的知遇，也是极有趣味的掌故。我约略地写几件吧。

我父先前在光绪五年（1879 年）的科试、优行试，都取得第一名，当拜见学使夏公同善的时候，夏公说："我初到江阴，就叮嘱幕宾，要留心观摩前任林公校试的卷子。他们看到你从前的文字，大家就传看赞赏起来。刚刚我走进门口，问是什么姓名？他们说：叫张育才。（我父在光绪三年二十五岁的十一月，就具呈学官改名謇。）于是我方才告诉他们：在前任林学使病危的时候，亲手写过一张优生的名单，很严密郑重地交给家人，叫他们等到交印的时候，送到新任学使的手内，我一看，你的张育才名字，在头一名。等到我到通州临考试的前头，翻看名册，怎样也找不到张育才三个字，我当时就疑心你有事没有到，万万想不到你已经改了名来考的，总算暗中摸索到你。"

还有这年八月的总督、巡抚、学政三院会考，我父也是名列第一。发榜的时候，总督沈公葆桢已经病重，不能会客，叫人告诉我父说："做文章不可只学《班书》①，要着重看《史记》。"到十二月沈公幕友陈部郎宗濂告诉我父：沈公临终时遗命，身后要我父帮他做一文，可见看

---

① 指东汉班固所撰《汉书》，共一百卷，分为一百二十篇，中国第一部纪传体断代史。

重我父到极点了。

光绪十五年（1889 年）我父三十七岁的会试，总裁是潘公，他满意要中我父，哪晓得无端地误中了无锡的孙叔和，当时懊丧得了不得。

到了第二年光绪十六年的会试，房考是云南高蔚光，曾经将我父的卷子荐上去，场中又误以陶世风的卷子，当作我父的，中了陶的会元。等到翁公晓得弄错了，竭力留我父考学正官，我父不愿在京久住，就回南边了。

到了光绪十八年四十岁的会试，错得越发曲折离奇了；当时场闱中的总裁房考，几乎没一个不寻觅我父的卷子，翁公在江苏卷子上堂的时候，没有一刻不告诉同考的人，要细心校阅。

先得到袁公爽秋所荐的施启宇的卷子，袁公说："像是有点像，但是不一定拿得稳。"等到看见内中有"声气潜通于宫掖"的句子，更游移起来。后来四川人施某荐刘可毅的卷子，翁公起初也很怀疑，但是既不能确定我父的卷子是那一本，所以施某竭力说："这确是张季直的卷子。"翁公也有点相信起来，而且看到策问第四篇中间，有"历箕子之封"的句子，更证实了这是到过高丽的人的口气，就立刻问袁公，袁公觉得文气跳荡，恐怕有点不对。

填榜的前头，沈公子封要求看一看卷子，等到看到内中的制艺，及诗秦字韵，就竭力说："决定不是。"但到了这时候，已经来不及了。一到拆封的时候，在红号内，方才晓得是常州刘可毅的卷子，果然不是我父的。于是翁公、孙公家鼎、沈公，大家都四处找我父的卷子，方才晓得在第三房冯金鉴那里。第一房是朱桂卿，第二房是袁爽秋。堂荐送江苏卷子的时候，朱已因病撤任，袁公和冯金鉴住在隔房，常常叮嘱他，遇到江苏的卷子，要格外观摩，不要大意；哪晓得冯吃鸦片的时候多，我父的卷子，早早因为词意宽泛，被他斥落了。

翁公本来想中我父，等到晓得错误了，急得眼泪往下直滴，孙公和其他的总裁考官，也个个都陪了叹息，其实刘可毅，并没有到过高丽。后来袁公、沈公、翁公叕甫，都将这内中的详情告诉我父，外间也都传说遍了。

潘、翁二公爱重我父的才名，识拔我父的诚挚，可算得以国士相待的知己了。这几位名公巨卿，对我父的情义，直到现在我们后人，还是刻刻感念不忘的。

第四节　大魁

光绪二十年，慈禧太后六十万寿，举行恩科会试；那年我父已经四十二岁了，祖父也年近八十，所以科名的念头已渐渐淡薄下来。

那时三伯父在江西，由知县奉委做庆典随员，于是写信给祖父，要我父也借此机会到京一趟，祖父就答应了，命我父再去应试一回。到了北京以后，考试应用的文具，还是向朋友借凑来的，发榜的时候，也没有去听录，可见我父那时功名得失心，确是淡极了。先中了六十名贡士，复试中了第十名，殿试中了一甲第一名（状元），那年阅卷大臣中，有翁同龢、李鸿藻二公，向来都是很推重我父的。

我父中元的时候，在日记上写着：

四月二十二日，殿试：第一策河渠，次经籍，次选举，次盐铁；酉正纳卷，归巳戌正。……策全引朱子。

二十四日，五更；乾清门外听宣，以一甲一名引见。先是钱丈令新甫见告，继又见嘉定（徐郙）于乾清门丹墀上探望；旋铁珊告以嘉定云云：而南皮（张之万），长白（志锐），常熟（翁公），高阳（李公），钱塘（汪鸣銮）八人，立墀上传宣矣。栖门海鸟，本无钟鼓之心；伏枥辕驹，久倦风尘之想。一旦予以非分，事类无端矣。

二十五日，卯正；皇上御太和殿传胪，百宫雍雍，礼乐毕备，授翰林院修撰，伏考国家授官之礼，无逾于一甲三人者，小臣德薄能浅，据非所任，其何以副上心忠孝之求乎？内省悚然，不敢不勉也！瞿、王二公，为治归第事。

我再查看翁公那时的日记，也是连日地写着：

四月二十日，晴，丑正，即赴朝房听宣，张相国谴苏拉来请，知派读卷，遂入至南书房，群公次第集；拟题八道，（两字）有引折，圈出四道，拟策问，皆李汪二公底。

二十二日，晴热，午后风，寅正三刻，入殿、监视、收掌皆在，诸公亦集，分卷陆续送来，每人三十九本，首次二公四十本，共三百十四本；自卯抵酉正始散，阅本分卷毕，又转四桌，力不支矣。得一卷，文气甚老，字亦雅，非常手也！

二十三日，晨，访高阳，卯初二刻，入殿转三桌毕，将本桌圈尽点次序，先理一过，遂定前十卷，兰翁，柳门，伯遇皆以余处一卷为最，惟南皮不谓然，已而仍定余处第一、徐二、张三、志四、李五、薛六、唐七、汪八、麟九、唐十。

二十四日，晴，寅正，八人集景运门外，朝房起下，回到南书房，卯正，上御乾清宫西暖阁，臣等捧卷入，上谛视第一名，问谁所取？张公以臣对，麟公以次拆封，一一奏名讫，又奉题语，臣以张謇江南名士，且孝子也。上甚喜，退至南斋，写名单，一面递上，一面持名单出乾清门宣呼，良久始齐，遂带引见讫。后至南斋，以朱笔标十本，柳门书之，捧卷出，至养心殿饭，兰翁做东。饮毕，同至功阁，标二三甲，观者如墙，汗流几晕倒。三刻许毕，遂归。

二十五日，晴暖，无风，寅正入，卯初，上御太和殿传胪，读卷官八人，另班行礼，礼部堂官捧榜出，乃退。……午正，出城贺新鼎甲归第。先至湖广馆，次至江苏馆，杨莘伯目南来，晤之。腹泻，头晕。

鼎甲，张謇、尹铭绶、郑沅；传胪，吴筠孙。

我父几十年辛苦攻读，洁身成名，得此结果，总算不负亲师友好的期望了。不到多时，祖父病重，我父接到电报，也就立刻回家了。

第五节　考试经过

我父是十六岁进的学，得到的秀才；那时是被愚冒顶族籍，去应县州院试的；前后被逼，冒充了五年，等到归籍事弄妥当后，他越发发奋用功，出全力望考试科名上赶。

一年一考，考取再考，好像上五六层的宝塔，从平地跑上去，先上一层，再上二层三四层，赶紧向上跑。有时楼梯不开阔，前面有人挡路，有时自己气力用尽了，也跑不上。一遇到了这几种难关，都是白用气力，白跑一顿。当然也有人用尽平生的力量往上跑，居然一层一层跑到最高一层的塔顶，往下边一看，自然好不有趣，立在平地的人，抬头上望，当然更有趣。

我父从秀才考到状元，也是一步一层好像登宝塔一样，走走等等，终究跑到了塔顶。我现在分列一表，看起来容易醒目点。

致试详表

年岁	考试名称	主试官	名次
清同治七年戊辰（1868年）十六岁	二月　如皋县试	县令　贵州周际霖	取第二百余名
	四月　通州州试	知州　合肥梁悦馨	取第二百余名
	十月　院试	侍郎　鄞县童华	取第二十六名附学生员
清同治九年庚午（1870年）十八岁	六月　科试	侍郎　鄞县童华	取一等第十六名
	七月　乡试		不中
清同治十年辛未（1871年）十九岁	十一月　院试	侍郎　江夏彭九余	取一等第十一名
清同治十二年癸酉（1873年）二十一岁	六月　科试	侍郎　江夏彭九余	取一等第十五名
	八月　乡试		不中

年岁	考试名称	主试官	名次
清同治十三年甲戌（1874年）二十二岁	南京　惜阴书院	院长　全椒薛时雨	取第一名
	南京　钟山书院	院长　临川李联琇	取第一名
	十月　岁试	侍郎　江夏彭九余	取一等第四名补增广生
清光绪元年乙亥（1875年）二十三岁	八月　恩科乡试		不中
清光绪二年丙子（1876年）二十四岁	四月　科试	翰林院侍讲学士长乐林天龄	取第一名补廪膳生
	七月　乡试		不中
清光绪三年丁丑（1877年）二十五岁	九月　岁试学院檄学官慎举优行学官首应	翰林院侍讲学士长乐林天龄	取第一名
清光绪五年己卯（1879年）二十七岁	五月　科试	侍郎　仁和夏同善	取第一名优行试亦第一名（贡元）
	八月　总督、巡抚、学政三院会考优行生试	总督　侯官沈葆桢　巡抚　固始吴元炳　学使　仁和夏同善	取第一名
	九月　乡试		不中
清光绪十一年乙酉（1885年）三十三岁	六月　国子监考到	祭酒　宗室　盛昱	取第一名
	九月　顺天乡试	总裁　尚书　吴县潘祖荫　常熟翁同龢　左都御史　宗室奎润　侍郎　童华　同考官　编修　商城黄彝年	中第二名（南元）

年岁	考试名称	主试官	名次
清光绪十二年丙戌（1886 年）三十四岁	二月　礼部会试		不中
清光绪十五年己丑（1889 年）三十七岁	正月　礼部会试	同考官　内阁侍读　长白熙龄	挑取誊录四十名
清光绪十六年庚寅（1890 年）三十八岁	二月　礼部会试		不中
清光绪十八年壬辰（1892 年）四十岁	二月　礼部会试		不中
清光绪二十年甲午（1894 年）四十二岁	二月　礼部会试	总裁　尚书　李鸿藻	中第六十名贡士
	三月　礼部复试	总宪　徐郙 侍郎　汪鸣銮 副宪　杨颐 同考官　编修　高熙	取一等第十名
	殿试	阅卷大臣　相国　张之万 协揆　麟书	中一甲第一名赐进士及第（状元）
	六月　翰林院大课	尚书　李鸿藻、翁同龢、薛允升 侍郎　唐景崇、汪鸣銮、志锐	取第一名
清光绪廿四年戊戌（1898 年）四十六岁	四月　保和殿试散馆		取二等三十七名
	七月　以经济特科荐	侍郎　唐景崇	

　　我父从小考到大魁，共总经过县、州、院试，岁科试、优行试、考到、录科等试，以及乡试六次，会试五次，殿试一次；各处考书院，还

不在内。凡考取的不算外，考到第一名，共有九次（光绪十一年中南元，虽然是第二名，但是南边人算第一名），考在前十名上下有七次，时间不可算不长，而苦工也用得着实不少。

虽然科举功名的得失，不一定是货真价实，然而有一分本事出一分货，还是考试制度的长处！

第六节　对科举观念

我父对科举，向来有一种很彻底的见解，认为历代皇帝，役百姓保帝位的唯一妙法，要叫百姓将所有的心思才力，都用到科举的功名上去，免得思想轶出范围，言动离开轨道。

唯一的目的，是要消减人民的志气，压迫人民的活动，从小到老，从读书到做官，埋了头，摔了书，执了笔，只是为了赶考。先关在家里，再关到场里，拿一个人的活气、灵气都斫丧完了。要这样，才不会想别的心事去造反。

所以从前中国人，除掉了死读书的本职以外，没有发扬志气、做实事的趋向。就是有人，用一点实用的学问功夫，也绝不是科举制度的养成，实在是靠个人的抱负，跳出了牢笼。所以要国家发展，人民解放，得到思想的创造，走上着实的道路，必定要推翻那科举的恶制度，还给读书人的自由。

我父做八股，是用过苦功的。他的观念，本来认科举制度所造成的结果，不是出循规蹈矩的臣子，就是出迂而且腐的书呆子，凡治国大计，做事道理，在这里边决找不出来，也生不出来。但是他看到世人那样的尊重宝贵这状元的头衔，所以立志要拿到自己的手里。可是这只手拿到，那只手就丢掉了，完全是拿他当一个做事对外的招牌，不是拿他当一种职业。

科举时代，还有一种积习相沿极恶劣的风气，叫作"送朱卷"，其实就是"打把势"。等到考中了以后，将卷子刻印好，回到家乡，逢人便送，人家接到了，就看戚族的远近，交情的厚薄，定送钱的多寡。（听说广东这种风气更厉害，单说一个秀才，弄得好，竟有巨万的收入。）习非成是，不这样做，反像自己荷包里的钱丢掉了。

我父生平，极恨这种行为，历次的卷子，除送给极少数的亲友外，一概不发，连发帖开贺等事，都是人家替他高兴去忙。还听说我父中了状元以后，去拜见一位总裁，他是当朝的阁相，他竟拿我父当作众人一样，表示好意，问道："你这回回到南边去，要不要几封八行？"（其意就是拿了去"打把势"用。）哪晓得我父不是这种人，听了顿时正色地回答道："老师看待门生，是这样的人吗？门生向来没有这种打算。"这位相爷听了，知道有点冒失，乃顾左右而言他。

在光绪三十二年秋间，通州、如皋本地，还有一类不肖的人，冒名骗钱，无恶不作。兹摘录我父致如皋龙县令一信，就晓得我父无往而不保持他的清白了：

> 謇家世力农，荷先泽之道，厕名朝籍，其为非分，实越等伦。而夙夜兢兢，不敢稍有取戾之心，重蒙贻玷门基之辱。惟自去岁以来，假托招摇之事，时有所闻。或分送报帖于素不通吊庆之家，或构设机阱而为自作威福之事，或居间偏袒而取盈于索谢，或乘危徼利而受赂于立谈。甚至伪托本家，冒充戚好，驱遣地甲，投谒衙门，大骇听闻，都非意料。是以迭经恳请王海门、汪通州分别示禁。乃近复闻有人自称寒族，甚盛排场，在如境、岔河、双甸、马塘、掘港、白蒲、林梓一带，兜揽闲事，因以为利。此非有土人为伥，必与黠蠹为缘，谤议所腾，遂及下走，毛羽之爱，能不惭惶，然謇能自勉，不为灌氏之门，而不能保世无黎邱之鬼……而福寒门；无任幸甚。

我父的科举功名，虽然吃了不少苦，磨了不少年，总算最后登峰造极，可是我父自己，毫不觉得有什么稀罕在那里。现在我将我父改题公园"果然亭"为"适然亭"的跋语和联语，抄在这里，结束这科举的记述。一看，就晓得我父当时并没有拿他当一件大不了的事：

> 余以甲午成进士，州牧邦人，撷唐卢肇诗语为果然亭。世间万

事，得丧适然耳？丁巳，余修此亭，不敢承前意也。适然之事，以适然观之，适得涪翁书，遂以易榜。

还有一副对联挂在亭子内：

世间科第与凤汉，

槛外云山是故人。

第四章　客幕

第一节　入吴武壮军幕

光绪二年（1876 年），我父二十四岁，因为家况艰难，很想出外谋食，一时又不容易得到相当的事，很为踌躇。我父的老师孙公云锦晓得这种情形，乃竭力推荐我父于庆军统领庐江吴提督长庆的军中做幕友，我父就离家去了。

有一首别母的诗：

> 北风动庭树，落叶浩如雪，游子身觉单，检衣辄呜咽。
>
> 游子还家时，襦裤垢且裂。垢者忽以浣，裂者忽以缀。
>
> 浣斯复缀斯，不闻慈母说，游子计出门，终岁十常七。
>
> 还家慈母劬，出门慈母愦。念此心孔伤，泪下不可撮。
>
> 游子眼中泪，慈母心上血。（《去家检衣》）

还有一首别兄的诗：

> 风吹百草回青黄，游子揽辔临康庄；弟兄相送远于野，行行且止心旁皇，阿兄嗟日季，行役休悲伤，家贫犹足具稻粱，爷娘虽老身其康。针芥磁珀视所引，结交毋结声气场，忧患古来重骨肉，季汝甘苦将谁商？题彼鹡鸰鸣将将，嗟哉有兄只身翔，游子行矣思故乡！（《思故乡》）

吴公虽然是带兵的武人，但是很看重文人。自从我父到他的军幕以后，相待的情意和礼貌，非常地优厚恳挚。晓得我父家里穷，不时送钱用；到了冬天，寒风飘雪，就送皮袍穿。而且特为我父在军营旁边，造了几间房屋，让我父办公事以外可以在他的营中静心读书。常常还要保举我父的功名，我父总是感谢不肯，情愿从科举考试方面求出路。吴公越发器重，主客处得十分和好，不觉已有三四年了。

我选几首在军幕的诗，可以看出我父那时的感想和交游：

峨峨高节拥辕门，拂拂朱旗绛阵云。难得名公趋赵壹，况容揖客重将军。明珠却聘宁无意，宝剑衔知昔所闻，骏骨从来能得马，好收骐骥共殊勋。（《奉呈吴提督》）

昀昀夏禹甸，奕奕青齐疆，职贡重筐篚，大利在农桑；管子天下才，谋国富以强，如何千载还……天子有命吏，催科亦何良；大官事军国，牙纛殊煌煌；嗟哉一生拙，隐忧动无方，冯轼寄短梦，熙熙游陶唐。（《军中长清晓发》）

在这里，我要带叙一个人，这人很和后来中国的政局有重大的关系，这人就是项城袁世凯。

这时吴公的大本营已经从浦口移到山东的登州，在光绪七年的四月，有一天，袁突然来到登州，求见吴公，想谋事。吴公因为从前他的先人和袁的嗣父笃臣[1]，是换帖的兄弟，有这个交情，就答应留他在营中候事，并且招呼我父替他改改文章。

有一天，在吃中饭的时候，他忽然神色张皇地告诉我父说："我有一件了不得的事，要求先生想一个法子，帮帮忙。"我父问："是什么事？"他说："我来的时候，带了几十个家中的旧部，一时不好和大帅说起，而他们在外边的破庙里等候得连饭都没得吃了，先生看怎样好？"我父听了，就帮他和吴公说情，拿了钱，替他分给这些人，遣散他们回家乡了。

袁虽然是河南秀才，但是文理不大好，我父替他改文章，总是不很客气，涂改得一塌糊涂。同时周公家禄也替他改文章，就比我父客气点，加些圈儿了事，所以袁很畏惮我父，而喜近周公。

---

[1] 袁保庆（1825—1873），字笃臣。

第二节　征韩始末

到了光绪八年（1882年），朝鲜的兵变乱起来，烧粮房，杀官吏，并且杀了日本的练兵教师。其实内中是国王的生父李昰应要想乘机攘夺政权，弄到日本借起题目来干涉朝鲜的内政，中国朝廷得了消息，就立刻派水师丁提督汝昌带了兵船，和吴公带了全部兵马去援助定乱。

那时吴公幕中人才却也济济，但是重要机密和笔墨的事，吴公却是信托我父，完全责成他去主持办理。朝命下来，急于星火，差不多立刻就要出发，但是所有的准备都要我父一人担当处理，而且限期既非常迫促，应布置的事，又一件也不能耽误。所以我父计划出发，和前敌的军事，写奏折，办公事，实在忙得不可开交。嘴里说，手里写，白天忙不了，夜间接着办，实在是烦苦得很。

在这时适当乡试的时候，吴公叫袁世凯去考举人，袁心里实在不情愿，嘴里又不好意思回。我父当时一个人对付内外各事，实在也忙不了，就对吴公说："大帅不要叫慰庭去考了，就让他帮我办办出发的军事吧。"我父这样一说，吴公自然立刻就答应了，于是我父就派袁赶办行军应用的各种物件，哪晓得限他五六天办好的事，他不到三天，就办得很为妥当齐备，我父很称赞他有干才，出发时，就接下来派他执行前敌营务处的差使。

大凡古往今来能成就功名的人，大半要靠着机会，但是也要有人用当其才，方能显得出人的才能。到了七月初四的未刻，就拔队出发，坐的是威远、镇东、日新三只兵船，从登州出发动身，行到烟台，就加上了泰安、拱北二只兵船。我父在船上就做了一篇晓谕朝鲜的檄文。

当时有一位朝鲜派来的领选使参判（就是侍郎）金允植，陪着同行。初七辰刻，到了朝鲜，停泊在南阳府境的海边。第二天夜间，开进内港马山，我父就立刻决定平乱的策略。初九上岸，住在马山。十一到果山住下。王生父李昰应就派了大将军载冕来晤，十三日与吴公同到京城就去拜会昰应，到申刻，昰应出城答拜，吴公乃立刻宣示中朝谕旨，拘押起来，送他到靠在南阳的兵船，开往天津去了。

到十五夜，接到国王来信，说乱军还要在枉寻里、利泰院二处暴动，我父就决定了攻剿的计划。到十六的寅刻，吴公亲自率队攻利泰院，另外派一支分队攻枉寻里。到辰刻收阵，官兵死伤几十人。一共捉到乱兵二百多人，我父一看内中有许多父子兄弟的亲属，言语又不通，杀也杀不完，倒生了恻隐之心，就请吴公商准国王，下令先斩了几个首要，派了司法判书（就是尚书）到军中分别审判，犯重罪的，又杀了十个，其余的都释放了。

到二十四，我父随同吴公谒见国王李熙，王宴待我父及袁世凯，礼节很隆重，还送了我父一套三品冠服（我父因为可以供考古冠服的沿革，已送入南通博物苑陈列）。至此一场乱事总算平定。吴公固然没有辱朝命，我父也没有辱吴公的知遇。

那时主持机要的，我父以外，还有薛公福成、何公嗣焜二人。事定以后，吴公论功行赏，要专折特保我父和薛公、何公二人，哪晓得三人都竭力辞谢不受。但是援救朝鲜的时候，吴公曾经悬过赏格，何人能够想一计策定乱的，就赏三千金。吴公因为这个缘故，所以我父既然不要特保，他就不让我父晓得，直接寄了一千金到我父家里。

不久李相鸿章，将庆军改令马建忠统率，我父也就离开朝鲜了。

第三节　韩事文件

我现在择抄四件东西：

第一件，是当时中国兵船还没有到朝鲜以前，吴公在船上和金参判笔谈的问答的原文，也有点关系当时朝鲜军政民情的掌故。第二件，是吴公与朝鲜承旨（就是军机大臣）严世荣笔谈的问话，至于严世荣笔谈的答话，据我父日记上说，当日由严自行检收拿去了。第三件，是光绪十年（1884年）十月我父的一封信。那时距吴武壮军往平韩乱，不到两年，吴公早已身故，我父亦已归田，在韩京驻防执掌军权的是吴公旧部吴兆有孝亭、张光前仲明、袁世凯慰庭三人。

我父那时在家听到韩乱复起，闵妃遇难，中日开战，事变愈烈的种种消息，就立刻写了一信给吴张袁三公，信中料事的明决，策划的周全，忧国伤时的愤慨，此时读之令人回肠荡气！在壬午平乱以后，我父所定对日处韩善后方案，如果朝内重臣都予以容纳，次第见之实行，那么，今天鸭绿江东，金刚山上，哪里会飘扬着炫眼惊心的旭日旗唷！

第四件，是宣统三年（1911年）我父复人论及东三省和朝鲜事的一封信，虽然时隔多年，但是当光绪壬午间处置善后朝鲜的办法，追说得极彻底，于后来中日外交和日本并吞朝鲜的举动很有点关系。

第一件，是光绪八年七月初五日，吴公在兵船上和朝鲜领选使金允植的笔谈：

（吴）贵国现在人才，有可称举者否？（金）鄙人本无藻鉴，不敢妄对，亦不无翘楚者，未知此次得免乱锋否也？

（吴）现在仁川府使任荣镐亦有才略否？（金）未之闻也，前任府使，以议约时地方官之罪，已经赐死，想任荣镐是一边亲信之人也。

（吴）各道不闻有义师，是惧李昰应之威，抑果无其人也。（金）兴宣十年秉政，余威尚存，且彼据私亲之位，名曰辅政，在敝邦之人，实难举兵相向，此非上国不能办也。

（吴）所论亦是，但既图危宗社，即是祖宗罪人，现在为其胁从者，是否为其所驱逼，抑见理不明。（金）敝邦之人，苦无此识见，惟以绝和闭门，为安宗社之至计，彼所以能做此事者，亦顺人心也。

（吴）大兵越境问罪，必先正名，如《春秋》书子突救卫。前日作檄文一首，预备将来之用，须先生来审定，以先生能熟贵国情事也。缓急总须到彼，相机裁度，急固恐有他变，缓亦恐不济事。（金）先不必声讨，须好言诱之，以安其心，然后图之，似好。

（吴）本如此办。但恐昰应未肯即至耳。（金）以势言之，现今日人滋事，彼不得不款附中国也。

（吴）由仁川至京有星岘山，是否险要？（金）星岘山不甚险，但比中国道路不平。

（吴）然则由仁川至京可以为中权策应之地，何处？（金）弟未详此处形胜，另有地图带来者，请试一阅。

（吴）贵国向来兵额多少，兵制若何？（金）敝邦京城宿卫五营，仅万余名，多老弱虚冒，名存实无，则在高丽时用唐朝府兵之制，入本朝，升平日久，兵制渐坏，至前朝万历年间，有日本之乱，自是改用戚南宫①《纪效新书》法，今所用者，即其遗制，今亦具文而已。

（吴）各道有知兵者，有应乱者否？（金）各道也没有，凡才须养成，事必经熟，敝邦五百年无事，不能养，才需用久矣，山泽间或有志气不碌碌者，亦无从而得开闻见，但凭空说去，不中实用，且或以役畏推数等左道，煽惑愚民，自谓知兵，无不如愚鲁无识之人。

（吴）由汉江水路至王京，路程若何？（金）轮船，可由江华再抵盐仓头。距王京不远，而但孙、梁项有石，两岸极狭，轮船难以通行，若潮盛时，可以驾过，往在丙寅年，法国兵船亦入江华至盐仓头，此次亦可溯水前行，较仁川旱路为便。

（吴）日本通商口岸有三处，此外两处，较仁川远近？（金）距仁川水路未详，距王京、德源、元山五百里，东莱、釜山一千里。

（吴）乱首万一他窜，能策其所向否？（金）若至他窜，更须费力，所窜地方，虽不能逆料，敝邦有南汉北汉，俱有山城，极陡绝。难上，北汉在王京后二十里，南汉在王京南五十里，如窜他两处，不足深虑，若东走江原道，南走忠清、全罗、庆尚道等地，不可一定。愚意庆尚道近日本，全罗道三面接海，必不敢窜向此地，忠清道公州有双树山，城在三南之卫，或者暂避此处也。西北两路近上国，若知兵自上国，必不敢走西北也。

———————————

① 指戚继光。

（吴）乱首亦有权略，恐其事急，反走通日本耳。（金）缓则不无是虑，急则造次，恐不能办。

（吴）军中带去饷银，如何用法？银价是否七百文，有钱铺兑换否？（金）敝邦不用银子，无有换钱之铺，惟用以首饰器皿，或买用银子，大约一两换六七百文不等，今日敝邦钱贵，想银价随而低也。

（吴）米价若何？（金）平年一斗，敝邦铜钱百文，中国钱二百文，较中国稍似小，米则好矣，但此时民皆窜匿，市不出来。

（吴）如定要买，当如何设法？（金）仁川小港僻村本无储米之家，王京外，汉江沿村，漕米在仓，又江村富民，亦有贸米积置之处，此时虽散避，必不能尽载而去，若近到王京，合有买米之道。

（吴）木柴煤炭等，易办否？（金）煤炭本无，惟有木炭，木柴亦可贸用。

并闻日本公使花房义质进见国王，以七件事为请：一、限十五日捕诛乱首也，二、日人死者为十三，亦赔给银五万元。三、日人动兵之费，至回兵时，计量赔给。四、三处开港之地四面百里以内，定租界。五、内地无碍往来。以下二条，传者忘之，亦不打紧云。

朝鲜虽然也是用汉文，然而他们的文法已经历代相沿逐渐地变化，看金允植的答语，觉得不很通顺，其实就是朝鲜号称有名的汉学家的文章，也是脱不了佶屈聱牙的文气。

第二件，是七月十四日吴公在汉城和朝鲜左承旨严世荣的笔谈问语：

顷刻复书于国王，弟等奉命而来，一为贵国讨乱，非仅为合约已也。名不正，则祸靡有已；乱不讨，则日人借复仇为要挟之计，呶呶不休。此弟等禀承于枢廷之大旨。方贵国乱作之始，朝廷未得其魁，又闻国太公（即国王生父李昰应）为众心所附，皇帝欲进而问其事状，冀望特切，臣子之义，惟有奉行，故昨日国太公来营，即偕丁军门（即丁提督汝昌）诣阙。我皇上以孝治天下，焉有为其子而失其父者，况太公于国则父子，于中朝则人臣，有此一行而全父子之恩，定君臣之分，我辈同寅协恭之谊，亦交尽而无憾。今日丁军门与太公早至海边，不日即可抵津，我朝素行宽大，笃伦尽恩，必能两全而无敝，请国王万万放心。

是日严世荣笔谈，自行检去，故未录。

第三件，是光绪十年甲申十月我父写给中国驻防军将领吴、张、袁三公的信：

敬承治军贤劳，以为跋颂。顷《申报》载十月十七十八日，朝鲜复有内乱，……华兵与日兵战于宫门，王为我军护居营中，乱党尚踞王宫云云。东事之不可为而祸悬眉睫，謇在壬午八月即历历言之，今其国中尚有謇所作朝鲜善后六策可证。（记得京师尚有数本。）然亦初不意所谓近而三四年祸且踵至者，今不幸而吾言之而偶中也。

彼时武壮公言于朝，朝臣或是之或非之；言与东人，东人或是之或非之；言于吾辈，吾辈中是非之声，时时相出入；言于北洋，北洋则悍然斥之，今果何如耶？以闵妃及务外诸臣，恣意妄为，得祸固当，惟所传起衅之由，言人人殊。且乱之方作，吾辈未发，何以便有华弁三人？日兵阻吾卫王之军，有所说否？曲直何似？日兵驻入王宫，在今春，彼时何无一人极力争之，为曲突徙薪之计，是皆不解。

就时势情事而论，日与法通，日之构衅必有为法牵制吾军之谋，（观超武、扬威援台之船，调赴高丽，亦可少见日之所以为法，盖即为此，非如《申报》所谓缓北圻之救也。）必更有借端干预要索兵费之事。

阁下及仲明、慰庭处彼虽仅典兵，然实难处其间，诚不易明言。清卿之为人，乃今天下所谓功名中人，胸中也无一定识见，左右又无一人，恐也是糊涂了事。然却不可再赔兵费于日，以蹈从前覆辙。此事似不必待日本向我说，我即先须向日本理论曲直。

此次进兵不可由马山，当即先据仁川至王京形胜之地，联络屯扎。兵轮分布口门，为先声夺人、建威销萌之举方好，若计不出此，恐事将有不可问者。謇于公及仲明、慰庭有休戚相关，故为局外之妄言，想公等必有奇谋胜算出我意表者也。

……天下事成败在人，而所以成败者天，公等和衷戮力，不幸功，不诿过，思武壮当日何以从容而布置，声施而至今，则思过半矣。公等三四鄙言为幸。并乞将所以起衅，所以入卫，目前所以办理情形，一一见告。或者有稍稍足以为公等赞益者，未可知也？伏冀勋名慎处，为贱子荣。

第四件，是宣统三年二月我父复吉林省交涉使韩国钧的信：

奉二月二十三日手书，并东三省地图一幅，反复览诵，忾然永叹！方壬午癸未之间，下走参预吴武壮公援护朝鲜，即上书直督，请达政府，于朝鲜则有援汉玄菟、乐浪郡例废为郡县，援周例，置监国，或置重兵守其海口，而改革其内政，或令自改，而为练新军，联我东三省为一气。

于日本则三道出师，规复流虬，而于中朝创业之大计，稍稍措意。于朝鲜行我之第三四策（详我父《条陈朝鲜事宜疏》原文，载在全集中），而因以经营东三省，安有日俄之争，安有立韩覆韩之事，安有东三省今日之危。屈指是说：近三十年矣。今之后生，固无知者；即当时士大夫，知之者曾有几人？……

今言之亦无益，然下走固不能不痛心切齿于吾亡国之庸奴也。

第四节　吴长庆祠

从前我听说在韩京，有一个吴武壮祠，祠内有一块去思碑，本想设法去查问碑文。适见到黄君炎培新著《朝鲜》里边，有一篇关于这祠和碑的记载，很详细，我就抄在这里：

朝鲜壬午之变，中国政府调广东水师提督吴长庆，率登州兵以七月度韩镇慑，乱既定，韩人倚若长城。居三年，移驻金州，旋卒于军，谥曰武壮。韩王李熙，于汉城建祠曰靖武祠，岁时致祭。嗣日本统监府欲废止之，华侨力争，乃移归华总领事管理。

明治四十二年四月六日，府与总领事换文，载明：祠在京城南明哲坊训练洞，地六百九十平五合，保管修缮，由管理者任费，所属地及屋，不征税金及使用费。祠有光绪十一年金尚铉撰，金允植、沈履泽书去思碑。附光绪八年随征将士宾吏题名：首列幕宾，优贡江苏通州张謇。第五名，训导江苏海门厅周家禄。第十名，举人江苏泰兴县朱铭盘。皆以文学著称者。第二十一名，为营务处同知河南项城县袁世凯。

不久又见到民国十九年（1930年）三月十一日《新闻报》载，关于武壮祠近事一则，我摘抄下来，很可见到吴公在韩遗爱入人之深，也可推想当时我父佐赞之辛劳，定策之功绩：

吴长庆驻节朝鲜，平定内乱，厥功甚伟。韩国朝野，一致崇拜。……春秋二祭，非常隆重。……近总领事张维城以此祠关系史迹，应予保存，呈请国民政府题给匾额。……国府颇为嘉许，特用主席名义，题给"箕封遗爱"四字，饬该总领事择期悬建，并行纪念式，以维史迹。

第五章　家居

第一节　却聘

我父从朝鲜回来以后，就此家居，奉养父母，没有用世的念头了。有几首诗，可以看出这时候的怀抱：

少壮事行役，悠悠十余载；患难亮非一，奔走亦云殆；北寻微间山，东泛渠弭海；之罘碣石间，风涛去来每；陈军箕子国，玉剑戛犀铠；当其壮往时，盛气辄百倍；束缚报恩私，功名置有待。

风云一朝变，苦心听功罪；浩然归沧洲，徘徊惜文彩；皓鹤乘戎轩，置身已凡猥；况与鸡鹜争，但见鸥凫矮；往计真自疏，来辙庶几改；有宅一区存，有田一廛在；农桑世所业，荼荠吾可采；抚今眷畴昔，慷慨有余悔。（《昔悔》）

杖策昔从军，东登箕子台；君从厽木下，弄摩日珠回；当时一张口，气尚凌八垓；风轮候旦暮，亲见扬尘埃；蓬莱已陵陆，沧溟何有哉！

沉沉久雨云，混混下江水；水去不复回，云开故有俟；坐怜浩荡中，万亿流离子；虚望将焉酬，空悲亦可耻；天地有端倪，俯仰究终始；及时且宁静，丈夫要如此。

云有汲汲志，尽日常闭关；遂谓靳靳人，开门容荆菅；群咻理孤笑，时复相往还；临流弄清洌，忧来替以欢；君其理渔具，我亦投朝冠；明年富春渚，一路寻黄山。（与太夷故有此约）（《题太夷

濠堂》）

我父三十岁以后的才名，就一年一年地大起来。当时的督抚名公，没有一个不想罗致他到幕府中，引为自重的。

大家也晓得，我父才调出来，做叙事论理的文章，在其时很出名，加之替府主办事策划，非常地忠勤刻苦。所以名气一大，交相延誉的人就多，大有一得我父，身价顿增的光景。但是我父家虽贫穷，急于谋事，而他的本性，不同流俗，常常孤高自赏，"良禽择木而栖"的念头，也持之很坚。加之祖父母的家教，对于我父的交友投幕，都主张十分的严择慎始，丝毫不能迁就，这一来，越发加足了我父一种激懑的脾气。

一家的人，都抱着宁可穷守，不能随便向人低首折腰的家风，所以一切非分意外的出路，就斩钉截铁地不能通融。我父还有一种不愿趋炎附势的抱负，凡名气官职不很大的人，诚诚心心来招延，我父或者可以欣然接受。假使官爵过于崇隆，声势十分煊赫的人，虽然表示倒屣相迎的意思，而我父倒反斟酌审慎起来，却顾不前。这并不是我父故意要装腔作态，沽名钓誉，实在是他的天性，他的家风，都是冷峻的，不愿有一毫热衷的趋奉。

譬如吴公先要代我父出钱捐部郎，后来又要专折特保我父，都是一面感激，一面谢绝。就是朝鲜的战争平定以后，朝鲜的宫廷社会都耳闻我父的才学，并且明白吴公定乱的功劳，是出于我父的策划，于是朝臣进言李王，想以宾师的礼遇留我父在朝鲜住下来，我父怕的"名高易谤"，立时辞谢。不久回到天津，李公鸿章，张公树声（署理北洋大臣）及吴公三人，又要会折特荐，我父当时曾经有一信，致何公嗣焜，竭力辞谢：

> 阎丹书欲为彭雪琴，而终不免向纱帽下求生活。吾辈如处女，岂可不择媒妁，草草字人，令海内知吾两人者，引阎彭近事，笑张季直不如枚生贤哉，幸为清河，说此至悃。

到了光绪十年七月，张公树声在粤督任内，一面叫蔡提督绥庭请我父去，一面又致电李公转邀，其时李公自己也叫袁观察子九来请我父，我父当时都回谢没有去，而且到了次年的四月，还将粤督的聘金四十两，原封请周观察馥带交袁观察转还不受。

当时我父曾经有"南不拜张北不投李"的豪语。到了十月，我父在京，宗室准仲莱庶常请我父教他的兄弟，而他的兄弟是我父的本科同榜，也就没有答应，到了光绪十二年（1886年）潘公祖荫也延我父课授其弟，我父也辞去了。

到了光绪十六年八月，安徽巡抚沈公秉成，又延我父课教其子，我父当时有一封骈体的辞谢信，意思很诚，文词很美，我现在摘录几段，也可以看出这时候我父的意趣：

> 自昔京师应举，孤进见收……是以前答王令，意尚徘徊，以言夫今，忍更决去，休父有言："后差不及前差，后剧必胜前剧。"然则过此以往，虽疾痛平复，千里之游，殆非敢言也。

到了光绪十八年，我父应礼部会试不中，翁公惋惜爱重之余，竭力安慰我父，叫他的侄孙斌孙来挽留我父，管国子监南学，次日盛祭酒昱也来访我父说："南学的诸生都愿意为你捐纳学正官，留管学事。"他们的情意，实在恳挚，于是我父亲自拜访翁盛二公，坚决说明不肯答应的理由。在那年我父的日记写着这件事的经过：

> 四月二十一日诣谢常熟[1]及意园（盛氏斋名）师，辞留南学。常熟师谓："我固知子必不就也，徇诸生之请，重以意园之说，故今斌孙一诣，不就至佳，今亦非劝人仕进之时也！"……
>
> ……诣意园不直。是日阮申……遂峻词谢之。

当时翁、盛二公都存了慰藉我父的真情，所以容纳南学诸君推重的诚意，而诸君打算代我父捐学正官，又完全出于好意。哪晓得我父坚执不肯，竟说到他的生平志事连"毫发"也不能迁就，更拿了南学诸君相待的情意，说到"情施于过当，势近于劫持"。

"过当"和"劫持"这四个字，分量用得何等地重，这又可证明我

父的戆性。说到不成进士，可见我父之考试功名，完全为安慰体贴父母的希望。二来可见我父对于科举功名完全没有得失荣辱的观感，就单看这封信，就可以晓得我父早年自视和出处的人格了！

到了光绪二十一年十一月，总督张公之洞请我父担任江南书局总校，我父因为两层原因没有肯就：第一，因为书局并不刻书，似乎为人择事，只算干修；第二，因为其时张公已奉朝命转调两湖总督。

第二节　尽力乡事

我父四十岁前后，虽然不做官，但是回到家乡，未尝不做事。他的大举办地方事，虽然在四十四岁以后。然而此数年中已经有了发端。

本来祖父就一向很看重在乡里的和平和福利，所以我父觉得一个人为什么要有名？因为有了名，人家方才看得起，做起事来，消极没有阻碍，积极可得帮忙，便能顺利地做去。人要求名，绝不是完全为个人升官发财着想，更不是我父求名得利的本心。所以我父一有了名就立刻想做一点地方的实事，方才不辜负自己的名，和人家看得重的名。

通海一带农产是棉，乡民全靠织布谋生，当时捐税异常地繁重，加之光绪九年八月后通海荒年，所以就和沈公燮均竭力设法，谋减花布捐税，以纾民困。

到了光绪十年正月，地方灾象更厉害起来，四甲壩一带，灾民结队，常常有几千人。我父很为担心，恐怕闹出大事，就和秦刘诸乡老集议散赈平粜的办法。我父从烟台友人处借了四百元，来助平粜，也奔走了好多时才有头绪。

其时通海一带，海盗出没无定，沿海百姓不得安居乐业。我父乃领导兴办沿海渔团。

到了春间三月灾荒以后，乡民人心惶惶，总不能高枕无忧，我父乃发起立社仓于常乐镇，平时堆积米粮，遇有非常的灾难，可以缓急有点解救，直到现今，还是存在。

海门在科举时代，秀才名额很少，而且没有拔贡。同治年间，地方人士呈请部院增设，未得照准。我父在数年间，先后叠次和江苏督学黄公体芳、宗室侍郎傅良才，商准了增学额定拔贡的案子。

通海农田，土质很肥腴，假使种桑育虫，也可为乡人辟一新生计。我父集了款到湖州去买桑秧，赊于乡农，并带送《蚕桑辑要》一本书，教以种植的方法。

海门本有溥善堂，是一种慈善机关，救济孤苦无告的人。到光绪十四年七月我父乃往见护院藩司贵筑黄公子寿、臬司湘乡陈公湜，商请恢复旧时办法。后来在我父年谱上有关于这件事的记载。

到光绪二十一年正月，总督张之洞奏派我父总办通海团练，我父因为是地方的事，没有辞。但是从前老辈办团练，募捐筹款的弊端很大，很是骚扰地方，于是我父决计典质自家的书籍二十四箱，得款一千元开办。

到十二月，因为通海花布向来由厘卡收捐，重床叠被，弊害百出，农商很为痛苦。我父乃竭力设法，改办认捐，希望统一办理，可纾农商的大困。乃分向总督张公以次各官员口舌辩难，公文呈述，不止几十次几十天，最后仍为司局酷议所阻挠，没有成功。

到了光绪二十二年二月，我父想复通州孔庙乐舞，设采芹会，并议定海、通、如、泰合习庙乐，乃请学院龙侍郎湛霖，延聘浏阳唐某等为乐舞教员。

我父当日有一篇海、通、泰、如合习乐舞议，计议举办的办法和需要的各项预算，很为周到完密。我抄在下边，也可以看出我父做事的条理及用心的精细：

> 聚海、通、泰、四厅州县童生各二十人于通州学宫，十人亦可，但多则观摩尤广，且归后易于传习；延浏阳乐舞师三人，教习三个月，每教习一人束修三个月二百番，将来酬劳在外。校浏阳来讯，教习两处四个月三百番者……通、海两学各二十人，火食减二百二千，共减三百二十二千；止须一千二百八十七千，作一千三百千计，通当八百，海当五百亦可办。（《乐舞议》）

我们看完了上边我父几年间在家乡所做的事，大要不外慈善、农桑、文化、自卫四件。

我就生出几种深切的观感来，大凡老百姓的本性，当然是很顺良和服从的，但是到了没有饭吃，就会铤而走险，什么也不顾，在历史上一贯贱民可以闹出大事，像明末的李自成、张献忠都是榜样。为什么那些人这样地容易聚众号召呢？因为当日陕川一带都感受了饥荒的压迫，才激而生变的，所以我父一看地方有这种险象，就放赈平粜，立社仓，没有一件不是因势利导，帮他们想一条比较可以温饱的出路。

讲到提倡一件事，尤其是感导乡农，第一，要完全帮他们的利益着想；第二，要让他们享过了县城的利益，然后他们才能相信你，自动，来效法。至于自卫团练，要有组织，而且要人民本身有力量，那时组织及物质虽然不能尽善尽美，然而意思却很对。再则我父不问赈灾、办团练，没有一件采用募捐派费的方法，全是以身作则，自己拿出钱来，当然很能感动人，大凡慷他人之慨的事情，固然不一定弄得好，反倒将自己的人格先低落了。

讲到中国厘捐的积弊，直到现今，依然如故，总成了一个很重大没办法的问题，要彻底地革除，才有希望：第一，要政治上轨道；第二，财政要实行预算制度。

科举时代，各州县加一学额，增一拔贡，都是很尊严而难办到的事，我父事事想他人比自己，所以对于这件事，也异常帮海门出力。要在孔庙恢复乐舞，是读书学子分所当为的事，孔门六艺为儒教立教的根本科目，礼乐居首，最为重视，后来渐渐废止，视为官样文章，而我父总想回复一点雍雍穆穆的气象。可是办一件事，总要有组织，有预算，在那时候，哪晓得我父已经有合乎科学原则的精神了。

在光绪二十三年冬天，德国忽借了伤害教士的题目，硬要抢占胶州，那时朝臣很懦弱，也就屈服了。我父那时虽然居家在野，也很关心国事，听到这事，愤恨得很，作了一首诗：

作噩之岁胶澳隆，盲风忽卓单鹰旗。碧瞳映映群鹰麃，毁摧圣象成雏嬉。此语一日闻京师，诸儒讼请责问辞。内木曰咄外木哈，盗钟掩耳腾其欺。憨山老人奋直笔，家父凡伯攀周诗。传闻欧美尚教化，毕斯麦亦酋之耆。此举毋乃类盗贼，治兵无律犹吾崔。固知天心未厌乱，群教混混阳阴疑。终有一是定百非，六经大道天纲维。仲尼日月何伤夷，尊奉原不到狗鸡。吾将刺彼毕斯麦，彼二木者恶当之。(《奉和瑞安先生二木叹》)

第六章　甲午中日战事及戊戌变政

第一节　中日战事

我现在要大着胆，细着心地来叙述光绪二十四年（1898 年）前后我父和朝局的关系了，要讲到我父和朝局的关系，当然是脱不了翁公当日政治的地位。我叙述以前，先拿个人对于当时政治内幕，从想象和引证方面，来观察评论一下。

大凡历史上，尤其是在吾国，凡帝后同时有相互起落执掌政权的可能局势，那么，朝臣必定有两派的分党，公例如此，不能避免；但是这种情形最容易引起一种政局暴发的变动，其结果，双方固然不利，与国家尤有莫大的祸害。

本来一国最高政治的原动力是政府，政府以内，绝不怕同时有若干政见互异的党派，在政见上，各有信仰和主张，争夺政权，也可以各出花样，剧烈竞争，就是闹得天翻地覆，也是合乎政权兴仆应有的现象（欧美日各国政权的移替，也有这种实际情形）。大凡政治界的推动转移，都有两党的起落，今天甲在朝，乙在野，明天乙又在朝，甲再在野，与国家根本的立脚点，不会摇惑。

但是一旦国家发生了重大对外的问题，那两党就应该立刻拿整个的国家，做一个共同的目标，就应该一齐群策群力，不分彼此地来对付，就应该牺牲平时党派的见解异同，更应该大家超出两党竞争的政权的范围以上，一致来应付国家危急存亡的事变。

我说完了这一段话，现在我要回到本题，说当时内外朝局的情形了。

那时慈禧太后和光绪帝，表面上虽然大家还能保持相当的礼貌，可是实际上的朝局已经分出帝、后两党，各有水火不能相容的局势。

太后本是一个很能干厉害的人，到了政权不能不交还光绪帝的时候，心里本来不愿，很是勉强，存了一种试不好再来垂帘不迟的想法。光绪帝人是好人，可惜没有多大才干，一到执政，就非闲散时可比，好像鸟出了笼，鱼得了水，很想做出一点惊天动地的事来。其时外边政局的中心完全集中在北洋大臣李鸿章，而帝则唯师傅翁公之言听计从，翁、李俨然是两派的首领，后面是帝后的背景，而两派的谋臣策士更推波助澜，各拥其主，愈演愈烈，竞争激烈。

这时李公掌握兵马大权，本人很晓得丁汝昌的海军不中用，和日本人不能战，假使战败了接下来的议和外交，又要他去当冲。有这几层缘故，所以他不主张决战，而嘴里的理由说法，又不能拿心事和盘托出。翁公一方面是清流的领袖，看日本人凶蛮骄横，愤恨得很，一点也不能再忍，但是海军有点靠不住能战胜的见解，也是有的，可是兵是李公带的，兵船也是他管，那么，他应该负起这种绝大的战争的责任，和战胜的责任。

所以当时一定要战的权，操之朝内，而一战绝不讨好的事实，李公看得最清楚。两派既然各趋极端，所以一战的结果，是丧师赔款割地，所有战败国的羞辱，没有一件不完全了。

本来一国内不能相容的两派，拿对外的出入，来做政争的工具和认为绝好的机会，是一件再危险也没有的事。如果两派当时都有了近代政治上的常识，碰到国家这种重大的事变，大家拿向来恶感冲突的地方，摆在一边，推开诚心，权衡事实，以整个国家利害为前提，那结果绝不会糟到这种地步。

其时日本对外，何尝不晓得中国朝局有帝后两派的意见分歧，两不相下，对内又很明了自家的兵力，一定拿得稳来战败中国，所以我们的敌人，倒反得到了"知己知彼，百战百胜"的把握。

那时候朝内外很传说光绪帝决心要战的意思，是出于翁公，而翁公决心要战的意思，是出于我父。譬如罗君惇曧的《中日兵事本末》就写着："……枢臣翁同龢握大政，修撰张謇，其门生最亲者也，力主战，并力言北洋军之可恃……乃决备战。……"

不错，当那年的夏天，我父在京，确是常常和翁公见面和通信，而翁公其时，确已十分地爱重我父，可是我父对于日本和战的问题绝不是笼统的主张要战，更不是一味地主张没准备的盲战。我查阅我父那年从四月到九月的日记，是记着六月初六、十三、十七、廿七、廿八，七月初二、九月十六的七天，都有信给翁公的，六月廿一、七月初九、十八、八月廿二、九月十五的五天，都和翁公见面的（九月十七，我父接到祖父病危的电报，立刻就回南了）。

可是这十二天，只记会见和通信，而会见的时候讲些什么，通信的里边又写些什么，一个字都没有记载，但是在那时候我父曾经作过几首诗，送给翁公，很有无穷感知遇、忧国事的情意流露出来：

少小盛气志，颇亦羞群狙；家世服农亩，不眩车轮朱；上禀二人训，下规千载图，江河绝东写，日月骛西徂……踟蹰思古人，遥遥唐与虞。

我再来查阅翁公这几个月的日记，对于我父关联到时局的话，我抄在下边：

六月十四日……张季直函，论东事……

十九日……得张季直函，论东事……

七月初五日……张季直函，送地图……

初九日……张季直来谈时事，激昂感慨，留饭而去。

廿四日……又复张季直昨日书，此时清议大约责我不能博采群言，移时局，然非我所能及也……

看完以上翁公的记载，也并没有我父力主要战的话。翁公为人谨饬异常，下笔很有分寸，处处慎保人臣栗栗恐惧的品性。（看了翁公几十年的日记，就晓得他就是遭逢极愤慨艰险的境地，也还是"天王明圣，臣罪当诛"的口吻。）

大约我父所谈，必定不外国势阽危、和战两难的话，所谓"激昂慷慨""耸人骨""危言耸论，声泪交下"大约都是帮翁公设身处地地着急。当时朝中的真相，酝酿到一定要开战，绝不是翁公一个人的主张，更不是他一个人所能主张，事实如此，不能抹煞。

看了翁公六月十三、十四两天的日记，有"……是日奉派会议朝鲜事。……上意一力主战，并传懿旨亦主战……（十四日）"的记载，就可以晓得当时光绪帝自己有要战的决心，连太后也是竭力要战，主战的原动和怂恿，绝不是出之翁公，更不是出之我父。可是我父当日对于朝局关于和战的贡献和主张，究竟怎样呢?

那么，我可以摘录几段我父呈劾大学士李鸿章的奏疏一看，就可以彻底明了了。

> 直隶总督李鸿章，自任北洋大臣以来，凡遇外洋侵侮中国之事，无一不坚持和议，天下之人，以是集其诟病，以为李鸿章主和误国，而穷综其前后心迹观之，则二十年来坏和局者，李鸿章一人而已。

> 台湾之事，越南之事，其既往者，始置不论。请就今日日人构衅朝鲜之事为我皇上陈之……方光绪八年春间李鸿章令丁汝昌、马建忠前往朝鲜，与英美各国立约，许朝鲜为自主之国。……朝鲜与东三省唇齿相依，奉中朝正朔。……于理于势，可半主而不得自主也，听其自主，既失之矣。

> ……推李鸿章之意，不过年老耽逸，朝鲜如一骴，委诸各国之喙，冀其断断相持，而得我袖手偷安于旦夕，而于朝鲜关于中国之利害不暇计也。我有自腐之机，敌乃有可乘之隙。……盟血未干，日乘韩乱，故广东水师提督吴长庆以六营东援，乱定后，再三以朝鲜政敝民穷，兵单地要，函请李鸿章及早为之修政，练兵，兴利，备患。李鸿章怪其多事，痛斥其非。

> ……若非吴长庆尚有三营移防，驻守金州，支拄其间，则今日之事，早见于十年以前，而李鸿章则又于十一年将驻韩三营全数撤回，并罢吴长庆所定教练韩兵之事。……坚日必得朝鲜之志，长日

轻量中国之心，谓非李鸿章谁执其咎？……自来中外论兵，战和相济，西洋各国，惟无一日不存必战之心，故无一人敢败已和之局，李鸿章兼任军务洋务三十余年，岂不知之？

……本年五月间日衅已见，使李鸿章得袁世凯数十密电之后，援十一年第三条约，诘以派兵何不先行知照，则日谋可伐，不至于战……即得汪凤藻电复之后，其时日兵尚不甚多，布置尚不甚密，使派叶志超、聂士成率一二十营，如吴长庆径入汉京，挟王归我，易客为主，徐待理论，亦尚不碍于和。……朝鲜弊政，本应中国早为酌改，日既以是为利，我何妨令袁世凯与议，折日惠韩之计，收我抚字属国之权。

……李鸿章则始终执其决弃朝鲜之意，……而贻日人以华斥不顾，势难中已之言，卒酿兵端，一败涂地。……试问以四朝之元老，筹三省之海防，统胜兵精卒五十营，……用财数千万之多，一旦有事，……会无一端立于可战之地，以善可和之局，稍有人理，能无痛心，……李鸿章之非特败战，并且败和。

光绪八年四月朝鲜内乱，我国派兵将他很迅速地平定了以后，我父当时很看出日本的野心和布置，一定要逐步把朝鲜脱离中国，收并到日本的版图以内。所以我国要立刻拿定主意，振作起来，做到釜底抽薪的地步，自然一劳永逸，再无后患。

那时我父对于朝鲜应该怎样善后的彻底办法，曾经很痛切地上了一个条陈给北洋大臣，当时朝中的潘祖荫、翁同龢二公听见了，很以为然，就和李公商量去办，哪晓得李公反认为杞人忧天，不必着慌，对于我父条陈，一点没有容纳。直到甲午，我父所猜虑的件件都成了事实。日本当然是踌躇满志，我国反失败到手足无措。我父回想到以前李公轻忽他的忠告，才弄这种进退无据的情状，自然是愤恨到极点了。

"自来中外论兵，战和相济，西洋各国，惟无一日不存必战之心，故无一人敢败已和之局"，不是很中肯的名言吗。

第二节　戊戌变政

我上边不是说过当时的朝局，有帝后两派吗？在光绪二十四年以前，这种情形虽然很明白，但是翁公还是个老成持重的人，表面上还可以维持相安的局面。

等到恭王一死，小人渐渐出头执起权来，在太后那一方面，就要排斥翁公，使帝党孤立，在帝这一方面，此时已经怀了变政的决心，觉得翁公过于持重，常常掣他的肘，心上也不愿意。所以太后既要去翁，他也无可无不可，哪晓得翁公一走，太后防范进攻的计划愈加周密，而帝的左右一班想用激烈雷霆式的手段来变法的人，也一天天地紧紧包围上来，还进一步离间人家的母子。

帝见了这班忠心耿耿的人，新奇有胆的条陈，不知不觉就卷到旋涡里边。那班变法的人也没有审慎地考虑，究竟当时的实权在哪里？拿兵权的重臣究竟信从哪一边？也等不及布置问妥，专仗了意气用事，哪晓得结果是杀的杀，逃的逃，还幽禁了光绪帝，造成了太后求之不得的二次垂帘，这种牺牲真不值得！

本来后方的人都是一班权奸大猾，帝方的人都是一班鲁莽率真的人，那成败的结果早就可以料到。那时候颇传说康有为是翁公引荐的，其实完全不对，我们看翁公当时及后来的两段日记，都可以证明了：

> 上命臣索康有为所进书，令再写一分递进，臣对：与康不往来。上问：何也？对：以此人居心叵测。（戊戌四月初七日）
>
> 《新闻报》记十八日谕旨拿康、梁二逆，并及康逆为翁同龢引荐，有其才百倍于臣之语；伏读悚惕，窃念康逆进身之日，已微臣去国之后……厥后臣若在列，必不任此逆猖狂至此，而转以此获罪，惟有自艾而已。（己亥十一月廿一日）

据说当光绪帝向翁公索康书的时候，光绪帝听到翁公"此人居心叵测"一句话，就问道："何谓叵测？"翁公答："叵测即不可测也。"这情形是翁公亲告我父，我父亲告我的。

看这两段日记，就晓得翁公对康着实不满，已绝无引荐的道理。那时又传说我父是预闻康等变法的举动，其实也不然。在光绪十五年，我父到京的时候，康也在京，其时相识，很有往来，康并且还作了好几首诗送给我父，表示他的钦迟，但是我父看了康的居处见客，排场很大，意气过嫌豪放，不大平正，心里不很赞成，所以他尽管送诗，我父都没有回答。

到了光绪二十一年（1895年）的十月，我父在通接到梁公鼎芬从南京发来一个电报，因为组织强学会，要我父加入，强学会是中国第一个公开的集会。那个电文是：

> 南通州张状元：现与中弢、长素诸君子在沪开强学会，讲中国自强之学，南皮主之。刊布公启，必欲得大名，共办此事，以雪国耻。望速复。鼎芬蒸。（十月十九日九时到）

我查看光绪二十四年我父在京的日记，那时候在京，已经听说康等有不很审慎的变法，我父不赞同这种轻举，所以见面也曾经竭力劝过，既然劝过，自然不会预闻他们的策划，他们也当然不引我父为同志。

当时恭王一死，我父即料定朝局将大变，等到翁公开缺回籍的上谕下来以后，更觉得大难立至，就去见翁公引了朱子答廖子晦的话，劝他赶速地走，我父所以引朱子这段话的意思，指些什么人，当然很容易明白。这几个月翁公的日记，关于我父的记载，抄在下边，看了，可以晓得当时一来没有谈到计划变法，二来谈的大半是他新开创的事：

> 四月朔……张季直殿元服阕来散馆，晤谈，言：江北纱布局及盐滩荒地两事，皆伊所创也……
>
> 十三日……看张季直各种说帖，大旨办江北花布事，欲办认捐及减捐二端。又欲立农务会，又海门因积谷滋事，欲重惩阻挠者。此君的是霸才……
>
> ……………
>
> 五月初八日……张季直来，留面长谈。

翁公在那月十三日就动身回常熟老家，我父六月初七也跟了回通州。

以后几个月的离奇变幻的朝局，事实上与他二人毫不相关。并且大家晓得翁公是痛恨康等的人，我父与康也不是志同道合的朋友。然而到了十月间还故意办翁公革职永不叙用的罪名，后来也还有人要将我父攀诬在内，这不是"君子不失为君子，小人枉自为小人"吗？这也可见得当时朝局只管排斥异己，暗无天日了。

后来我父有一篇诗序，讲到那时的情况和后来的感慨：

文恭公与侍郎皆制举时座师，文字因缘，进于道义，期待之深，良非恒泛，海内多知之者。

刚毅当光绪之季，两宫失欢，时以翁、汪为帝党，力主仇外，结连端荣，假势匪团，骈诛徐、聊、袁、许诸人，后为造为翁门六子之谣，冀以尽除异己。六予以侍郎为首，中有志锐、文廷式某某，余最后。诬余虽不在京，而隐为敌，且与康有为、梁启超有关也。自京而鄂而苏，谣颇盛。

会联军入，刚毅辈伏法而熄。今手札中似隐语者，亦见当时二公抑畏之甚也。（《观汪氏（鸣銮）所藏翁文恭与鲍亭侍郎手札并序》）

第二编

光绪二十五年己亥（1899 年）至宣统三年

辛亥（1911 年）

第一章　创办纱厂及垦牧公司

第一节　投身实业

中国人自古以来有两条路应该走的，第一条路是科举，科举最高的目的是状元；第二条路是做官，做官最高的目的是宰相。所以在中国有一个最隆重的联属名词叫"状元宰相"。

大凡人走完了第一条路就该赶紧走第二条路，假使第二条路再走完了，那就名满天下，光宗耀祖了。我父点了状元以后，论理他该跟历代相沿的足迹走，努力再走完这第二条路，岂不是好，可是他却没有去走，偏偏要去开创另一条新路走。

其中有许多原因，也就是开创这新路的动机：第一，我父在光绪三十年（1904 年）点状元以后，不到几时祖父就去世了，那时我父精神上受到了异常的刺激，对于名场的欲望就低下来；第二，看看中国国势，一天比一天危迫下去，朝局用人政事也是一天比一天的紊乱黑暗起来，就想到日本是一个小国，何以反走到中国前面。推想到要中国不贫不弱，救醒他起来，除了振兴工商业，绝没有第二样办法。恰好通州家乡是个出产好棉花的地方，乡下人又是靠纺纱织布谋生过活的，就想到去开纱厂，既可以帮乡人想一条谋生的路，更可以自己纺纱抵制外货进来。

第三，大凡读书人，人家叫他是"书呆子""书蠹头"，都是形容读书人不灵巧、不会做事的名称。我父一想偏偏不相信，一定要做一个能够自立、能够做事的读书人，为向来的读书人出出气，争争面子。

第四，因为甲午那年，我父在京好几个月。有一回看到太后从颐和园回到京城里，适逢大暴雨，地上的水积深了一二尺，大小文武百官，也有七八十岁年纪的老臣子，都跪在水里边接驾，上面的雨先落到帽子上边的红纬缨，从那里滴下来，滴到袍褂上，一个个都成了落汤鸡，还好像染了鲜红的颜色。那边太后坐在轿子里，连头回都不回。我父一看，心上就难过起来，觉得这种官，是有志气的人该做的吗？还是回转去做老百姓吧！

因为这几层缘故，所以我父就下了决心，不要做官了。就振作他的精神，来开辟他的第三条新路。

第二节　经营纱厂

我先前曾经说过，有了名的人要做事。甲午以后，我父有了大名，还没有改变他最初的宗旨，反而坚定了自己的决心和打算。

但是在中国社会，要做事就和官脱离不了关系，他能够帮助你，也能够破坏你。如果民间做事能得官力帮助，那自然就事半功倍了。那个时候恰逢着张公之洞做两江总督，他向来对我父很信重。先就请我父总办通、海团练，结束撤防后接下来，就和我父说到振兴商务等事，我父本来认定这条路走，所以一谈就谈得很投机，很融洽。到光绪二十二年张公调任两湖总督，两江总督换了刘公坤一，到任后，我父就和刘公商议实行办通州纱厂。

本来张公在南京时，因为中日订了《马关条约》，内中有允许日本人在内地设工厂的一条，就想自己捷足先登去办厂，不要等日人借口。就计议在长江口的南北，苏州、通州两处，各办一厂。苏州厂请陆公润庠办。通州厂请我父办。我父因为和他的本意非常适合，而且希望国强，一定要着实做到普及教育和地方自治的两件事，然而没有钱是办不成的，于是就决定先办实业，有了钱以后再办教育和地方自治，就立刻答应了去兴办这件事。

当时有沈燮均、潘鹤琴、刘桂馨、郭茂之诸人，都一齐来赞助（本有陈维镛、樊时勋二人，后来退出），就开始接洽招股本、订章程等事，而沈公其时尤异常出力。直到九月二十七日才决定选择通州唐家闸的陶朱坝做厂基。因为唐家闸离城只有十五里，出长江港口很近，水道也便利。到十月十八又决定股份由官商各任其半。

到光绪二十三年二月二十四才决定三个月内集三十万造厂屋。但是机器一层还是没有着落，就想到苏省款买来布置在黄浦滩上的机器，这副机器本来是湖北省买的，运到上海后，张公已到两江，因为江苏要办厂，就用筹防局款子，向鄂省转买，虽然买了来，还搁在黄浦滩，有芦席盖在上边，日晒夜露，渐渐上起锈来，我父就再三和总督商量，拿这副机器作为五十万官股，搬到通州厂用。

到光绪二十五年四月才开了车，出了纱。那时我父定过一个厂约，关于权限的分配、办事的责任、成事的要素，都说得明明白白。

我父那时还集了一副对子，请翁公写的，挂在厂厅上：

枢机之发动乎天地，

衣被所及遍我东南。

从光绪二十二年三月到二十五年，这四年间，我父奔走南京、湖北、通、沪各处，白天谈论、写信，筹划得手口不停，夜间又苦心焦思，翻来覆去，寝不安枕，官绅的接洽说话，一天几变，捉摸不定。有钱人的面孔更是难看，推三阻四。上面的总督虽然赞助，而底下的官员没有一个不拆台，旁人也没有一个不是等着看好看。所谓人情冷暖，世态变幻，我父是亲身感受了，又是气愤，又怕办不成功。在集股筹款的时候，以一个穷读书人，虽然有了名，但是名不能当钱用，试问从哪里能够叫人家相信呢？而且这边筹到款用，那边又不够了，今天筹到款用，明天又不够了，天天过年三十夜，弄到万无法想的时候，常常跑到黄浦滩对天长叹，看江也是长叹，眼睛里的泪水同潮水一样涌出来。

有时候旅费不够，也卖过好几回字，厂款分文不去动用。所以我父最初最大的成功，是完全建筑在坚忍的、勤俭的毅力上边。从此以后，中国的工业才因为我父有了一个光明的开始。我现在摘录我父光绪二十五年九月年谱上的一段：

> 九月，纱厂以售值日起，辗转买棉供纺，得不停辍。至江宁，新宁拱手称庆，对之曰："棉好，地也；转机，天也；人无与焉。"曰："是皆君之功！"曰："事赖众举，一人何功？"曰："苦则君所受。"曰："苦乃自取，孰怨？"曰："但成，折本亦无妨。"曰："成，便无折本可言。"曰："愿闻所持之主意。"曰："无他，时时存必成之心，时时作可败之计。"曰："可败，何计？"对曰："先后五年，生计赖书院月俸百金，未支厂一钱，全厂上下内外数十人，除洋工师外，一切俸给食用开支，未满万金耳。"新宁俯首拊掌蹴叹久之。

看了这一段记载，就可以想见当时我父是何等地下决心吃辛苦。只要抱定这种精神去干事，哪里有办不成办不好的道理？无怪刘公一见面就表示很欢欣佩服的诚意。所谓"必成"就是用尽心费尽力，拿心和力来和困难危疑相争搏。所谓"可败"就是丝毫不存私心，倘若办不成，人家可以原谅的。

我再抄几段《大生纱厂章程书后》：

> 嗟乎！士欲有济于世而获自勉，难矣。……五年以来，蒙世疑谤，不可穷诘，综其大要，亦判始终，始终二途，略有五变……次第厂事百分之一二，以谂四方朋好，庶知謇之所遭与其本心所在……

看了这几段，就晓得我父当时亲身经历的情形。

他形容穷读书人办事的困难受人轻视，和有钱商人的偏劣意量，直形容到毫发无遗了，而我父的一种抑郁牢骚、不平慨叹的气愤，也充满了字里行间，这一个过渡，可不是我父卧薪尝胆的时代吗？

当时还造了工房，工人可以住；学校，工人和子弟可以求学；医院和公园，工人可以享受；储蓄处，工人可以储工资生利息。凡关工人的生活乐利，我父想得周到，也办得周到。大生厂办有成效以后，又陆续办了油厂、面厂、铁厂、丝厂、轮船公司。凡适合于通州农产工业的制造和利用，及增加人民地方的便利和幸福，无不一一依次着手，这都算是大生纱厂的儿孙了。

第三节　经营垦牧

我国从古以来都是以农立国的。大凡世界上土地广大的国家，没有一个不是以农立国的。在中国不要说十八省以外有着待开垦的荒地，就是江浙一带人烟最稠密的地方，也到处可以找得到没有垦殖过的荒土。我父等到大生纱厂办到根基渐渐稳固，营业也渐渐有了起色，于是就立刻拿眼光转射到农垦的上边去。

就想到光绪二十一年的夏天，因为办团练到过东海边，看见通、海二境交界的沿海边的地方，有一大片的荒滩，荒着可惜，就想用那片滩地，去实行他第二步的农垦事业。本来自从雍正初年起，一直到光绪中季，常常有很多的上谕，叫人民去开辟荒地，为国家兴利益。我父就认为极好的机会可以着手进行，于是就和刘公坤一经过好几次的接洽商量，并且替他做好《拟变通开垦海门荒滩奏略》上到政府以后，就奉旨批准了。

到了光绪二十六年的秋天，乃决定着手兴办，定名"通海垦牧公司"，乃派了陆师学堂的毕业生江导岷、章亮元、洪杰诸君，携带应用的仪器，到那边去测量，等到全部的图绘成以后，就订定公司各项章程及招佃章程，一共改了六七次方才定局。

本来是一片荒滩，摆在那里什么人也不管，但是等到有人来开垦，大家就都眼红起来了，内中的产权，有官产，有营产，也有民产，灶产等，名目繁多，疑难纠纷，自然不少。经过部省督藩州厅各处迭次派委员来清查，剔理，作价；关于灶产，当时盐运使还不肯让售，我父还和他打了一场轰轰烈烈的官司，最后拿了事实来证明，才折服了他。其时当地的士绅李审之、张云梯二公都很赞助。

我父经营计划，经过不少时候，才拿产权确定统一起来。又经过不少时候，才分期招足股本。不久又有荡棍捣乱劫草的事变，一波未平，一波又起，都靠着我父的毅力一一战胜了。

我父在光绪二十七年（1901年）的一年，终天地手批口答，内部忙筹款立刻要开工，外边又要抵制外侮。第一件最要紧的根本工程，就是赶筑沿海的大堤，堤一天不成，什么事都不能着手。当时招工两三千人，连日带夜地赶工，不到一个月就依次完成了。哪里晓得到了光绪二十八年的秋天，几回的大风潮，拿新堤打得零零碎碎破坏不堪，在最紧要的当儿，我父在天地昏黑的夜间，带了江君等到海边，露立在破堤上，督工拼命将堤岸加高赶筑，我父和他们说："我们要拿所有的血汗来和大风潮奋抗，看看究竟我胜它，还是它胜我！"于是大家鼓起胆，用尽力，不到几天就修补好了。

那时我父巡视规划，都是坐的小车，在芦苇里边行，有时下得车来，走来走去，衣裳弄得湿透，衣上的水和身上的汗分不出来，有时离开公司到别处去，夜间一听见风声，就想到潮水必大，不要冲坏了我的堤岸，通宵就不能合眼。

当时集了一副庄子韩文的对子，也是我父辛苦中自己的解慰：

庄周以至人自居，乃谓游逍遥之墟，食苟简之田，立不贷之国；

韩愈为天下所笑，独将求国家之事，耕宽闲之野，钓寂寞之滨。

到了第十年，公司的经营渐入成功的境地，我父在股东会有一篇公司成立经过的历史，说得十分详尽：

通海垦牧公司自光绪二十七年冬开办至今，足十年矣，以地之僻而工程中阻而未完，迟至十年，始开股东会……虽牛马于社会而不辞也，各股东鉴之！

等到公司办有成效以后，田是田，家是家，成了一个东海边的新村落。我父又次第办了几个小学校，就作了一支《垦牧乡歌》：

海之门兮芒洋，受有百兮谷王，辅南通兮江沄沄而淮汤汤，卑都起兮垦牧之乡。

我田，我稼，我牛，我羊，我有子弟，亦耒亦耜，而冠而裳；
亿万兮井里，百年兮洪荒，谁其辟者南通张！

第四节　辞官不去

在光绪二十三年二月，我父先后接到翰林院掌院和顾公聘耆连电，
催促我父去京到院，一连有三四次函电。

我父那时已经投身实业，岂能再变宗旨。当时有一封信致沈公子
培，说他所以不能去的缘故，很详细诚切：

> 謇天与野性，本无宦情。自甲乙丙三载，通籍奉讳治丧营葬，
> 重之以团练工振，加之以家庙义庄，负累已逾万数，……以势度之，
> 非兄弟忍苦作客十年，殆不能了。又加以搏合通州纱厂屡蹶屡振之
> 余，可成可败之际，益不可以舍之而去，是以去冬抵书顾、戴二
> 君，托其代向本衙门起复请假。

> ……二月初聘耆同年电促入都，谓不可代假，即时电属其暂缓
> 起复。……而复电则谓已经呈报，仍相督促，比即具以必不能入都
> 之故，详悉函白，并告以如其与假乖违，合有处分，如罚俸之类，
> 心愿受之。……愿为小民尽稍有知见之心，不愿厕贵人更不值计较
> 之气；愿成一分一毫有用之事，不愿居八命九命可耻之官，此謇之
> 素志也。

> 比常读《日知录》《明夷待访录》，矢愿益坚，植气弥峻，辄
> 欲以区区之愿力，与二三同志播种九幽之下，策效百岁而遥，以为
> 士生今日，固宜如此，事成不成命也，无可怨者。足下知我，谓何
> 如耶？

> 恒斋即昨来讯，颇相规切。……抑恒斋期我犹在人世迹象之间
> 矣。往者穆琴入都，为之不乐者累日，诚伤夫士大夫不能自存，而
> 令不知之人眼中时见其屑屑道路也。

看了这封信，就晓得我父对于官不官的问题，已经抛掷于九霄云

外，丝毫没有顾恋不舍的意思。觉得既然改途，开辟新路，就是受尽困难弯曲的痛苦，立志总得坚定。"愿成一分一毫有用之事，不愿居八命九命可耻之官。"说得何等坚决。因为那时候国家是渐渐危迫了，以为读书人报国的地方，应该在这里。

第二章　庚子事变

第一节　为刘坤一定策

韩愈做的《与于襄阳书》里边有几句文："士之能享大名、显当世者，莫不有先达之士、负天下之望者，为之前焉。"

我读到这里，就想到我父一生所以能享大名、显当世，何尝不靠着两位"先达之士、负天下之望者，为之前焉"。这两位是谁呢？

我父在光绪十一年以后，翁公处处以国士相待，言听计从。等到光绪二十四年以后，我父回到南通决心开辟他的新路，又碰到两江总督刘公坤一，刘公当时也是一朝重臣，齿德俱尊，好像中流砥柱，对于我父，又是一样以国士相待，言听计从。

兴办纱厂，虽然是和张公之洞开其端绪，然而竭力促成，全仗着刘公推心置腹。后来继续兴办垦牧公司，又是他一手帮助成功。我父先前没有翁公，成名没得这样大；后来没有刘公，成事没得这样快。翁刘二公着实是我父的真实知己了！等到光绪二十六年（1900年）的夏天，北京一带的拳匪如火如荼地暴动起来，来势汹汹，不可遏止。

本来朝局经过戊戌事变，光绪帝已被软禁，名存实亡。太后已抱了唯我欲为、莫再予毒的观念，废立的进行，一天急迫一天。当朝一班昏庸宵小，长逢的伎俩，愈出愈奇，学识既然不懂得，政治方针又没有，哪里会有什么世界的眼光。所以拳匪的发动如此顺利，可以说，是应着那时候那班人的潮流，也是"种瓜得瓜、种豆得豆"应该发现的一种归束。

在这里我要说一说袁世凯，袁其时何尝不是背君卖友的人？何尝不是太后党的保镖？然而对于拳匪的举动，料其败事有余、成事不足的见解，比一班人看得清楚，所以拿定主意，不卷入旋涡，这何尝不是他的眼光锐远呢？可惜天才不用在正路上！

到六七月间，北方拳匪的声势，已风起云涌地鼓荡蔓延起来，杀使臣，围使馆，开场锣鼓正敲得好闹热。东南长江一带，情势亦岌岌可危，大有同归于尽的趋势。刘公到没法的时候，每每找到我父和陈三立、汤寿潜、沈会植、何嗣焜诸公去商量应付内外大局的办法。

我父在这几个月里，在南京的时候很多，一回到通、沪，刘公催促之电又同雪片而至。我父帮他策划种种，先定保卫东南的大计，再商公推李相统兵入卫的办法。

在我父为刘公决东南自保之策的当口，真所谓千钧一发，稍纵即逝，岂料当时幕客还生异议，刘公却能坚持，毫不为动，魄力也不小。

后来我父挽施理卿的诗，前面有几句序言，还回说到刘公：

> 光绪庚子拳匪之乱，东南互保，议倡于江南，两湖应焉。欧人称刘总督有断，如铁塔然，虽不可登眺，而巍巍屹立，不容亵视，亦人物也。施君佐刘幕久，是役助余为刘决策。

我现在看到德人瓦德西将军《拳乱笔记》，里边有几段说到当时南京刘总督、湖北张总督、山东袁巡抚三人有意识地措置应付，和保持该省不加入骚乱的实力。那时在瓦德西心目中，也觉得有点惊愕佩服，因此长江一带没有牵入旋涡。我父定策保全之功，可不在小处了。

> 余并相信管辖该地（指南京、武昌）之两位中国总督，颇欲压制民众暴乱之举。（一九○○年九月二十五日）

> 我们与南京、武昌、山东三位督抚，不在交战状态之中。此三位先生，颇能于中国皇帝及联军之间，设法应付，极为机敏，形成双方以外之第三势力，使人必须加以顾虑尊重，由此而产生一种极为奇特之现象。（一九○一年正月六日）

第二节　拒签俄约

到七月底，各国联军已攻入北京，帝后均仓皇退避陕西。我父主张先设法退在京的外兵，迎还帝后，再议除匪订约的善后。

迁延太久，恐酿其他枝节和事变，即请刘公切商李、张二公会奏，罢斥载漪、刚毅诸祸首，以平中外的气愤，其时德帅有分兵侵犯江海的传闻，乃和刘公商定先事防止消患的策略。

到光绪二十七年的正月，俄兵盘踞东三省各处不肯撤退，并且要全权驻使签订密约。因为二十二年李公到俄，曾允订密约十二条，内有允许俄人在东三省建筑铁路、开矿山的权利，并且允许驻兵胶州湾、旅大口，而有保护权，到此时俄人利用机会，单独进行密约，我父和陈、汤、沈、何诸公，一体主张劝江鄂各省全力抗争。

当时我父代刘、张二公，一面拟电致其他各国政府，求外交间接上的援助，原电如下：

> 拳匪之乱，中国办理不善，重贻各国之忧，各国不咎已往，留将来振作之基，凡在臣人，同心感奋，方谋和约定后，即日兴革各事，以副各国之望。

> 适有俄国东三省十二条之约，各国因将京约停议，某等以为东省召衅各员开罪俄人，犹北京之开罪各国，中国无以谢各国，更何以解免于俄人。我全权大臣暨出使俄国大臣极力磋磨，俄人虽勉予通融，而兵权财政未允转圜，且刻期逼令全权画约。东三省为我国家发祥之地，主权旁落，何以自立于环球之上，且尤虑权势偏重，东方大局或因此猜疑牵掣，不获永享和平，愈以重敝国之罪。

> 从前京约十二条，贵政府尚许江、鄂参酌，此次仅将中俄相持不下之约十二条，交呈贵政府，务求各国政府与俄国妥商，秉公断结，与京约同日画押。总以无伤主权，则环球之福，亦敝国之幸，望即日电复，不胜切盼。

一面再代刘张二公致电枢府，坚执不能画约的重要理由，原电如下：

俄限初七画约，逼迫全权已紧，全权殆不能支。画约后七国必决裂，决裂后京畿无交收之日，而联军西进，兵锋所向，不能知其所极矣。此时全权已在俄掌握之中，无可商量。政府不可不亟为自存之计，全权允而政府未允，我亦有辞以对七国也。

应请严饬全权，速将十二条公示各国，务使请其居间助我争持，某等既奉旨预议，不能不力筹补救，俄既有此约，将刊官报之说，某等现将十二条先行电达各国政府，更得朝廷严饬全权立案，弥为结实，存亡呼吸，所争止在一押之间，务乞力持，勿稍松动，总之前此俄允交还东三省，我不能不感其仁，不能不派全权与之立约。现在尽夺我兵政之权，名为交还，实则占据，且要约逼索，欲藉一纸条约为永远占据之凭，我不能受其愚，更不能徇俄意怒联军以自弃其国。事至今日，似不妨以为难情状，直告俄廷，望以此意电达杨使，不必更磋磨于字句之间，堕俄狡计，千万千万。

二电发出以后，英日各国果然严重表示，不能听今俄人强横，加以阻难，我国枢府接电后，亦决定坚持，不能屈服。驻使杨公儒亦竭力抗争，以未奉政府明旨，决然不签，将要断送主权的一幕，就此终结。

第三节　招抚徐宝山

在庚子的五月，适当北方动乱，东南牵累，一日数惊。

其时徐宝山[①]（原名怀礼）在长江一带，很有党羽数千人，潜势力不在小处。我父竭力主张招抚，以减防范内部的忧虑，刘公当时也照办了。其时，我父有一封信致刘公，详论招抚善后办法：

抚徐之说，荷赐施行，内患苟弭，可专意外应矣。此辈如乱柴，徐则约柴之绳也，引绳太急，绳将不堪；太松且枝梧，宜得有

---

① 徐宝山（1866—1913），江苏镇江人，1893 年因参与"仙女庙劫案"被捕，逃脱后在长江一带为盗。

大度而小心之统将处之，俾不猜而生嫌，不轻而生玩。若予编伍，饷额宜檄统将发原封，令徐自给，但给衔不可逾守备以上，不可便单扎，且令一善言语有计略之道员，前往宣示诚信，以开谕之，今专镇缉沿江诸匪，若请来谒，宜即听许，不请勿逞强，此人闻颇以胆决重于其党，控驭得宜，安知不有异日之效。

……抑有请者，克饷缺额，近二十余军营之通病，兵疾其将，奚能用命。愿宫保严敕诸将，痛湔积习，戮力时艰，较量二弊，则克饷之患，尤甚于缺额也。一得之愚，陈备采择，惶恐惶恐，京师日内虑已有变，如何如何。

第三章　创办师范学校及地方自治事业

第一节　创办师范

我父光绪二十年（1894 年）回南以后的几年，办厂办垦，好像一个人种果树，拿秧苗插到地上，经过爱护培植，居然渐渐长大发育起来，青枝绿叶，也婆婆娑娑地四面放开；既然看它开了很美丽的花，就盼望它再结很鲜甜的果。

本来我父办厂办垦的情状，比起种树，才算得是开花，那进一步结果的希冀，上面也说过，是我父最后的目的，就是教育。那时国事乱到这般光景，国事颓唐到这般神气，好比一个病人请了医生治病，绝不会一张方子一剂药就看得好、吃得好的，必定要分一个治疗先后的次序，让那个病人慢慢得力起来。我父认为办厂办垦已经渐渐有了成效以后，就该换一张方子，着重在培植元气，灌输智识，这最后的一个目的，就是教育事业。

我父办教育，要先着重小学的基本。要办小学，就得先养成很多的师资，这非先办师范学堂不可。小学是教育之母，而师范又是小学之母。在光绪二十一年的夏天，他就和张公之洞谈到办学的初步，要先结个讲论的团体，再实地做去。

那时我父作了一篇《变法平议》，内中关于培养有用的人才，要先多开学堂。说也奇怪，我父中了状元，反倒主张废科举、办学堂，当时大家都很觉得骇人听闻，我父反处之泰然。先后和张、刘二公谈到尽先创立小学的计划。

到了光绪二十八年的夏天，并代刘公定了兴学的次序。先定师范和中小学的课程，刘公很以为然，而藩司巡道等顽固得很，都不赞成。我父在日记上有一段记载很有趣：

> 二月二十九日……与叔蕴谒新宁，定先立师范、中小学议。议上，新宁甚韪之。越日，藩司吴重憙、巡道徐树钧、盐道胡延同词以阻。胡道言曰："中国他事不如人，何至读书亦向人求法？此张季直过信罗叔蕴，叔蕴过信东人之过也。"

> 吴藩司亦赞之，新宁复语我，此事难办，叹息不已。乃谋自立师范学校，计所储任办纱厂以来不用之公费，五年本息环生可及二万元，加以劝集，或可成也。后之人知中国师范之自通州始，必不知自二道一司激成之也，故补记之。

当时我父以为官府既然怀疑阻难，不能贯彻主张，就决定自己去办。想到纱厂方面五年来的公费没有动，连本带息共有两万金，加之沈公燮均等的赞助，财力方面，也可以一办。回通以前，还帮刘公拟定了学制的奏略，并且劝刘公，省会应该办高等师范，使得学生升学的线索一层一节地能接气。

于是我父就和罗公振玉、沙公元炳商订私立初等师范和女子师范的各项章程，回了通州以后，就约同沈公、范公当世、李公审之先看延寿阁规划小学堂。又择定了南门外的千佛寺做师范校址，关于千佛寺的历史，日记上有一段记载：

> 四月二十六日……看石匮集。考知千佛寺建于明万历二十七年己亥，至顺治四年戊子重修。建者，僧顺庵，燕人；修者其弟子卓然。石匮，崇祯癸未进士（万历乙卯举人），官工部主事。甲申南归，归时虽不可考，然明社之屋以三月十八日，意石匮之归或在三月欤？夏之蓉为作传，言国变欲殉，家人防救不死。不知所谓防救者在京师，抑在通州。……石匮死于顺治十二年丙申，其作募修千佛寺疏，则顺治四年戊子也。夏传言石匮通籍后，见诸臣泄泄，挂冠归，似归在癸未。不知是年会试是秋间举行，及成进士、官工

部，已逼残年，归已不得。又以募修千佛寺疏语证之，言甲申由天津南归，梦见顺公，则极早亦在正二月，传固未确。千佛寺自万历己亥至光绪壬寅三百五年。

经过了好几个月，才把校址整理好，校舍改造好，当时连极琐碎的事情都是我父亲手办理的。

在开学的前一个晚上，我父还和庶务宋先生在学生寝室外边，宋拿起蜡烛照着，我父拿了锤子，在房门上边敲着挂名筹的钉，直到下半夜才弄好，并且还亲自布置厨房和厕所，他说："办学堂，要注意这两处的清洁。看学堂，先要看这两处是不是清洁。"还做了三副对联，一副挂在礼堂，一副挂在教务室，还有一副挂在会议厅。这三副对联可表示我父办师范的宗旨和来历：

> 极东西万国推崇为教育大家，先圣亦云，吾学不厌，诲不倦；
>
> 合周秦诸子受裁于狂狷一体，后生有志，各尊所闻，行所知。
>
> （礼堂联）
>
> 求于五州合智育体育，
>
> 愿为诸子得经师人师。（教员室联）
>
> 其所凭依，
>
> 其所自为。（韩愈文）（会议厅联）

到了光绪二十九年的春天，就请定了王先生国维和日人等十多人做教员。还招考了一班学生，在四月初一就正式开学了。

这是中国第一所师范学堂。有两篇演说词：一篇是第一次开学，一篇是第一次放学。我每篇抄几段在下边，可以看出我父办师范的宗旨和希望，及训练学生人格和本能的热切。

这是开学演说词：

> 今日是通州师范学校落成与诸君协兴普及国民教育造端之第一日，诸君既来学，志趣已自向明。愿以下走创立此校之宗旨，与诸君言之：
>
> 中国今日国势，衰弱极矣。国望，亏损极矣。国者，民之积，民之中各有一身在焉，国弱望亏其害之究竟，直中于人人之一身。

环顾五洲，彼所称强大文明之国，犹是人也。以我中国黄帝尧舜神明之胄，退化不振，猥处人下，至有以奴隶目我者，诸君以为可耻否乎？

欲雪其耻而不讲求学问，则无资；欲求学问而不求普及国民之教育，则无与；欲教育普及国民而不求师，则无导，故立学校，须从小学始，尤须从师范始。我中国二千年前教育与各国师范义法近者，独《礼记·学记》一篇，然沉晦久矣，管理卫生，亦不及各国之详。各国师范，皆国家建立。七八年来无所希冀，然与二三同志图之而又无资，遂有从事实业之想。数年以来，竭蹶经营，薄有基础，益见实业、教育二事有至密至亲之关系，勉强图之，然智浅能薄，唯恐有误，教育之心，不敢斯须忘也。

下走生平及数年以来所与二三同志摩厉而夹持者，以忠实不欺、坚苦自立为宗旨。今日建立此校，所愿为诸君相期者，亦唯此忠实不欺、坚苦自立二语，为诸君摩厉夹持之助。

诸君诸君，须是将"天下一家，中国一人""民吾同胞，物吾与也"之道理，人人胸中，各自理会；须是将先知觉后知、先觉觉后觉之责任，人人担起。肯理会，肯担任，自然不惮烦琐，不逞意气，成己成物，一以贯之。孟子曰："人皆可以为尧舜。"愿诸君开拓胸襟，立定志愿，求人之长，成己之用。不妄自菲薄，自然不妄自尊大。忠实不欺，坚苦自立，成我通州之学风。庶几实业教育，扩而日新，佐下走不逮，岂惟下走之幸，亦诸君之荣也。

（《四月初一师范第一次开学演说词》）

这是放学演说词：

凡此半年以来，全校办事之精神，与诸生学行之程级，下走熟察而默识之，不能已于言，年假将近，特为笔演印布，庶诸生得时时省览。

诸生知教育何义乎？以教为育，便是干涉，而非放任，放任者，野蛮之事，干涉者，文明之事。……生铁之必数炼而为钢也，生棉之必层制而为布也，此干涉之繁者。反是而思之，孰为野蛮？

孰为文明？既干涉便有约束之事，有服从之事。今甫读译书者，喜谈自由，喜说平等，此为自便放任则可耳。

须知西儒说自由甚多，加尔来言："不服从规则，不能自由。"士遮夫言："真自由，以法律整理。"博尔克言："成自由，在秩序。"毕达哥来斯言："不能制己，不能自由。"语皆精粹。平等，则义根内典，以铁滔所谓虽奴隶人不可忘其为同胞，是说平等之最善处。若如浮嚣之士，所喜谈者，推之一家之中，父母兄弟、夫妇子女，人人如所说之有自由平等，能有一日相安乎？能自安乎？愿诸生一己则思尽秩序之义为自由，对大众则思能普及教育为平等，毋沿口口相传之谬说。

诸生亦曾思师范学校之义乎？范者，法也，模也；学为人师，而不可不法不模，诸生其知之矣。……校章者，管理法也。监理能行，诸生能守，是为范之正轨；今日能行，异日能守，是为范之结果。若为一时自便，而执流俗相传自由之说相抵制，是以自甘放任之人，而处愿受干涉之地，非独人与地悖，亦行与愿乖。……

诸生知无古今无中外，人人所重者何等人乎？明公理修公德之人，则人重之；有礼法不苟简之人，则人重之；能成一业之人，则人重之。必有积累，乃有人格。须先从自重起，遽求之人不效也。下走自弱冠至今，三十余年中，所受人世轻侮之事，何止千百，未尝一动色发声以修报复，惟受人轻侮一次，则努力自克一次，以是至今日。

诸生诸生，自重则明公理也，修公德也，有礼法不苟简也，能成一业也；毋以为小积则大，毋以为微积则显。（《十一月十六日师范第一次年假放学演说词》）

以后几十年，凡开学放学，或者遇到别的机会，假使我父在通州到校，没有一回不是有一篇很痛切详尽的演说，都是讲办学的意义和国家需要教育的迫切；要养成学生的高尚纯洁的人格和训练学生坚苦有用的本能。我在这里不能一一摘录。开学以后第三年，我父还率领学生到军山、剑山种树，称为"学校林"。一来可以历练农事上劳苦的经验，二来可以使荒山变成有用的林场。

师范办成以后，一年一年所毕业的学生，人数虽然也不少，然尚不能应全邑小学教师的需要。他省像山西、甘肃、陕西，都曾经派过多数学生来学师范，毕业回去以后，总能立在各省教育重心的一部分。我父办学的教泽和影响总算得很远了。

师范本来还分本科、讲习、简易各科，后来还陆续添办了测绘科、农科、蚕桑科、工科，和全县小学多处，以及女师范一处，对于社会地方的需求和应用都很有成效。至于我父对于小学教育，尤其很着重，是拿全县的方里和人口做标准，来计算分配的。

我在各种文字里边，摘录几段，也可概其余了。

> 昔按县方里策南通教育，必小学校七百余所，校均计必凡六十人，识字之人，乃略当人口今数二十余分一。如鉴，九年度为三百十五所，五年以来裁增十六，不足当九年中一年之半，去所策亦且半，进行之迟可知。（《南通教育年鉴序》）

> 梁任公曩在南通，尝问鄙人：可办民兵否？鄙人答以须待教育普及以后。南通现有初级小学校三百五十余所，欲为普及计，须达千数，极少亦当倍今之数，为七百校。培护学童之正当本能，使成人以后，均为良民，将来民兵之制，岂必让瑞士专美于前？（《师范附属小学廿周纪念演说》）

> 故窦预计凡一堤之中，佃户满二百至三百，视学龄儿童之多寡，即设一国民小学校。视国民校与邻近国民校升学人数渐增足设高等小学校时，则设高等小学校以为次第之序。（《垦牧乡高等小学开校演说》）

我父认为，应用的国文，在学校中有另设专科造就人才的必要。就请了常州屠先生寄到通州，在中学校内创办了一个国文专修科，课目都是我父手订的。后来毕业出来的学生，很多到官私机关当笔墨的事。

又因为国内经济制度渐趋革进，银行人才很感缺乏。于是又办了银行专修科，毕业后的学生到各处去办事，很得用。

第二节　掌教文正书院

我父从光绪十四年（1888 年）到二十七年（1901 年）的十余年中，曾经先后担任赣榆"选青书院"、太仓"娄江书院"、崇明"瀛洲书院"、南京"文正书院"、安庆"经古书院"等处的院长。

除掉在文正书院五年余时间算最长以外，其余各处少则两三月，多则年余。我父认为书院虽属官办官命，但是有关一地方作育教化的榜样，所以就是后来三五年已经创办通州实业的时光，还是依旧带做着文正院长。

当时住院的学生共有九人：江谦、江导岷、束曰琯、陆宗舆、郭文彻、文仪、潘世杰、沈书升诸君和从兄亮祖。其余还有不少投考生，都是按着院规定期来应考卷子的。

听说，当时我父的教法，除应该攻求的文事外，最着重杂记，每天叫他们在看诵的书籍里边，格外注意有没有疑问，有没有心得，一齐都记下来，送呈我父看，为之一条条地讲究指示。一到吃过饭，大家就环立而侍，一点声息也没有。我父背着手，在室中踱来踱去，逢着事和评论人，便随口引述经史各书，原原本本，旁敲侧击，尽量证说申解。有时二三刻钟，也有二三点钟。

其时学生对于我父这种诲人不倦的讲授方法，得益进境都很大。我父有篇《文正书院丙庚课艺录叙》，让我摘录几段，就能明白文正书院的历史和当时设教讲学的途径了：

> 自布政使奉新许公以湘乡曾文正公再造江南，而在江宁尤久。建立书院，俾邦人士永无穷之讴思，于是江宁有文正书院。
>
> ……二十二年謇承瑞安黄先生后为书院都讲，……前后凡五年，……夫文与学同途而殊轨者也。文为道华，而学为事干，华甚美弗实，而干虽小无虚。汉之射策，唐之诗赋，宋之策论，明之制艺，各适乎时，以为取士之术，其为文一也。三代取士则有德有行有艺，孔子之门高第弟子之科，有德行、言语、政事、文学。徒用文而已，……学不一途，文亦不一家……

人亦有言，制艺验其所学，而非所以为学。夫诚使上之于士，自其乡学之年，即各责以专家之业，而又有文焉，而试士者诚知文……国家功令，县、府、乡、会、殿、廷诸试，兼制艺、策论、诗赋命题，而以制艺之文，演程朱而尊孔孟，视之尤重，而试之尤数。自非英绝瑰伟瑰异之才，得老师之传，锐精十年，其必不能一一窥其藩阈，审矣。

……江宁人士被文正公泽，而薰其风教，久矣。……而前马之导，謇又弗胜，徒于凤晨月夕，登缩公之堂。慨然思公生平闳量通识，高瞻而深虑，旷乎不得复见其人也。

第三节　创办地方自治

我父既然将厂垦、教育都办得井井有条、头头是道，又立刻将眼光转到地方自治的几件重要事上去。

他认定一个人要忠爱国家，先要忠爱地方。如果希望把国家弄好，要得先把地方弄好。而且人民是下一层的基础，国家是上一层的结顶。地方又夹着在两层中间，所以关系极为重要。但是要整理兴办地方事，先要晓得地方面积多大，户口多少家，多少人，要有一张完全的舆图，然后才能就图上计划，哪里几处应设学堂，分割村区，从哪里到哪里，应开辟道路，疏通水道。

地方上有了一张图，好像读书人有了字典，老年人有了拐杖，是一样的应用和重要。所以我父一讲到地方自治，就立刻规划测绘全境的舆图，他有一篇《南通县测绘全境图序》：

近者，国家大治陆军，军用有图矣，然其幅员大而比例小，固不适于地方自治之用。地方自治，则山林、川泽、丘陵、坟衍、原隰宜辨也；都鄙、封洫宜辨也；墟落、市镇、道路、庐舍宜辨也。

旧时方志之图不足据，军用之图又不能容，然欲求自治，则必自有舆图始。欲有舆图，则必自测绘始。……通州之言地方自治……其时厅州县城镇乡自治章程，犹未及颁，鄙人虑无测绘之人才也，附师范校，延日本工程教授而养成焉。……就旧时贡院设局以总持焉，比例用五千分之一，以求其详，……凡实测之日，……总四百日；凡实绘之日，自庚戌七月至辛亥二月，总二百四十日。凡州境面积，为七千四百三十五方里有奇；凡原田、沙田、灶田、沙地面积，为六千四百七十八方里有奇；凡灶荡、民荡面积八百三十四方里有奇；凡荒地面积一方里有奇；凡墓地面积十一方里有奇；凡河渠沟洫面积五百四方里有奇；凡山面积二方里有奇。

夫然后自治区、学区、警区可得而分，田赋可得而厘，户口可得而查，农田水利可得而修，工商业可得而计矣。

地方上的监狱虽是拘留犯人的，但是一讲地方自治，也得要注意改良，讲求管理、清洁、感化的方法。

旧时中国监狱的内容，黑暗污糟，简直是地狱，犯人弄到和鬼一样。又加以狱官贪狠，没有人道的待遇，所以我父和督桌诸官商妥，由地方筹款来一起翻造，也是他处所没有的。还记得那时我父和许多地方人士谈论，怎样改造，能算完善。旁边一个人插嘴说道："造成这样好的地方，大家都愿意做犯人了。"我父回答道："那么，就请你先提倡，进去住住好不好？"

通州的狼山镇营房，地势低下，房屋倒败，实在不成样子。我父因为要讲地方自治，不能听它这样下去。到宣统二年（1910 年）就和江督商妥，另外选择高爽的地点，造了适宜的营房。又拿通州衙门改造一新，在进大门的地方，朝南对着狼山，造了很高的钟楼。从英国买来的大钟，还在上边设了瞭望台和报火警的钟。到民国元年才落成，我父写了一副对，刻在钟楼上边：

畴昔是州今是县，

江淮之委海之端。

那时旧式的育婴堂，也办得一塌污糟。我父抱着人道和慈善主义，也搬移了地方，起盖了房子，很合于卫生管理，又订了许多规则。后来还设了幼稚园，到经费万分困难的时候，我父自己就卖了好几回字，得了钱，就给育婴堂用。

通州本来在长江口的北岸，在三十年以前，因为江流的异常重大的变迁，通州江岸一带，每年总要坍去十丈八丈不等，假使逢到春秋两季，有几阵狂吼的风、暴急的潮，海动山摇地过来，一夜里，就会一坍几十丈几百丈，这样的坍法，坍了三十年，一共坍去五千余亩的田地，真是桑田变了沧海。

我父有一篇文章，里边说到沿江的坍状，也就十分可惊异了：

> 余年二十许时，知马鞍山西港曰芦泾者，村农家畔有巨石，若卧牛偃蹇其沟中。当是时，江在石之南数里，未几江圮，益徙益北，是巨石者入于江，航行者于石上置灯，植竿为水道标准，又久之过江而南，至于今所谓文星沙上陆，昵于虞（对江常熟境）矣。

（《马鞍山始建牟尼阁弥勒院记》）

我父一看这种坍法，很为担心。于是领着地方人民向总督再三请求，援照江南塘工例，由国库提出经费，做江岸保坍的工程，费了不少的口舌笔墨，周折困难，才派了工程师来勘视计划，勉强地筹划到经费，先办了一个"堤工事务所"，后来正式成立了一个"保坍会"。

经费总是枝枝节节，不能大举地做。但是地方人民却万众一心，和那无情的沧海争保大好的农田。我父有一篇《保坍会纪念扇题词》：

> 五代前不可知，扬吴之时通五山固在江中，北宋元丰间山附于陆，明季清初……则山又入江，今山之南皆陆，不知何时始涨，无可征信。

> ……洲涨而南则山附陆，洲坍而北则山附江，此其大凡矣。……江岸之最近州城者，自东南迤而西北，……凡长二十五里许，光绪初城去四港远者二十余里，近亦十五六里，……去城近者准鸟道仅五里许，远者十七八里耳。……然州之民不能斯须忘坍之患，与所以保坍之计也，则合四港人民设保坍会。

……州今分自治区二十矣，坍岸第一区之岸也，而城非独第一区之城也，城齿而岸唇，忍唇之亡，何以不寒其齿。……将州之人，亦绝不自顾也乎？

　　通州既然有工商业的建设，当然有轮舶运输往来的必需。到光绪三十二年（1906年），我父和江督商定，开辟"天生港"为起卸货物不通商的口岸，就是中国自己开辟的商埠。外轮外商不能够和通商口岸一例看待。

　　不久就筹款将关栈、趸船、码头依次办成，地方和实业都很觉得便利。

第四章　游历日本

第一节　动机

我父开辟他的新路，果然一开就通顺。可是当时人家看起来总有一点觉得新奇。赞美的人和议谤的人却是旗鼓相当。

我父听见誉，果然不曾高兴；听见毁，也并不灰心。他总是握紧了两个拳头，抱定了一个主义，认准了一个方向，只是往前走，总想打通这条路，去造一个新世界。但是所办的许多事业，因为中国从前都没有过，所以找不到参证的榜样，总想去请教先进国，弄一点效法的资料，所以就有意思到日本去走一趟。

恰好光绪二十九年（1903 年）夏天，日本第五次国内"劝业博览会"开幕，日本的驻宁领事天野君请徐公乃昌转送了一份请帖，我父以为有这个机会去考察一下，是一件极便利的事，就立刻答应了欣然就道。

从四月二十五从上海动身，到了六月初四方才事举回国，总共费了七十天，参观教育各机关共有三十五处，农工商各机关共有三十处，我父在没有起程以前，先下了一种决心：第一，把向来自尊自大的牌子和成见，仍旧搁在老大帝国，只准备虚着心，快着眼，勤着笔，去看人家的东西到底怎样；第二，人家的外面固然要看，里面更要看，大的地方要看，小的地方更要看；拿了"观人于微"的方法，去"观其所由，察其所安"，用一般攒进去的功夫。

我父当时的考察，不重空论，专去考究它的历史和实事，很着重各项数字，随时都记下来，所以我父这一回考察的结果，带回来的用处很多很大。果然，回来以后，他的事业越加放大许多，越发加足了气力，向前猛进。

我常常感觉到不论到哪一国去游历或游学，总得要拿人家的长处带回来，可万不要先送掉自家的长处，再学上了人家的短处。

第二节　考察所得

我父回来后，就写了一本《癸卯东游日记》（在全集中）。我现在只能择要点录出来，就可以推想当时考察评论的心得和两国优劣相形的迹象：

> 四月二十九日……日人治国若治圃，又若点缀盆供，寸石点苔，皆有布置。老子言："治大国若烹小鲜。"日人知烹小鲜之精意矣。……
>
> 五月初四日……北海道开垦图最详，与通海垦牧公司规划有同者……有不同者。……
>
> 伊达邦成、黑田清隆之致力于北海道也，最有名，然极其经营之理想，劳其攘剔之精神而已。国家以全力图之，何施不可？宁若我垦牧公司之初建也，……有疑谤之人，有抵拒挠乱之人，消弭捍围，艰苦尤甚；是则伊达邦成、黑田清隆之福命为不可及矣。……
>
> 五月初五日……冒雨观大阪市小学校创立三十年纪念会，……学童之集者四万人，风雨交作，而学生行列不乱，三十年之成效也。……藤泽南岳遣其子元造来，愿为遍观各学校之导。日人于华人之来观实业、教育者，罔不殷勤指示……皆可感。所愿华人虚往实归，无小大各成一绩，不负此行也。
>
> 五月初六日……日人治工业，其最得要，在知以予为取而导源于欧，畅流于华，遂足分欧之利而兴其国。然大概工价则过华或倍

或二倍。我政府而有意于通商惠工也，利过于日，有五说焉：一、原料繁富；二、谷足工廉；三、仿各国之长，使利不泄；四、屡民生之好，使不愿外；五、与世界争进文明。其要则以予为取一语赅之。日本凡工厂制造品运往各国，出口时，海关率不征税，转运则以铁道就工厂，又不给则补助之。国家劝工之勤如是，然地少谷贵，工资与制作之工并增均长，而言工业者，犹务进不已也。与世界竞争文明，不进即退，更无中立，日人知之矣。……

五月初十日……西村小池导观制币局。……历其地金、熔解、伸延、极印、精制诸场……货币分金、银、铜三种。而以金为本位。……华人苦货币之困久矣，近行铜元以济银穷，然不造金币则金日流于外而日贵，且无本位则代本位者势必有穷，非计也。我政治家之性质习惯，有一大病，则将举一事先自纠缠于防弊……天下无无弊之法，……见有弊则易之，……而我之有立法权者，未更未见弊之法，先护已无法之弊，慎已！东西各国办事人，……特造止法度，大段公平，划一立法、行法、司法，人同在法度之内，虽事有小弊，不足害法，是说也，尝与沈子培、郑苏堪相发明之。今则每府县各建一师范学校，又增建女子师范学校，……教科书已屡修屡改。凡事入手有次第，未有不奏成绩者。其命脉在政府有知识，能定趋向，士大夫能担任赞成。故上下同心以有今日。不似一室之中胡越异怀，一日之中朝暮异趣者，徒误国民有为之时日也。……

五月十二日……至博览会，……观通运馆，舟车法度咸备，最精者环球航路之标本……

五月十四日……回经安治川，观范多隆太郎所有之铁工所，……能造汽船及浚渫机船，匠目无欧洲人。……我思上海制造局规模之大，经费之宏，几十倍于此，曾未为农工实业造一船、制一械，以市于民而收其利，以助农商之业而分人以利，彼此相较，何如也？

五月十五日……日本士大夫为官、商，听其人之志愿，方为官则一意官之事，及为商，则一意商之事，华士大夫则方官而有商略，方商而有官式。……

日本产盐不足供民食，比借台湾运入以赡之，方庚子后订各国商约，有洋盐进口之请，其时华之盐商大哗，余谓刘忠诚公是无妨，不过私枭中多一洋旗而已。若以设厂造盐之新法，行就场征税之名言，枭且化为商，何有于洋人？余意许洋盐入口，宜增华盐入各国口一条以抵其利益。忠诚公谢言无此气魄。……

五月十六日……午后诣三十四银行，……纸币与实银并藏一库，……扃键甚牢，云防盗。余问："警察甚周，尚患盗乎？"小山言："警察愈密，盗亦愈巧。"……日人不因盗不消灭而非议警察，知其民智之程度进矣。其银行自明治十一年始，本为国立，后属之商，……工商之业，官为民倡，有利则付之商，不止不夺也而维护之，以是知其官智之程度高矣。……

从市上度量衡器贩卖所，买度、量、衡各一器……往持同度量衡之说久矣，以为是国权之所寄也。今姑准日制赢缩平均通计之，每度器一税二十五文，量器一税四百文，衡器一税七百五十文。华人四万万，以一万人人用度量衡各一器，初年亦可得钱一万万元，以后每岁按三成计，亦得三千万元，即使省之以倍，数亦匪细，不独愈于他捐之扰扰乎？此其道有三：一则有所附而取，一反是；一则商失其暂时自便涨缩之利，而士农工得永久共便划一之利，一反是；一则证万国之通例，复三代之旧规，合于公理，一反是。利弊得失，宁不较然，愿闻吾言者，更平心而计之也。

五月十七日……侯实甫来，……拟遣金生至西京染织学校。徐生至大阪有机纸业……工场，次第学习，为农商之介。……执笔论事，而悔读书之少，临事需人，而悔储才之迟，举世所同，余尤引疚。

五月二十日……观岛津所制村田枪，云：凡中学校以上，皆用以习操。……民间猎户买枪，先至警察署报明，请给枪照，不闻其民有揭竿事也。华民禁藏军火，本是旧令，然大枭强盗，所用皆新式快枪，每一肆虐，即绿营之老兵锈枪尚不能敌，何况徒手汉。……

闰五月初三日……中国人留学外洋者，多喜欢就政治、法律，二者之成效近官，而其从事也空言而易为力，若农工实业皆有实习，皆须致力理化，而收效之荣不逮仕宦，国家又无以鼓舞之，宜其舍此而趋彼也。……

闰五月初五日……属聚卿从长冈护美子爵求明治初年至二十五年各教科书。云："文部尚有之，可以取观。"

闰五月初六日……至鞠町区访竹添、嘉纳，竹添自朝鲜归后即辞职，……方壬午、癸未间在朝鲜，时与竹添往还，……岁月骎骎，已二十年，彼时余方三十，马山、水原行军之旌旗，南坛、汉城驻节之幕府，闭目凝思，犹若见之，而国势反复殆如麻姑三见东海为桑田矣，可胜慨哉！……询余东来调查宗旨，余告之曰："学校形式不请观大者，请观小者。教科书不请观新者，请观旧者。学风不请询都城者，请询市町村者。经验不请询已完全时者，请询未完成时者。经济不请询政府及地方官优给补助者，请询地方人民拮据自立者。"

闰五月初九日……四时荻洲与诸华商置酒……因劝合力创汽船自运，各商逡巡逊谢，言先恐华官不许，即许亦不保护。日本邮船会社开创至今，国家补助未绝也。嗟乎！畏虎者谈虎而色变，孰使吾海外辛苦之民变色至于此。……

闰五月二十二日……十时赴嘉纳约，观其高等师范学校……寻常师范学校及中学校……高等小学校及单级小学校。……脉络贯通，义类周匝，可谓有本末表里者矣。师范者，兴学之本。我国民而有幸福也，戊戌后宜有官立师范学校，否则庚子后必有之。何至使我二十二省之人上者有七圣迷方之叹，下者有群盲揣日之哗；略观其明治五年至十二年文部省审定之教科书五六种。

这一年的春天，日本发生了一件教科书之狱。法庭将和这案件有关系的许多校长、教授分别定了罪，轻的都停职闲居。我父东游，正要访求这种人才，于是就请定了其中好多位到通州各学校、工厂去担任教师和技师。

当时东京教育界很歌颂我父，说是这一班人的救星！我父还有许多诗，我拣了一首，题目叫"人心"：

> 一人有一心，一家有一主；东家暴富贵，西家旧门户，东家负债广田园，西家倾家永歌舞。

> 一家嗝嗝一嘻嘻，一龙而鱼一鼠虎；空中但见白日俄，海水掀天作风雨。

一看这首诗，就明白是拿东家比日本，西家比中国，形容歌咏得很恰当有趣。细细地体会末二句"空中但见白日俄，海水掀天作风雨"的寓意，尤其深远。

想不到我现在写这传记时，恰逢中俄东铁的交涉异常严重的时候①，正是那位东家在里边变那"掀天作风雨"的把戏。怎会料到我父二十六年前的一首诗，竟成了今天的预言了。

---

① 指 1929 年的"中东路事件"。

第五章　筹划助成全国及苏省各事业

第一节　注重渔业海权

我父在光绪二十九年游日以后，就感觉到一国渔业和航政的重要。渔业和航政的范围到哪里，国家的领海主权就在哪里。假使只有海面而没有渔业、航政，试问主权从哪里表现出来？这些都等于空谈。

我国政府和人民都极应该注意，一致挽回已失的权利和发展沿海的渔航业。海岸线虽是很长，但是向来自生自灭，人民没有力量去问，政府也没有决心和计划去办。我父在七月间先在通州吕四沿海办了一个渔业公司，规模很小，宗旨是把当地渔人和渔商团结起来，改良他们的用具和方法。到了年底就和总督魏公光焘、沪道袁公树勋商计创办全国渔业公司，预备联合南北洋大规模地兴办。如果一时不能实现，就先从南洋做起，定了计划，成立了一个江浙渔业公司。同时还请了魏公奏设南洋渔政专员，做提纲挈领的机关。

不久我父又认为维护领海主权，要先造就航政人才，大则可以建设海军，小则可以驾驶商船，就和魏、袁二公商定在吴淞办了一所商船学校，找地点造房屋，着实也忙了一年多，我父就推荐萨公镇冰做校长。虽然后来不久就停办了，但是毕业出来的学生，直到现在在海军商船方面服务的还很不少。

到了光绪三十二年，意大利在秘拉诺①开博览会，要请中国加入。政府就通知各省商人、公司筹备一切，因而想到我父正在经营江浙渔业公司，如果也同意加入去会陈列，一定办得出色当行。我父也打算趁此机会尽力宣扬中国渔业历史和注重海权的现况于国外，也很准备了许久，弄好了表册、渔具，派了几个有才干的人去。这一回，比从前几次去外赛会，经费用得少而成绩很大。可见从前总有不实不尽、官样文章的地方。我父在年谱上记这件事：

> 规划意大利秘拉诺赛会，以中国东南海渔界图往与会，渔界所至，海权所在也。图据《海国图志》《瀛寰志略》为之。中国之预各国赛会也，自维也纳、费尔特尔、巴黎、伦敦、大阪、安南、散路易斯七会之后，至是乃第八次。

> 略有可考者，巴黎之会，户部费十五万；大阪之会，各省费十万；散路易斯之会，户部费七十五万。此次合沿海七省，仅费二万五千金耳。以海产品物，中国渔具渔史，縢我东南海渔界图而去。彰我古昔领海之权，本为我有之目的。赛会之第一次，各省分任会费二万五千金外，悉责江浙渔业公司任之，公司未可云完全能自立时也。

等博览会完毕，派去的郭公漱霞作了一部书，很为详尽有用。我父帮他作了一篇序，说兴办渔业航政的意义和这次赴赛的目的。

既然讲到领海主权，渔业航政固然要紧，可是海军尤其应该着重，因为和日本甲午的一战，打到七零八落，真成了落花流水。

假使中国还想立国雪耻，就得急起直追向前。我父官虽不做，而爱国的观念没有一刻忘记。在这时，曾经有一篇《规复海军疏》，说得很透彻痛切。关于养成人才、制造船舶、筹划经费种种问题，都计划得井井有条。

在这里，我摘录几段，一看，就晓得在二十余年前的中国，并不是没有注意、条陈这件事，实在是当时的政府不中用、不听话罢了：

---

① 今译米兰。

窃自环海交通，五洲万国，非海陆军相辅而强不能立国，而海军与敌相见尤先，其关系较陆军为尤重，筹办亦视陆军为尤难。迩来外交益棘，国势益危，……造端闳大，又莫不视为艰巨之问题矣。夫所谓艰巨者，将士之人才、舰炮之制造、筹备之经费三者而已。……臣见报载海军大臣之分年计划，亦自条分缕析，然以三者之事实计之，尚虑其陵节而施，终于欲速不达也。

……甲午一役，一败涂地，坚舰利械，转为敌资，推求其故，则……在舰之士卒不尽学生，是正犯兵法所谓"将不得人，以兵予敌；兵不夙习，以国予敌"之戒也。……

……根本之图，教育为亟，为海军教育计，宜分三等：一沿海七省先设海军中学，……选各高等小学毕业者为学生，酌参高等学课而延长其学期，俾毕业后，得入海军大学。……一沿海七省，广设初高两等小学，盖将弁之数少，而士卒之数多。……使将弁有学而士卒无学，必不能收指臂之效，是非使士卒同受教育不可。……以内地人民与海滨子弟较，其狃习风涛海滨必胜于内地，可以断言。因地制宜，因人施教，是非就奉、直、东、江、浙、闽、粤七省滨海之地，多设初高两等小学不可。……一沿海七省，酌设商船专学……虽有中学为递升之阶，如其资性、体格不宜军学……但于驾驶、管理诸法，稍有根底，亦足供将来之需……注重于驾驶、管理，三年毕业后，复加考察，如是则进可令为兵，退亦可听为商，亦犹陆军之后备矣。

……综计以上两端教育费，……建设费，三百三十一万；常年经费，一千七百九十五万，统凡二千余万。制造费，分十五年规划，凡福建船厂，湖北、上海枪厂，扩充费约须二三百万；扩充所须常年费，……约二百万；工科大学设备费约须三十万，每年经费约须十余万，十五年约须一百六七十万；徐州、山西开矿以提倡补助法行之，约须二三百万，计亦达一千万之外，合共须三千数百万元。……以十八行省平均计，每省岁筹二百万两。臣所拟者十五年，以十八行省平均计，每省岁筹不及二百万元，力以分多而见轻，事以预久而益立，此筹备经费之计也。

……外侮之来日剧，协谋之患孔多，不有海军，不可为国。十五年之预备，为时太迟，臣之愚，则以为惟其剧也，尤不可不巩固其基，惟其多也，尤不可不厚其备。

第二节　徐州建省

在光绪三十年（1904年）前后，因为豫鲁苏皖四省交界的地方，异常辽阔，地势在中原很为重要，但是盗匪盘踞，无人过问，四省确也有鞭长莫及的形势；青岛方面德人时时刻刻转海州的念头，所以我父为四省边地治安计，和振兴中原一带商务工业计，就有在徐州建立行省的计划，和督抚等筹商，上之政府，政府当时也答应，就定名为江淮省，以漕督为巡抚，后又裁去巡抚而设提督，又以提督兼兵部侍郎衔，节制镇道以下。弄到朝令夕改，非驴非马，毫不得要领，和我父初意完全不对。

我因为这事有关国家设省的掌故，所以摘录我父当时的一篇文章《徐州应建行省议》：

控淮海之襟喉，兼战守之行便，殖原陆之物产，富士马之资材……平原荡荡，千里无垠，俗俭民僿，强而无教，犯法、杀人、盗劫、亡命、枭桀之徒，前骈死而后踵起者，大都以徐为称首。……将欲因时制宜，变散地为要害，莫如建徐州为行省。

……以舆图分率准望约略计之，徐州府领铜山、萧、砀山、丰、沛、邳、宿迁、睢宁一州七县，益以海州之沭阳、赣榆，淮安之安东、桃源，安徽凤阳之宿、灵璧，颍州之蒙城、涡阳，亳州、泗州之五河、盱眙、天长，山东沂州之兰山、郯城、费、莒、沂水、蒙阴、日照，兖州之滕、峄，济宁之鱼台、金乡，曹州之曹、单、城武，河南归德之商丘、虞城、宁陵、鹿邑、夏邑、永城、睢、考城、柘城，凡四十五州县；惟沂州、泗州、归德全析，余皆分析，与曾国藩驳陈廷经请江南北分省不同。

……大抵建徐州为行省，有二便四要。海运通，铁路即达，输挽不绝，漕督可裁，未尽事宜，以徐州巡抚兼之，……便一。徐、海、淮、泗、沂、济、凤、颍，……朴啬劲悍，苟就募万人，简而练之，作为游击，步队六千，马队四千……训练有方，比及三年，……足资防御，便二。

广种薄收，农惰成习……大开农场，示以试验，人歆于利，效法必多，故训农为一要。农既生物，待工而成，徒恃旧工，不可以尽物利……或自无而有，或自粗而精，俱可相度土宜，生财利用，原料成熟，人渐于勤，故勤工为一要。无水利，无以利农，则湖河易辟……

无运道，无以利工商，则铁路宜筑，轮船宜行；……无资本，无以利工商，亦无以利农，则银行宜大小贯输，故通商为一要。农工商兵，皆资学问……宜省先立一师范学校，县各立一高初等小学校……兴学为要中之尤要。

第三节　筹计教育、实业各事

我父认定教育比什么事都应重要，所以他就在通州依程序，一年一年、一桩一桩地办去。可是同时我父对于别处地方，或关于全省全国没有不是一样地提倡鼓吹，希望人家也办。只要请教到他，要他帮助，他无不是很详细认真地代为筹划，只要他的能力能办，没有不看同自己的事一样。

在光绪三十年的冬天，就联合了通州五属的人士，设了一个学务处，共同筹划合办或分办的事，不久就办了一个五属中学校。到了光绪三十一年春天，和江淮巡抚商定，办了一个淮属师范学校，又设法在扬州办了一个两淮自立二等小学，一个中学和一个师范。到冬天，全省就合设了一个江苏学会，大家就推我父做会长。当时开通风气，办理得很有成绩，各省都奉为榜样。

光绪戊戌在京的时候，曾经替翁公拟了一个大学堂的办法，我父的日记上大致记着：

四月二十五日（为虞山师）拟大学堂办法：宜分内外院，内院已仕，外院未仕；宜分初、中、上三等；宜有植物、动物苑；宜有博学院；宜分类设堂；宜参延东西洋教习；宜定学生膏火；宜于盛大理允筹十万外，酌量宽备；宜就南苑择地；宜即用南苑工费；宜派大臣；宜先画图。

到了六月，京师大学堂要开办了，尚书孙公家鼐就奏派我父做大学教习，没有就。

到了光绪三十一年，我父看到中国要谋富强，须从工艺科学事业入手，而造就此项人才，尤为急迫的需要，他就联合了同志，写了一封信给两江总督，请政府赶早创立工科大学：

欧美各国工列专科，日本崛起先图工业，转换生熟之货，沟通农商之邮，合古今之政书，证中外之学说，未有不致力于工而能国者。……我之出口，但有生货，偶兴制造，则化学分析而成之资料，又无一不购自外洋。由是以推，工苟不兴，国终无不贫之期，民永无不困之望，可以断言矣。……

顾大学全备六科，科目既繁，规模至大，言乎建设，非百万不可；言乎岁支，非数十万不可；言乎学额，非数千不可……莫若仍就上海制造局相近，先建工科大学，即以已成之中国工学，为高等工学预备，次第经营，四五年后即可希望成效之发生，有完全之工学。

光绪三十二年，端总督方因为创办南洋大学，征询我父的意见，我父很加以考虑，回了一封很详细切实的信。

这一年我父又被推为宁属学务议长和教育会会长，到了宣统元年（1909年），我父又被任为江宁商业高、中两等学校监督，后来出来的商业人才也不少。就是外人在中国办的学堂像震旦学院等，都借重我父为院董，也答应了。

在光绪三十三年，中国留学生在日本因事罢学决裂，遣送回国，我父和赵公竹君、曾公少卿等设法派轮接回，帮他们在吴淞开了中国公学，以免四散失学。

到了宣统三年的四月，我父到了北京，学部奏设中央教育会，各省派有代表到京，打算集议解决关于各项教育上的重大问题，就请我父为会长，也议了好多时候，虽然议决了几件改革学制、推广教育、筹划经费、确立宗旨的议案，但是政府已渐入纷乱状态，终究成了纸上谈兵的一幕。

先在光绪二十五年，总督刘公坤一因沪宁一带商务繁盛，地居卫要，乃奏设"商务局"等商会机关，以资表率提倡。他再四请我父担任总理一职。中国商务，结合团体，从这时候起。

我父对于别处创办实业也是出心出力地赞助，光绪三十一年，我父就帮助许公鼎霖计划兴办了"耀徐玻璃公司"。宣统元年又帮助江西官绅筹划兴办了"江西瓷业公司"。这两件事在中国却是利用矿产抵制外货的基本实业，可惜技师技术不精和其他困难，都没有多大成效就停歇了。

宣统二年四月"南洋劝业会"成立开幕，这件事本来是端方在总督任内和我父主张创办，使得农工技艺可以因展览而得到观摩仿效的进步。到了六月，我父还发起设立了一个全国农业联合会，有什么问题，大家可以一堂讨论，有什么妨害，大家可以一致对付。

第四节　苏省铁路

在光绪三十一年的前后，外人的经济侵略已经渐渐深入中国，各国还不愿意破坏占领土地的均势，所以只着重在掠夺操纵血脉的铁路。

当时政府实在没有人才，很容易上外人的当，莫名其妙地断送主权，也并不是有心卖国，实在是昏昏沉沉、不知不觉地葬送了。那时英国人态度最强硬，定要借钱与中国造路。江苏人民虽然猛烈地反对，但是只争到沪嘉和江北两段南北线。至于沪宁路并没有争得回来，只有条件上争一点算一点。政府就和英银公司订了约，到了次年闰四月，政府方才正式允许苏路商办，派了我父和王公清穆主持一切。既然争得回来，就不能空言搪塞，贻笑外人。

一定要实实在在地办去。于是就议定招股章程和创办铁路学堂。到了五月廿五，英人代造的沪宁路开车，我父在日记里记了一段，很愤慨：

> 沪宁铁路行开车礼，九时自沪行，十一时半至苏。适大雨，席棚注漏，彩红淋漓，染衣如桃花片片。入座之客，多不成礼，京来乡人某，犹腼颜宣颂辞也。全球路价之贵，无逾江苏者，即江苏人之受累逾于全球。然则是日之举，独银公司受贺，而江苏人应受吊。

还有六月初九日记的一段，关于沪宁路地价事，因为和江苏铁路历史有点关系，顺带抄在这里：

> 与施、钟、王议沪宁路地价事，价由江苏担任二十五万镑，余十万镑，官认补足，二十五万镑，即二百五十万元。任地价，则地主之权犹在苏也，是亦不得不尔之势。其款则由盛借萍醴款，索还凡本息一百四十余万两。

到了光绪三十三年八月，外部又允许英人强硬借款办苏浙路。这消息传出后，我父和汤公寿潜函电交驰，竭力抗争；并推了许公鼎霖、张公元济到北京力争，结果仍归商办，不借外债。到宣统元年的夏天，南线沪嘉一段、北线清江一段均开车。

这几年内，我父规择路线，督造工程，奔走于江南江北，夏天的炎风烈日，冬天的雨雪冰冻，都是在外边来往察看，没有停息。加之各种呈报、接洽、主持、照料，又要对内对外地应付措置，口舌手腕一刻不停。

因为中国人既然争回自办，大家就不能不任劳任怨，百折不回，做点样子，让外人和政府看看。虽然后来铁路收归国有，但是这一段经过事实，却有追述的价值。

第六章　治水及改革盐法

第一节　郑州决口河工

我父一生有几件很有研究、很有心得的大政策，河工水利是内中的一件。他三十岁以后就留心实用的学问，很看了许多讲河工水利的书籍。自己也十分用心领悟体会，逢到出门做客、南北奔走的时候，更到处实地留心山川起伏的形势；和他平时所看的书籍，加以融会贯通，渐渐有了心得。他以为治国福民的事，河工水利是第一件。

天下唯水的这样东西，不能为利，就要为害；不绝对有利，即绝对有害，没有徘徊中途的道理。所以将水道疏浚得法，不但水旱之灾可以免掉，而且轮运交通，都有很大的利益。我父在光绪十三年（1887 年）五月，跟了孙公云锦到开封作幕。孙公是去做开封知府的，哪晓得一到那里，就撞着黄河在郑州一带决口，几天工夫，一连决了二三百丈。百姓呼号逃难，都有"为鱼"的情状。

当时倪巡抚文蔚、孙知府等，都晓得我父向来对河工很有讲究，于是同推举我父主持河工计划，拟一个疏浚的纲要。我父一面去视察实地情势，一面再复看潘、靳 [①] 讲河工的书，并考究宋明史，很辛苦了几时，决定先要测量，再用西法机器疏浚施工。

---

① 潘，明代水利工程专家潘季驯；靳，清代水利工程专家靳辅。

那时候我父就痛恨旧河工的习惯和旧法，认定都有一并抛弃的必要，其时巡抚、河督等都还没有这样的识见和胆量。于是我父晓得照旧敷衍，于事无济，乃离开了。当时我父有许多发表的文件，我现在摘录一封与倪中丞谕河工的信，也就可概其余了：

绎公昨谕，颇以引河未能定局为虑。……昨日约同刘瀛宾诣决口坝头及河身洇垫处，周历详视，复用望远镜凭高望测……揆公所虑，引河不得地，枉费工力，夫施工之人，应赈之人也。无论河身何处，今日去土一尺，将来即受水一尺，不得为枉。……请为按图言之：河自郑州五堡中阻一滩，南北分流，南支今自十堡以东，会北支入决口矣。而北支未湾处河身，距今决口以下，公所谓北岸老滩下河槽，较今所开引河形势便利者，中阻嫩滩，裁十六七里。……据董庆恩述洋匠加海之言，用机器船十五，施工一月，可得长百六十里、宽二丈余、深一丈余之河一道……十五船不及四日竣事。有一丈余深、二丈余宽之河，无论水势如何，断无不顺轨而趋之理。……

请公即电托合肥迅速定议定约，事机之来，如箭筈，如刀锋，少迟即逝，少顿即钝也。塞决告功，恐须三月，此河之成，当在其前。愿公图之。……

我父还有一篇《郑州决口记》，记载当时的各种情形，十分的详尽。中有一段，述及荒民流离的惨状和河官奢侈荒谬颠顸的怪状，很为痛切：

中牟、尉氏城浸水中，溺死之人，蔽空四下，若凫鸥之出没，或一长绳系老弱妇稚七八人，而缳犬于末，或绷婴或凑尸树杪，或累累着牛车旁，随波翻复，如是者十余日，日不一闻。近决口八九里，灾民缘堤营窟，采蒿梗柳枝自庇者，河道李正荣犹示禁焉。

询之曾官河防若土人自荥泽决至今二十年，余璜官上南厅同知且十三四年，余璜平时溲便用银器，姬妾幸者，房桄窗壁，往往用黄金钉……凡村寺演剧，无不至，至则先期戒治，幄幔如天官。堤防之费，岁领十二三万，一委外工司事。

第二节　导淮

中国最大最重要的水，一共三条本干，黄河居北，淮水居东南，长江居中。

三条水，历久不治，时见灾难，都有疏浚的必要。本来天下的变迁，没有比水流再快再离奇的。那时的河官又大都尸位素餐，官样文章，听他自然。民间只恨水灾水患，也没有彻底的注意而去讲求治理。

我父积了不少年的研究和心得，看了淮水和江苏有切肤的关涉，比较长江弊害更多，他就去从小部分着手规划淮河的支流的运河，让它到吕四的大刀坝入海。

到了宣统元年方才做好了吕四的十七八总船闸，有了宣泄的功用，就开了垦牧公司第一堤的地，通淮委河。这一来淮水的尾流方才有了经过里运河入海的归纳。我父认为导治淮水，非先大举测量不可。于是这几年中和总督、官绅、社会常常说到这事的重要及导治以后的利益。听的人也表示同情，而事实上仍然没有办。

我父对此事发表的文件多得很，我现在摘录几段《代江督拟设导淮公司疏》，大致可以明了一点：

> 窃自上年臣到任后，即访知淮北灾情重要，……灾民流亡至清江浦者五十余万口，扬州、镇江、江宁三处亦十余万口，顾念大局，非常危急。……江苏徐淮海十七州县灾区，……平均以二十万计，已三百四十余万。……安徽最为灾重之宿、泗二州，五河、灵璧二县不与焉。……淮水成灾原于入海路绝，仅恃经过洪泽、高宝、邵伯等湖，一路南下入江，而洪泽湖底自黄河北流三十余年，日淤日浅，至光绪二十五年河决郑州，黄水停潴淮北者年余，淤垫益甚，高宝、邵伯湖因被连及。……

> 而遭大旱，非横流千里，即赤地千里，咄嗟五六百万赈施之事，岂堪常有？欲抉去其病根，势非合淮水所经项腹尾之地而大治之不可。……臣查同治初导淮估费近一百二十万，专为辟张福口引淮经旧黄河入海而言，而郑州河决以后，情形不同，……淮水正干，

长巳五六百里，节节疏导，已觉地大役众，时久费繁，其入江支流仍应就涸出湖地，量辟水道，接通运河，以期分泄。

……臣意为民兴利除害，本国家应尽之义务，而因时推行通变，为今日应审之机宜，害苟当除，利苟当兴，淮自不得不导。拟请饬下农工商部、度支部会议，设能由国家借款，专派大臣，分年举办，则次第涸出之田，当时有缴价，常年有增赋，可备抵偿之一端，设一时格碍难行，拟请由臣敦劝绅商设立公司，担任借款还款。

光绪三十二三年间，总督端方也曾经容纳我父的意见办测量局，哪晓得办事的人完全外行，用了三四百万元而成绩毫无，图亦绘得不全。到了宣统元年方才由我父主持，办了江淮水利公司，先就清江浦成立了一个测量局，派了通州师范附设测绘科的毕业生，去分班开测。这件事方才算有了一个交代，立了一点根基。

第三节　改革盐法

改革盐法也是我父大政策中的一件。他认为盐法在中国，从各方面立场看起来，根本上极不平等，极多弊害，相沿下来一千多年，虽然也有许多人主张改革，但是结果仍然落空办不通。

盐法的历史内容和组织十分的复杂。简单说起来，就是煎盐的灶丁站在最下一层，而商人官员都压在他的上上层。虽然盐是什么时代什么人类日常必需的物品，而灶丁又是煎盐的主人翁，但是因为盐是国家专营专利的东西，所以灶丁应得绝对地受支配。几百年几十年以来，什么东西和工资都涨起价来了，独独灶丁血汗的报酬依旧丝毫不加。这就晓得有一种特殊阶级，狼狈地勾结起来，拿国家利益的招牌做他们的护身符，来压迫最劳苦无告的灶丁，叫他们一辈子都不能透气翻身；一面把持几百年来最低微的价钱，怎样都不愿意拿这残忍不近情理的旧法变动打破。这种现象，非但在人道上说不过去，就是国家治安上最大危害的枭匪，也是这种极坏的制度的产物。

我父生长在通州一带，又向来留心国家应兴应革的大政，更有一种帮助穷苦无告的人打抱不平的天性，所以就不能坐观，发表他改革的主张。但是他晓得政治上的改革，尤其是在中国的政府和社会，一定要替上上下下几方面都设身处地地想个大家都不吃亏的方法，才能办得通。

他有好多关于改革盐法的文字，我只好在一篇《卫国恤民化枭弭盗均宜变盐法议》当中，摘出几段来：

> 法无行之百年而不弊者，况历一千二百余年之久，弊有不可胜数者乎？……由今观之，舍就场抽税外无善法。……然则盐终不可治乎？曰可，请仍用刘晏就场抽税之法，………用晏之法当补其所未及，凡各场产盐之地，当渐约之使聚于一二适宜之处，而其尤要者，则盐价与凡工商所出之货物买卖同例，官不定价。盐固工商兼具之事也，给于工者，必使足偿其劳而养其生；鬻于商者，必使得和其市而均其利……足偿其劳而养其生，则煎晒之人乐于从事，而盐之出也多，多则价不期平而自平，且价不死，则可按民生日用所需之物价，为盐价之准，价既无大小，彼煎晒丁何必不归盐于商，则盐无官私矣。得和其市而均其利，则场运商同业一业，利害可以相通，肥瘠可以相剂。……诚如此，则凡食盐者皆有税，凡买盐者皆为商。……昔之商固商也，昔之枭亦可商也。有国家者，将使民为商乎？抑为枭乎？或枭化而为盗乎？故欲利民利商，宜复晏法而不定价。……虽然，固有以为大不利之官在。……商与民去政府远，官去政府近，近者以为不便，又居多数，政府耳有闻，闻官之言，目有睹，睹官之牍，奈何？曰："我固为忧国忘家深明公理之政府及度支部大臣言之也，若为运司以下之官言，则是与狐谋皮、与兔谋脯耳。"

灶丁的苦况和受压迫可惨的情状，我再在《改革全国盐法意见书》里边摘几段：

> 中国旧时专制政治之毒，最为灭绝人道者，无过盐法。……今姑以淮论……淮南商亭场分煎丁著籍，或自前明官定压制之法，迫

作苦工。令场商以贱价收，令运商以贵价卖，因而重征商税以为利。……丁如不服，笞杖枷锁之刑立随其后，如或逃亡，则罚其子而役之，无子则役其孙，并无孙则役其女之夫与外孙，非亲属尽绝不已。……其视人民生命，几于牛马之不如！

我父东游回来，认为改革盐法也要从自己的力量可以办得到的地方来试一试改良的制造，拿事实来证明他一部分的主张对不对、能不能行。

光绪二十九年至三十二年，就在吕四招集了资本，买了盐垣，好不容易在官府立了案，成立了一个"同仁泰盐业公司"。最先延聘日技师仿东法制盐，而被厄官定的价格。继改海州及浙东的池晒，又被厄于天时地质的不宜。最后试验松江板晒，始获成效。

直到现今，通属各场出数，还推吕四最多。去年淮南各场因草价日贵，都改煎为晒。非知二十余年前，我父眼光早见及此。当公司创办之初，遇事棘手，困难万分，资本和技术人才都不应手，到了后来，才渡过难关，渐入佳境。当时我父所定盐公司整顿章程第一条就写着："一、盐业为商务之一，凡执事人概称先生，不得沿老爷旧称。"可见盐业向来重阶级的积习非常恶劣。

我现在再在我父关于改革盐法的著作中摘出他所主张变盐法的条件大纲一看，较为醒目：

然则变盐法而但变为官专卖，宁非所谓知二五而不知十，知蛇蝎之伤人而不知豺虎伤人之尤剧也。……故推论事实，斟酌公理，窃以为变盐法之大纲有七：大纲维何？曰，设厂聚制，就场征税。曰，合场运之力以设厂，分场运之界以任税。曰，去官价，革丁籍，破引地。曰，减课之额，以增收之数。曰，度支部平均盐课之高下，统计收入之盈虚。曰，改散驻防缉私为盐场警察。曰，裁监督无实之司道，留稽征切近之盐官。

第七章　立宪运动及谘议局成立

第一节　变法平议

我父从光绪二十年（1894年）以后，虽然没有做官，但是没有不办事。外表看起来，不站在政治的舞台上，而实际无时不抱着"国家兴亡，匹夫有责"的责任心，一种尽忠竭爱希望改进政治，人民得到幸福的热忱，或者比别的人还要加上几倍。我父虽然对于戊戌那样办法的变法始终不表同情，但是看了当时宫廷的纷乱、亲贵的昏庸、内政处处腐败、外交断送权利，越看越痛心，也认为非改革变法不可。

所以他回到南边以后，就立刻发表他理想上应该怎样变法的主张和办法，做了一本《变法平议》，拿六部做个分项的总目，很仔细地斟酌中国的历史习惯，参以人家君主立宪国可以取法的地方，主张在不流血、不纷争的状态范围以内，循序改进。

这本书出来以后，当时的朝野人士，虽然是很注重地浏览传说，而依然不能感动当朝枢臣顽固的习性，即此平和中正渐变的改进，总算替他们设身处地、计策万全，也都没有见诸实行，完全成了纸上空谈的泡影。我父个人，固然是异常的失望，而清朝的革命，也就和秋后的残叶一般，渐渐地离开本枝了。

我现在将《变法平议》内的立论和项目，择要地摘录如下：

乘积弊之后，挟至锐之气，取一切之法而更张之，上疑其专而下不喻其意。伊古以来，变法固未有不致乱者矣。……戊戌庚子，变乱迭兴，新党旧党之争，衍为南北，支离变幻，不可穷诘。断以一言，则均之有诟骂而无商量，有意气而无条理。……则意行百里而阻于五十，何如日行二三十里者之不至于阻而犹可达也？……约分三端，以归一致，……

凡吏部之事十：

一、置议政院。……一、设课吏馆。……一、停捐纳。……一、改外部。……一、分职以专职。……一、省官以益官。……一、长官任辟僚属。……一、胥吏必用士人。……一、优官吏俸禄。……一、设府县议会。……

凡户部之事十二：

一、征地丁图籍。……一、颁权度法式。……一、行金镑，改钱法。……一、立银行，用钞币。……一、行预计。……一、订税目。……一、改盐法。……一、定折漕。……一、行印税而裁厘金。……一、集公司而兴农业。……一、清屯卫田。……一、收僧道税。……

凡礼部之事八：

一、普兴学校。……一、酌变科举。……一、学堂先学画图。……一、译书分省设局。……一、权设文部总裁。……一、明定学生出身。……一、派亲贵游历。……一、省官府仪卫。……

凡兵部之事四：

一、抽制兵衔役，练警察部队。……一、为武科将领设武备外院。……一、别立毕业生练营。……一、划一制造厂枪炮。……

凡刑部之事四：

一、增现行章程。……一、增轻罪条目。……一、清监狱。……一、行讼税。……

凡工部之事四：

一、开工艺院，兼博览所。……一、行补助法，广助力机。……一、劝集矿路公司。……一、讲求河防新法。……

以上事散见于六部者四十二篇，其施行之次第，则第一，请设议政院；各府州县城设中学堂；……各省设局，编小学堂、中学堂课本书，译各史及各学科书，户部及各省布政使各府州县行预计表。第二，分职省官定俸，各府州县实行测绘，警察，订税目，增法律章程，罢厘金，停捐纳，变科举，行决算法。第三，合各府州县分设各乡小学堂，兴农工商业，抽练营兵，减官府仪卫。而一事也，或以事理阶级定分数，或以省份财力定分数，分数既定，分年可办，由督抚自定，而六部课之。

第二节　运动立宪经过

自从光绪二十九年我父东游回来，觉得立宪固然要政府先有感悟，主持实施，然而人民也得要一齐起来发动，先用一般团结研究的功夫。所以这一年内，见到官员友人，遇到谈论通信，没有不劝解磋磨各种立宪的问题。

到光绪三十年的四月，就代张公之洞、魏公光焘作了一篇《拟请立宪奏稿》。这篇文章，曾经聚集了四五个朋友，斟酌了六七次，方才定稿。其时别省的督抚，也渐渐有人同样地奏请。到了六月，就和赵公凤昌刻了《日本宪法》，送到内庭，听说太后看了很为动心。

我父《年谱》上有一段记着：

> 六月刻《日本宪法》成，以十二册，由赵竹君凤昌寄赵小山庆宽径达内庭。此书入览后，孝钦太后于召见枢臣时，谕曰："日本有宪法，于国家甚好。"枢臣相顾，不知所对，唯唯而已。瞿鸿机旋命其七弟来沪，托凤昌选购宪法各书，不知赵故预刻宪法之人也，举告为笑。枢臣奉职，不识古义，莅政，不知今情，以是谋人家国，宁有幸乎？

到了光绪三十一年的八月，五大臣奉旨出洋考察宪法，动身的时候，被人放炸弹，没有走得成，到十一月又派第二回，乃走成了。当时我父有关于这三年以内谋划请立宪的经过，在日记上记了一段《立宪近况纪略》，我抄下来，可以明白当时的真情实况：

立宪之动机于铁、徐之入政府，端之入朝，振贝子又助之陈于两宫，慈圣大悟，乃有五大臣考察政治之命，既盛宣怀于召见时首倡异议，袁世凯亦依违持两可。会八月二十六日车驾炸弹事发，慈圣大震，而小人得乘势以摇之，然五大臣之命不可遽收，故反复延宕至三月之久。徐入政府，袁所荐也。关于此事，不甚附袁，既又留徐绍而易以尚其亨。李盛铎佐泽公西行，李颇有自命为宪政党之意，亦时时示异于袁，盖善占气候人也。然又贰于端，殊自表襮，观其戊戌之已事，性质手段，略同于袁而地位不同，所已成就者亦遂小异。留学生归国事，李颇采余说，而又忌余之亲端，乃略解之。要之宪政之果行与否，非我所敢知，而为中国计，则稍有人心者，不可一日忘此事，将于明年秋冬之际卜之。

光绪三十二年的五月底，端方、载鸿慈从外洋考察回来，我父会见他们，竭力劝其速奏立宪，不可再推宕。

其时我父和郑公孝胥、汤公寿潜、曾公少卿，已经组织成立了预备立宪公会。我父在《年谱》上有一段表示，很着重在人民的自治基础，可见我父的立宪运动，全然为人民本身幸福着想：

郑孝胥同议设预备立宪公会，会成，主急主缓，议论极纷驳。余谓立宪大本在政府。人民则宜各任实业、教育为自治基础。与其多言，不如人人实行，得尺则尺，得寸则寸。

第三节　谘议局成立经过

光绪三十四年秋，下了上谕，叫各省谘议局筹备立宪。江苏一向文化是优先，地位是首要，各省都奉为榜样。

我父在江苏又居众望所推的地位，虽然那时候各省对于筹备立宪，都唯江苏的马首是瞻，但是谘议局是初创的机关，一点依傍也没有，所以苏人那时候就先在南京碑亭巷设立了一个筹备处，集议研究，调查各项办法。到了次年二月，我父就选定了鼓楼东北的地方，做谘议局，那里地点很为旷爽，风景亦佳。随即派了人到日本去参观国会、议院，采访了许多建筑的图案回来，到了三月，等图样计划一定，就立刻赶做工程（就是后来作为国民党中央党部）。

到三月下旬，还是在筹备处开会，公决了田赋征银解银、铜圆流弊和筹集地方自治经费的三件事。到了九月，议决了联合各省请愿速开国会、组织责任内阁的案件。到宣统二年二月，又议决了预计地方自治经费、厘定地方税界限、应请开国会的案件；到了八月，我父以议长的地位，领导招待美国游华实业团于新建的居所，团长为旧金山巨商大赉陆白脱君，团员都是各邦重要工商界人，我父与谈中美联合兴办银行、航业公司事很融洽，定了草议，并且还答应他，我们中国不久也组织报聘团去答访，这回是中国国民外交的开始。

到了十月各种重要议决案件渐多，而尤其重要的是议决弹劾总督违法案两件，全省的预算案一件。谘议局在中国本来是破题儿的第一个创局。当时虽然于君主专制之下，然因为属于立宪的初步建设，所以当时民气很是激昂一致，抱负亦很不凡，有几点直到现在还有追述的价值，已经成了历史上的想望了！

第一，当时议员从各地当选，差不多完全是人民的意志自动地认为优秀可靠，就选他出来，拿最重大的代表责任和地位加在他的身上，势力和金钱的作用的运动，在那时竟没有人利用，也没有受利用的人。为代表民意力争立宪而来，拿所有的心思才力，都用在这带来的责任上边。所以彼此的交接和自处的来路，都极纯正清白，大家都还没有一点含糊，所以观念和动作，自然而然和后来完全两样。而且我父曾经发起利用谘议局四周的余地，依苏省十一个府州属的范围，分建了十一个议员公寓。希望造成独立宁静的环境，在开会期间，外物不相侵扰，自然能安心尽力，努力服务。

第二，开会以后，就推出各课的审查和常驻员，有了一件请愿或者交议审查的案件，不是大家详尽地讨论，就是各去看有关涉的书本，再不然到实地去考究，大家都认真当一件事做，总得要商找出一个相当妥善的结果，才算有交代。在开议的时候，陈述理由，滔滔不绝，大家都息心静听，一到辩论的时候，各逞词锋，好像临阵杀敌，你一刀我一枪，毫不退让，完全在正理和事实的范围以内，争论出一个真理性来，到了议决了以后，大家就抛弃我见，服从多数，就是遇到了不能立时解决的争执，只要议长一声停止或是休会，那全场就立刻收起阵来，鸦雀无声。这才叫表示议员本身的人格、议长领导的重望和议会地位的尊严。

第三，那时虽然还是帝制，还有总督，可是已经订定赋予谘议局的职权，那是神圣得很。遇到总督有违法的地方，也就毫不客气、毫不忌惮地提出弹劾，当时的政府，似乎还说谘议局不错，判断总督的不是。天下的事，要先能自重，才能叫人重，可不是吗？其时已距辛亥革命没有多时，湖南谭公延闿、湖北汤公化龙等，都是谘议局的议长，所以各省谘议局的结合，已渐渐做了拥护辛亥革命的中心人物了。

这时候各省谘议局已先后组织成立起来，上谕上本来叫各省先成立谘议局，任筹备立宪的事。这千呼万唤聊胜于无的立宪筹备，都是人民方面的热血决心、奔走呼号所激成的。虽然也弄个有名无实，而当时人民的苦心孤诣与夫我父领导爱国的恳挚，我们一看我父的《送十六省议员诣阙上书序》就明白了：

> 宣统元年九月朔日，……诏令二十二行省谘议局同时成立。……即闻东三省……警告。于是交通较便之省凡十有六，其议员函电咨询，交驰午错，痛外侮之剧，部臣之失策，……不介而孚，万声一语。于是合谋上书，请速开国会，建立责任内阁，……各推代表，集于上海，先后来者凡三十余人，就预备立宪公会，日共讨论。谋所以纾国家之难，而称先帝明诏立宪使人民参预政权之盛旨。
>
> ……謇既设祖帐饯行，……而致辞曰，……今世界列强之亡人国，托于文明之说，因时消息，攘人之疆域、财政而尸其权，而并不为一切残杀横暴之劳扰，使亡国之民，魂魄不惊，而謺服于其威权之下。故无形之亡国，国不必遽亡而民亡，至于民亡，而丘墟宗社之悲，且将无所于托，此其祸视我昔时一姓覆亡之史何如？诸君则既心知之矣。幸而先帝……诏定国是，更立宪法，进我人民于参

预政权之地，而使之共负国家之责任。

　　……闻诸立宪国之得有国会也，人民或以身命相搏，事虽过激，而其意则诚。……但深明乎匹夫有责之言，而鉴于亡国无形之祸。……设不得请，而至于三至于四至于无尽，诚不已，则请亦不已，未见朝廷之必忍负我人民也。即使诚终不达，不得请而至于不忍言之一日，亦足使天下后世，知此时代人民，固无富于国家，而传此意于将来，或尚有绝而复苏之一日。是则今日之请，迫于含创茹痛，就使得请，无所为荣，得请且不足荣，则不得请之不得为辱，可以释然矣。

第八章　辛亥革命前后

第一节　入京

我现在又要说到我父的一个极重要的时期，也是国家的一个非常变局，就是辛亥的一年。

这一年的变局，千头万绪，很不容易爬梳出一个条理，约略说起来，于国家于个人，总逃不了有的是造因，有的是结果，有的还是酝酿的转变，更脱不了起伏循环的公例。加之私人的恩怨好恶，掺杂利用其间，就造了一个极复杂离奇的现象。

那一年的四月，我父被上海、天津、广州、汉口四处总商会公推到北京陈请中美报聘团，合组航业银行和其他各事。我父那时对于政府的感想，已觉危乎其危。在《年谱》上写着一段：

> 政府以海陆军政权及各部主要均任亲贵，非祖制也。复不更事，举措乖张，全国为之解体。至沪合汤寿潜、沈会植、赵凤昌诸君公函监国切箴之，更引咸、同间故事，当重用汉大臣之有学问阅历者。赵庆宽为醇邸旧人，适自沪回京，属其痛切密陈，勿以国为孤注。是时举国骚然，朝野上下，不啻加离心力百倍，可惧也！

我父既然被国内最重要的商会推举，又是陈请本人曾经参加的外交上的商业事件，所以就应允一行。由汉口乘京汉路车进京，经过彰德的辰光，就和二十八年以来分道扬镳、疏离已久的袁世凯会面，哪知道这无意中的一见，就和下半年的变局引起了很重大的联系。我父和袁谈了以后，日记上有一段记载，就晓得我父这时候对袁和二十八年以前隔绝以后观念的不同：

> 十一日午后五时至彰德访袁慰庭于洹上村，道故论时，觉其意度视廿八年前大进，远在禄禄诸公之上。其论淮水事，谓不自治则人将以是为问罪之词。又云，此等事乃国家应做之事，不当论有利无利，人民能安业即国家之利，尤令人心目一开。夜十二时回车宿，倪某自京来，持久香书，京师人士群以余前电久香十三日至京，各团体将于车站欢迎，余不愿为此标榜声华之事，故以十三日至京告久香，而必以十二日到。慰庭留住，未之许也。

到了北京以后，清摄政王和满朝亲贵尊贤礼士的风气都还做得十足。就是谈到正经事体，仍旧口是心非，当作耳边风一样。

我父那时一看国势衰弱，江河日下，只是瞄准了走上那颓败的道儿，丝毫没有因为筹备立宪开国会的新局面，大家有了一点觉悟，振作起来，依然是敷衍颟顸，蠹国病民，自家拼命自杀自亡，他人是救不来的！但是我父这次到京，还抱着极兴奋诚挚的心意，想打一针最后强心的忠言，来救醒亲贵的沉迷，来保住那将倒的大厦。

看了我父《年谱》上所载和摄政王载沣、庆亲王奕劻二人的谈话，也总算是暮鼓晨钟的意味了，多么的痛切诚恳啊：

> 十七日八时，引见于勤政殿，王命坐，云：汝十余年不到京，国事益艰难矣。对：丁忧出京，已十四年，先帝改革政治，始于戊戌，中更庚子，至于西狩回銮，皆先帝艰贞蒙难之日。今世界知中国立宪，重视人民，皆先帝之赐。王语，甚嘉奖。对：自见乙未马关订约，不胜愤耻，即注意实业、教育二事，后因国家新政，须人奉行，故又注意地方自治之事。虽不做官，未尝不做事，此所以报先帝拔擢之知。此次因中国报聘美团事，又有上年美商与华商所订中美银行航业二事，被沪、粤、津、汉商会公推到京陈请政府，蒙上召见，深感摄政王延纳之宏，求政治之殷。今国势危急，极愿摄政王周咨博访，以求治安之进行。王云：汝在外办事多，阅历亦不少，有话尽可说。对：謇所欲陈者，外交有三大危险期，内政有三

大重要事，三期者：一、今年中俄《伊犁条约》。二、宣统五年英日同盟约满期。三、美巴拿马运河告成，恐有变故。三事者：一、外省灾患迭见，民生困苦，朝廷须知民隐，谘议局为沟通上下辅导行政之机关。二、商业困难，朝廷须设法振作，金融机关须活。三、中美人民联合。王云：都是紧要，汝说极是，可与泽公商量办去。又说：四川铁路收归国有，须宽恤民隐，余说尚多。计时逾三刻。

　　谒庆王于其邸，极陈东三省之重要危迫，亟宜疆力自营，不当听人久久酣睡。赵督所请二千万，实至少而至不可已之数，王但应课其用之得当严实与否，不可掣其肘。复为言国民疾苦之甚，党人隐忿之深，王处高危满溢之地，丁主少国疑之会，诚宜公诚虚受，惕厉忧勤，不宜菲薄自待，失人望，负祖业。语多而挚。王为掩面大哭，于此见此公非甚昏愚，特在廷阿谀者众，致成其阘茸之过，贪黩之名，可悯哉。（辛亥四月）

那时候朝中有人提议，我父如果愿意留在京内，就任以宾师之位；假使要到外边，就去做黑龙江巡抚和筹边大臣。

我父一听，当然只有摇头，所以有"此行以公推而来，必不可得官而去"的说法，不久还跑到东三省视察一趟，对于开发整治林垦矿航各事，很详尽地策划，定了许多政策，可惜还是落了空。本来在光绪末年请求立宪开国会、斥亲贵的声势，在南边一天闹得比一天大。就有人在太后面前说过："这些乱子都是张季直几个人在那里闹的，只要对他们不问软硬有一个办法，就没得事了。"可见当时我父很为朝内所注目。

我父自光绪二十年以后，虽然在野，与官职久久隔绝。可是对于光绪帝的一般知遇，有机会还是要尽那款款的忠忱。所以许多年来，每逢会见了封疆督抚和出京的亲贵，都还舌敝唇焦地进了不少的忠言和挽救的策划。

第二节　拥护革命

到了宣统三年八月，武汉革命的旗帜一竖，顿时全国鼎沸起来，独立的省份，好像正月元旦的鞭炮，连续不断。

江苏向来站在冲要的地位，尤其风声鹤唳，草木皆兵。到了这时候，我父应付各方的自处地位，煞费深长的斟酌，最终决定：一面，保持清室的安全，下场善后；一面，拥护革命，改国体为民主。认为公私进退最光明正大的脚跟，只有立到一条大路上去。

本来，像我父这样高超的人格，凌空的志气，坚强的魄力，纯厚的心田，绝不能拿一孔之见的小忠小信来拘束他、范围他；他是中国的人民，不是清室的私臣，对于清室也尽过孟子所谓"谏则不行，言则不听，膏泽不下于民"的责任。而且革命一发立即成功的原因，是清室亲贵昏庸自作。所以我父根本的见解，就觉得无论怎样，总不能再保持那腐败蛀烂不堪收拾的老根，去扑灭铲除这清新俊美有希望的嫩芽。就是替清室方面着想，"星星之火已经燎原"也绝不是一杯水、几个电报、几个上谕可以消灭的。除掉帮他想一个很光明的下场，完妥的后来，是没有第二个法子的，可是在另一方面看起来，这旧房子是一定就要倒毁了，那新房子用什么方法一步一步来造成呢？那时候，一天星斗、群龙无首的现象大家已经有点害怕，想到这篇文章怎样才能做下去，怎样才能结局完篇呢？

第一，就想到袁世凯的才能可以有为，就是为人有点难测，加之北方新军在他掌握之中，稍一颠倒，根本就要摇动。就立刻函电交驰，派人前往劝他不要再去捧持落日，要来扶起朝阳。当时很有许多来往的电报，极有关系，我摘几件。

先对清室劝告：

内阁歌电敬悉：自武汉事起即持非从政治根本改革，不能救乱之议。……民主共和，最宜国土寥廓、种族不一、风俗各殊之民族。……今共和主义之号召，甫及一月，而全国风靡，征之人心，尤为沛然莫遏，激烈急进之人民，至流血以为要求，嗷嗷望治

116

之情，可怜尤复可敬。今为满计，为汉计，为蒙、藏、回计，无不以归纳共和为福利。惟北方少数官吏，恋一身之私计，忘全国之大危，尚保持君主立宪耳。然此等谬论，举国非之，不能解纷，而徒以延祸。

　　窃谓宜以此时顺天人之归，谢帝王之位，俯从群愿，许认共和……推逊大位，公之国民，为中国开亿万年进化之新基，为祖宗留二百载不刊之遗爱，关系之巨，荣誉之美，比诸尧舜，抑又过之。……至于皇室之优待，满人之保护，或阁臣提议，国会赞成，立为适宜之办法，揆人之道，无不同情。以上所陈，讨论至悉，筹念至深，时机已迫，不及赴议。恳求代奏，速降明谕，以安大局，而慰人心。（《辛亥九月致内阁书》）

再对袁世凯劝告：

　　甲日满退，乙日拥公，东南诸方一切通过，昨由中山、少川先后电达。兹距停战期止十余小时矣；南勋北怀，未可得志，俄蒙英藏图我日彰，即公所处，亦日加危；久延不断，殊与公平昔不类，窃所不解。愿公奋其英略，旦夕之间，戡定大局，为人民无强之休，亦即为公身名俱泰，无穷之利。（《致袁内阁》）

我父发出几个劝告的电报以后，接到袁世凯的复电，还有推宕的语意：

　　凯衰病断无非分之想；惟望大局早定，使生民少遭涂炭，但在北不易言共和，犹之在南不易言君主；近日反对极多，情形危险，稍涉孟浪，秩序必乱，外人乘之，益难收拾；困难万分，笔难罄述，非好为延缓，力实不足，请公谅之。

等到滦州将领有重要劝告表示以后，时局就急转直下，我父和汤公寿潜就去电，一面赞贺他们有胆识，一面希望他们能自重：

　　南北一致趋向共和，适见诸公连章，不啻双方代表，和平解决，已可继葡萄牙之功；统一维持，尚望作华盛顿之助。人民有希望于正当之军队，而军队重；军队能以正当慰人民之希望，而军队愈重。全国之福，不世之勋，惟诸公图之。谨以公民资格，遥致欢

忱，并以为祝。(《与汤寿潜合致北方将领》)

在那个时候，我父唯恐袁别有怀抱，对清室是不利，对共和也是看相；五年以后的那篇坏文章，这时候就动笔；所以想到共和的局面基础没有成就，不能不迁就鼓起他的兴致，果然他赞成新局面了。然而弄兵跃马到汉口示一示威的玩意儿，终究要做一做。

第二，想到共和国体的范围，是五族的结合；内外蒙古地面过大，介乎强邻，关系很重要，唯恐被人利用，走入歧途，如果有异样的说法，我的共和声势，就要受莫大的影响；所以立刻去电晓以利害，结果也如愿以偿。这一段事，和中国改建共和的历史不是极有关系的一页吗？

我父等蒙人赞助共和以后，又去了一个电报：

> 闻蒙汉同胞均赞成共和，诸公提倡热诚，曷胜钦佩。满清之待蒙人，束缚钳制，视待汉人更酷。……况俄人垂涎蒙古非止一日。为今之计，惟有蒙汉合力，推诚布公，结合共和政治。……南方民军对于蒙族视如同胞，绝无丝毫外视之意。满清退位，即在目前，共和政治成立，人人平等；大总统由人民公举，汉满蒙回藏五族皆有选举大总统之权，皆有被选为大总统之资格。较之受满清抑制者大不相同，请诸公将此意宣告蒙族并居库满人，务各同心协力，一致进行。蒙汉同胞，并受其福，伫盼佳音。(《复库伦各法团电》)

那时清室请了袁世凯出来收拾大局，他装腔作势方才出来，一到北京就组织责任内阁，请了一班很有名望而和他要好的人加入。于是请我父担任农工商部大臣兼江苏宣慰使，函电交驰，并派人再三请我父去就职，我父那时候断无答应的理性。然而又假了这个机会，发表了一个电报，总算进了最后五分钟的忠告。说得也很彻底恳切：

> 报载二十三日谕旨张謇为江苏宣慰使。二十八日奉俭电任謇为农工商部大臣，无任惶悚。自庚子祸作，……怨叹雷动，謇时奔走江鄂条陈利害，须亟改革政体，未获采陈。乃专意于实业、教育二事，迭有陈说，十不行者五六。……三年以来，内而枢密，外而疆吏，凡所为违拂舆情，摧抑士论，剥害实业，损失国防之事，专制

且视前益剧。……人民求护矿权、路权无效，求保国体无效，求速开国会无效，甚至求救灾患亦无效，謇在江苏辄忝代表，瞠目挢舌为社会诟责，无可解免，虽日持国运非收拾人心，无可挽回；人心非实行宪法，无可收拾之说，达之疆吏，而陈之枢密者无济也；谏行言听之无期，而犹大声疾呼之不已，诚愚且妄。……謇今年由社会公推入都，晤阁部臣时，复进最后之忠告：谓实业须扶，国防须重，舆情非可迫压，愈压则反激愈烈；士论非可摧残，愈摧则愤变愈捷：一再披沥，不留余蓄。……而川省之事①，赵尔丰之焰顿横；謇复电端方，告瑞澂，为进治本须疏通，治标须抚慰之策；而鄂难作矣。……会未弥月，而影响已十二三省；人心决去，大事可知。……今则兵祸已开，郡县瓦解，环观世界，默察人心，舍共和无可为和平之结果者，趋势然也。……且罪己之诏方下，而荫昌汉口兵队于交绥之外，奸淫焚掠屠戮居民数万于前，张勋江宁驻兵不在战期闭城淫掠屠戮五六百人于后，尚有何情可慰？尚有何词可宣？无已，再进终后之忠告：与其殄生灵以锋镝交争之惨，毋宁纳民族于共和主义之中，必如是，乃稍为皇室留百世礼祀之爱根，乃不为民遗二次革命之种子。如翻然降谕，许认共和，使謇凭借有词，庶可竭诚宣慰。

　　……至于政体未改，大信已漓，人民托庇无方，实业何以兴起，农工商大臣之命，并不敢拜，谨请代奏辞职。(《致袁内阁代辞宣慰使》)

第三，还要帮清室善后，计策万全。

要明白这回的变局是革专制国体的命，而改建共和国体，不是种族间狭义的报复那屠城肆杀的前仇，也不是叫满人离开帝位，让我汉人走上帝位，非但没有这种心理和事实，并且还要拿共和国体做一个大帽子，拿汉人并且连满人以至回、蒙、藏人都平等地容在一起。

既然不记满人入关时候种种苛虐汉人的仇恨，再来演一下杀人屠城

---

① 指四川保路运动。

的惨剧，也就不能再流四万万人的血，来殉满族一家的帝位。各种族在国体上，是地位平等；在政治上，是机会平等。就是再进一步帮他想，与其用尽气力保这已经摇动没有把握的帝位，何不玉成他历史上礼让的美名，留一点情感来订优先的条件。所以我父用了不少的力，方才得各方的同情。不久内阁即日逊位的复电，来到我父的手中了：

前因民军起事，各省响应，九夏沸腾，生灵涂炭，特命袁世凯为全权大臣，遣派专使与民军代表讨论大局，议开国民会议，公决政体。乃旬月以来，尚无确当办法。南北暌隔，彼此相持，商辍于途，士露于野，徒以政体一日不定，故民生一日不安。予惟全国人民心理，既已趋向共和，……更何忍侈帝位一姓之尊荣，拂亿兆国民之好恶。予当即日率皇帝逊位，……听我国民合满、汉、蒙、藏、回五族共同组织民主立宪政治。……务使全国一致洽于大同，蔚成共和之治，予与皇帝，有厚望焉。(《内阁复电》)

胡先生汉民看到我父的传记后，就写了一封信给谭先生延闿，转告我，所谓内阁复电，实出我父手笔。

得此信不多日，又听说我父此项亲笔原稿，现存赵先生凤昌处。辛亥前后，赵先生本参与大计及建立民主之役。那时我父到沪，也常住赵先生处，此电即在彼处属稿，固意中事也。

我父向来有一种痛恨专制时代昏暴君主的心理，并不完全因为种族的界限。他认为专制时代人民的幸福，完全操之于君主的贤不贤。所以清朝前几代的君主，提倡文化，励精图治，比明朝几个流氓坏皇帝好得万倍，决不可因种族的成见，反置公道是非于不顾。可是我父有时候也感觉到，自己是汉人，这回革命有"还我河山"的气概。所以他民国元年所写的住宅大门对，有"民时夏正月，国运汉元年"的句子（上联指改用阳历）。民国四年我行冠婚礼时，我父请客观礼后，有"汉威仪复见于今日"的文句，所以当时我父替汉人想，也就是替满人想；替满人的下场安全想，也就是替汉人的光复成功想。

当其时，就是一直到现在，都还有人怀疑我父，一边主张立宪，一边拥护革命，变动得太快；却不明白我父有他变的理由和立脚点。在当时的时代，他所以赞成立宪，连戊戌那样的变法，他都不赞成，却有他的理由。

他在《年谱》的序言上，回述当年的感想和以后的现象：

夫今之世，非中国上下五千年绝续之会乎？五帝以前，史所不能质言者，吾不敢知。由今日而企五帝之世，其国体为君主，则可断言。……千万人蒙其害而一二最强伯善争者享其利，利至于无餍足而莫之止，乃复有争。……民主启于法于美，……幸我踵而行之十有四年矣。散一二人之专为千万人所欲之专，而争如故。……其故安在？一国之权犹鹿也，失而散于野则鹿无主，众人皆得而有之而逐之而争以剧。

自清光绪之季，而立宪之说起。立宪所以持私与公之平，纳君与民于轨而安中国亿兆人民于故有而不至颠覆眩乱者也。……謇当其间有一时一地一人一事之见端，而动关全局者，往往亲见之亲闻之。当时以为恨，后时且以为不足道，然而黄帝以来五千年君主之运于是终；自今而后百千万年民主之运于是始矣。呜呼，岂非人哉！岂非天哉！

第三节　改建共和主张

到辛亥革命一起，全国人民都抱了一种非达到光复的目的决不罢休的念头。

那时候局势已成，不建共和，就要祸乱交至，水深火热，一点办法也没有。就是在南北伍（廷芳）、唐（绍仪）代表议和的时候，还有一种君主立宪的运动。有人对我父说："人民程度不够和土地太辽阔，都不宜共和，还是君主立宪吧。"我父立时有一篇东西，预备到会议时发表：

国民程度与共和政体之问题

国民程度，由一国政治制造而成。国民程度制造品也，政治则机器。有共和政治，然后有共和程度之国民。美法革命改建共和，皆为反抗压制事实之结果，非先有共和程度而为之也。美苦战八年而独立，而其组织合众国，亦独立后屡经会议八年而成之，使其当日富有共和程度，不若是之困难矣。

观此可知共和政体与君主立宪政体，不以国民程度之高下为衡，而以国民能脱离君主政府与不能脱离君主政府为适宜之取决。英之保存君主，以当日国民革命，贵族与有力焉。日本之尊王，所以覆幕，皆国势事实上之问题，与国民程度无关也。是故国民未能脱离君主政府，只有立宪，请求共和不可得；既脱离君主政府，只有共和，号召君主立宪不可得；亦国势事实为之也。

国土寥廓，种族不一，与共和政体之问题：

国土寥廓，最宜于共和分治；以理论证之，卢梭《民约论》谓：凡国土过大，则中央之支配力有鞭长莫及之虞，其势宜于分治。欧美各国联邦共和之制，实本卢氏，以事实证之，美之国土广袤不亚于中国，而共和之治最先，成绩最美，其明征也。

种族之繁杂，莫过于瑞士之联邦。凡欧洲各国所有种族，瑞士殆皆有之。论者比为欧洲之缩图，然共和政体之固，政绩之良，而绝无涣散纷争之虑者，怵于外患而团体愈坚也。中国虽并包满、蒙、回、藏，而种族之繁已不如瑞士，且满回土地已改行省，同化于内地，其能同赞共和，固无疑义。惟蒙藏二族，此时尚当酌宜制治，然由此破禁止交通之旧律，利用宗教政策，殖民政策；便之以交通，新之以教育，十年以往，殆不难与今奉天、吉林、黑龙江、新疆诸省并辔而齐驱。美国亦有新洲诸殖民地，何尝有碍于共和政治之进行也。

且保全领土，尤为今日南北所当同必协力唯一无二之问题。列邦对我条约，皆以保全领土、机会均等为公认之前提。要知此后中国，即死生存亡于此八字之中。中国近二十年来一切进化之动机，皆发起于东南，而赞成于西北。昔之推行新政，请求立宪，既已南北响应，一致而无疑。今若南主共和，而北张君主，意见不一，领土以分，外人公认保全，我乃自为破坏，生灵涂炭之余，继以外患，瓜分之祸，即在目前。

此真全国汉、满、蒙、回、藏五族死生存亡之机。所望于会议诸君熟查而深维之也。

当时我父主张共和的意志，异常的坚决，不愿意再讲立宪。

譬如有一个人家，住在一座旧房子里边，因为房子太旧，漏雨穿风，就要倒坏，自然那一家人只有想法子去修理改好，不料起了一蓬火，把那座旧房子烧去了，这人家就没得住了，是不是只有赶紧盖新房子的一法？所以讲到我父的为人，他的胆气着实不小，但是他不做冒险的事。讲到盖房子的工作，他也是心心念念，愿意做的，可是那放火去烧房子的事，他是不情愿做的，所以当袁氏要帝制自为的时候，我父就说："袁世凯不但叛民国，并且叛清室。"后来又发生清室复辟的事变，我父又说："这班人不是爱人，实在是害人。优待条件，民国早无财力去履行，假使本身还这样地造口实，不怕人家整个地取消吗？"

民国以来的南北，历次发生因政见而纷争的内战。有人询我父有何意见？我父说："新造国家，政见纷争是难免的，只要不闹帝制复辟，都还可以原谅。"所以我父在君主国体制下，不会犯上作乱；到了共和国体之下，反抗帝制和复辟，是一样的忠国家，守本分，讲人格。

但是百姓应该做的事、应该负起的责任，他是无论在什么境地，一刻也不变他的本真。"杀吾君者，吾仇也；杀吾仇者，吾君也。"是皇帝换皇帝的话，虽然开脱得很巧妙，然而人格终究是堕落了。

第四节　对袁世凯之表示

到了共和政体大定以后，袁世凯电邀我父北去，我父谢绝不去，就回他一封信：

承个电属即北行，此事为大局为公为下走，皆须斟酌。数月以来，海内稍有人心之士，皆以不忍全国人民糜烂之故，又以不共和不足以免人民糜烂之故，焦心瘁舌，幸底于成。然政体甫定，仅得半耳。乱机潜伏，触处皆见。极简言之，则生计问题，稍复言之，则权利思想。……公如必强下走者，请专任改革盐法，疏浚淮河，扩充棉产纺织业三事。此三事粗有心得，不至茫无所措，且足迹可不出千里之外，可以顾十余年自营成之绩，可以为范于他省。度此三事如其幸成，年且七十矣。以垂暮十年之心力，效于世界最有关系之事，当亦可以谢我故人。至于政府之地，国务之名，下走自爱，不愿受。

那时我父又派了一位亲信，往京面陈种种，当时写了几条要讲的事情，给他去逐条说明。文如下：

一、时局震荡，不必待国会取决政体，徒延时日，致南北人民实业俱受恐怖之损害。

一、清帝逊位后，孙中山君亦言可去，此为孙君当众发表之言，并有宣告北方将士书可证。

一、清帝逊位后，即须与俄国妥办外蒙古之交涉，以保完全国土。

一、须严整东三省之军备。

一、守卫清帝军队第一镇外，须另派一二镇。

一、须宣示谋增人民宪法内自由之幸福。

一、须尽革专制之弊政。

一、用人须宽，不拘一途；任人须严，必有一格。

临时参议院举出袁世凯做继任的临时总统以后，我父认为他这回组织内阁的人选，应该延致各派，逊位诏也应该赶速宣布，又去了一个电报：

饶生当到，前以鄙意为公拟内阁组织之预备，顷有所见，更电请采择：一、陆军宜段而黄副。一、财政必熊，熊有远略，有成绩。一、实业周缉之亦可。一、保皇党人可择用，南方亦已疏通。一、张绍曾已回北。可否仍令督帅旧部，移驻清江为预备简练新军之用。至逊位诏宜速发表，否则双方财政皆受无数之影响。（《致北京袁内阁》）

当时就得到了袁氏的回电，也容纳了：

> 段、熊、黄位置，前经电知少川。世界实业，全国首推我公，一时无两，务乞同尽义务，融洽党派，共趋大同，合济艰巨，弟夙抱此愿，既承疏解，梁卓如实其选也。以上各节，乞就近商诸少川。张绍曾本弟旧部，如北来，当必畀以兵事。年关伊迩，满目疮痍，稍有人心，思之泪下。优待条件，如双方允协，当可照签。

第五节　江浙局势及政党

辛亥冬天的几个月，江苏是恐慌到极点，大有朝不保夕的情状，如果本身没有一种快刀斩乱麻立刻自决的办法，秩序就要扰乱，财政更要陷于困难。

而且那时拥护革命的重心在上海，假使江苏依违两可、游移不定，没有极坚决鲜明的表示，恐怕就要牵动大局，影响改建共和的前途，这不是小事，哪可大意。恰好那时苏抚程公德全，为人忠实，向来以民意为重，幕中又有许多识大体的江浙人才，代为策划，程公又处处推重我父，有封信写着"昔子产治郑，虎帅以行。全之视公，后先同轨"的话。所以我父那时候将见得到的地方，和应付措置的计划，尽量向程公陈说，程公都容纳了立时照办。

在革命风声已经紧急的时候，程公电邀我父往苏，还对清室有一篇极忠实的奏疏，那篇奏草是我父在苏州客店里一夜赶成的，有时还口授雷奋、杨延栋二君笔写，后来这篇原稿，杨君装裱起来，还拿来请我父题一题。我父见了，很有深切的感慨！

那时维系江苏的局面，和一省支持接应新局面的困难，我父和程公都认定国本、民命比什么都重。所以程公还亲自率领联军攻下宁城，我父代镇苏州，身当其冲，困顿万状，程公时时有求退的决心，当时一封信寄给我父，他感受异常痛苦，不能再忍耐了。

季公如见：

弟勉力支撑，现已告竭；公迟迟其行，如有破裂，不敢任咎。祈速命驾前来，即日交代，得公镇抚，不唯各方面疑团解决，且须速商各都督推举临时大统领，方于时局有裨。弟忍死以待，迟恐无及，不忍多言，弟全顿首。

九月廿一日。

那时候浙江都督汤公寿潜也是和我父维持江苏一样的苦心孤诣，而应付的困难，求退的迫切和程公在江苏又感受同一痛苦。

这都可见得江苏与民国的关系，和程公、汤公忧心焦虑的一般。我父辛亥几个月的奔波焦虑，头发顿时都白遍了，这是一个很大的纪念！

那时候章公炳麟在上海常与我父见面，会商民国成立以后的政治建设。

一面谋稳固民主根基，一面谋民权民气在正当的轨道上发扬，尤其着重在政党的建设。认为要促进政治上的演进，政见上的表现，必得有对等的两党在同一国体之下，各自团结，拿政纲政见互相切磋，互相砥砺，使人民有从选择舍的自由和信徒。所以当时组织政团的意志和民社、国民协进会、国民公党、国民公会、共进会五个政团合并为共和党。第二年，共和党又和其他几个政党合并起来，叫进步党。我父虽也被推为理事，可是并没有答应去就。

第三编

民国元年壬子（1912年）至十五年
丙寅（1926年）

第一章　南京政府成立

第一节　组织政府筹款及任职

革命发动以后，我父就在上海常常和黄兴克强、程德全雪楼、汤寿潜蛰仙、汪兆铭精卫、陈其美英士、章炳麟太炎诸公见面，会商组织政府，筹措款项，应付外交，联络蒙回藏等事。

而汤寿潜、赵凤昌竹君数人，尤朝夕和我父讨论策划，一意稳定国本，渡过难关。而当时大家所认为最重要而不容一刻延误的，是组织一临时政府。因为对外的外交，尤重于对内，而一切军事财政的进展筹划更要有一个提纲挈领的统一机关。武汉是起义的地方，就先和黎都督商计这件事，他立刻回信也赞同了：

季直、雪楼、蛰仙先生大人执事：

敬复者，庄君思缄临鄂。奉读赐书，备悉一一。仿照美国第一次会议，此一定不易之办法，伟论卓议，极佩极佩。

所议大纲三条，皆系重要问题，敝处极表同情，前已电达左右。惟组织临时政府，为对外对内绝不可缓之图，敝处已于前月十九日即通电各省，嗣得广州、桂林、长沙、南昌、九江等处复电，均已派遣代表首涂，而湘、赣代表均已先后到鄂，粤代表黄君克强亦本在汉阳，故复电催各省迅即派员赴鄂，以免两歧。

前派居、陶两君赴沪时，亦嘱请贵处速即派员来鄂会议。早入清听。想因芜湖至九江电线损坏，交通阻滞，故尚未获复电。昨日弟以兹事体大，尤以迅速集议为急务，曾提议派员会同各代表赴沪会议，经议场议决，以敝处曾经迭次通电，恐各省代表已经就道，致有两歧，是欲速而反迟误。故拟仍恳尊处迅即派员临鄂会议，（会期定本月初十日）以归一致，是所叩祷。再昨正会议之际，得俄领事照开，得北京外交团电开：汉口领袖领事敖康夫鉴各国外交团代表，对于清国政府感情颇恶，因其残杀无辜，致令各国愤怒，观各国代表拟请军政府担负汉口交涉全权，并将与中国政府要求重大赔偿等语。仔细研求，各国外交视线，已渐集于民国临时政府，如组织成立，通告各国，当不难承认我为外交主体也。尊意以为何如？仍希赐教，余详庄君口述，肃复敬请勋安。伍、温两君乞为请安。并道拳拳。

愚弟黎元洪顿首。十月初四日。

等到十一月，孙先生从欧洲返国，到了上海，我父即与相见，彼此交换各项意见。各省代表就公推孙先生担任临时大总统，黄公兴任陆军部长，建都于南京。本推我父任职财政部，所以我父就发表他对于理财筹款的意见：

今欲设临时政府之目的，在能使各国承认共和，各国之能否承认，先视吾政府权力之巩固与否。政府权力，首在统一军队，次在支配财政，而军队之能否统一，尤视财力之强弱为断。

今且置军队而专论财政：财政岁出大宗，曰赔款，曰海陆军费，曰行政费。赔款除铁路抵借外，计每年需四千万至五千万两；……中央行政并外交费用，至少须每年三千万两，如是估计，中央政府每年支出以极少之数核计，须有一万二千万两；……入款之可恃者，海关税三千万两；两淮盐务，约可得一千万两；……除此之外，无丝毫可恃之款。……通计各省财力稍裕者，除江苏外，惟浙江、广东二省，或可量为挹注。……然则此每年所短八千万两之款，于何所求。将责之财政部长一人，……操何术以应付，将欲息借外债，则政府初成立之时，无巩固之权力，各国安肯承借。……下走自审本无理财学识。况值此绝续之交，财政一端，关系重要。列强之能否承认，全视此为关键。……一身名誉不足惜，因此而误全局，……无以谢同胞，此不能不为诸志士痛切言之也。……下走虽不能担任财政，但有二问题，可资研究。……一、各省代表均集南京，请将以上约计数目，及每年所短八千万两。宣告各代表，询问自明年起，每省能担任若干万两，务必确实答复，……除该省行政及军队费用外，能以若干供给中央。……一、孙中山先生久在外洋，信用素著，……能否于新政府成立后，担任募集外债一万万两或至少五千万两以上。两问题如可立时解决，则无论何人均可担任临时政府财政之职，不必下走……（《对于南京新政府财政之意见书》）

后来我父力辞财长转任实业，孙总统有信给我父，请他到府就职：

季直先生大人鉴：

昨承允任维持实业，民国之庆也。昨日晚间，陈澜生（财政部）、蔡民友（教育部）俱已到，王亮畴（外交部）今日亦必来宁，惟内务程雪老有病，司法秩公议和。弟拟于今日先行各部委任礼，请先生于午后三时降府幸甚，蛰老一信，请代致。

孙文叩。元年元月五日。

那时江苏、江北、沪、镇四都督公推我父兼任两淮盐政总理，因为充分筹措北伐军费，及临时政府政费。

这时候秩序扰乱，金融恐慌，需款的用途极多，筹款的方法极少，在最初最迫急的当儿，连几十万元都难应手，待用急于星火，筹款虽然难于登天。乃由黄公代表临时政府和我父出面向日本三井洋行借款三十万元。三井和大生向有往来，当时有拿厂做保证抵押的意味，不久就照数清还，这借据也就立时收回了。

现存我父遗物馆中。那时候我父竭诚地纾国难，于此可见。

后来我父担任两淮盐政，因为军事期间，不易统一。煞费经营，方才上路，才陆续筹措接济各项要需。

次年宣布改用阳历，于一月一日新政府在南京成立，孙大总统宣誓就职的地方，就是我父所首创谘议局的新屋。其时筚路蓝缕，创造新国，十分的艰难困苦，孙先生领导于上，我父和黄公等扶持追随于后，却竭尽心力。当时最困难没有办法的还是财政，因为需用浩繁，来源稀薄，而一般投机分子和贪婪的军人，都不上轨道，霸占一方，予取予求，毫无忌惮。

我父在正月十四有一封信致黄公，叙述当时淆乱情状及维稳大局调和各派的苦心。听说这信内所指的人，就是后来组织筹安会①的一分子。那时财政最竭蹶没有办法，我们看了黄公一封信，就明了当时在在需款了：

> 示悉，援滦兵可即日出发，惟苦于无饷无械不能多派，接济滦饷亦不可少，当力筹之，并望公有以助我。目下财政部初立，陈公虽去上海，恐外款非即日可能到手也。遣军舰去烟台与援滦同一事，以海军以烟台为根据地也。派人去天津之说亦是要事，刻惟苦无款耳。和靖居海军处之说，虽无所闻，现已居兵轮中，即可想见。但观彼似亦不愿再闹乱子者，如何措置之处，尚未得善法。季老大鉴。
>
> 兴顿首。初六晚。

我现在又接到陈挺秀先生抄来我父致黄公兴的一封信，看信中语气，当为民国五年袁氏逝世后所发。当时黄公远在海外，而国内局势纷扰，隐忧正大。所以我父想请他回来，大家协力同心来收拾稳定曾经一度动摇的国是。无限忠爱国家的诚虑，言外都流露出来，哪晓得这封信写后的十四五年，直到现今，我父信内所说的"最真确之发明"："权术"与"专欲"，都还没有绝迹于中国。

这是多么痛心的事啊！

---

① 袁世凯复辟帝制的御用团体。因宣称其目的为"筹一国之治安"，故名。

第二节　辞实业部长

后来因为北伐紧急财源竭蹶实在到了山穷水尽的地步。孙黄二公处于罗掘俱穷、困难万状的局境，万不得已将汉冶萍（钢铁公司）抵押于日人，救一时之急。

我父在沪闻知，以日人存心不良，盘算已久，拿汉冶萍抵押借款，刚刚投其所好，深恐影响国权，竭力反对，力加挽留，允即酌改条件，往来的函电，都十分恳挚。

我父去函：

> 前以借款及盐事，羁留沪上。……闻精卫偕少川昨已去宁会商处置清室办法，想此后不至再有变动矣。顷鄂人来书诘问汉冶萍与日人合办事，鄙人前闻盛宣怀有以该公司抵借款项，转借与政府之说。谓是仿苏路办法，亦不介意，乃今日闻集股三千万元，中日各半，由公司转借五百万与政府等语：此事详情，两公必豫知之，顷有急电请出以慎重，想蒙察觉。汉冶萍之历史，鄙人知之最详，综要言之，凡他商业皆可与外人合资，惟铁厂则不可；铁厂容或与他国合资，惟日人则万不可……（《为汉冶萍借款致孙总统黄总长函》）

孙总统和胡秘书长汉民都很诚恳详尽地回复：

> 来教敬悉，铁矿合办诚有如所示之利害。惟度支困极，而民军待哺，日有哗溃之虞，譬犹寒天解衣裳付质库，急不能择也。此事克强兄提议，伊欲奉教于先生，故曾屡次请驾返宁，……而该件急迫，已有成议，今追正无及。……不胜厚望。（孙总统复函）

> 来教奉读，并受孙先生属意敬复，此事弟未审其详，但于成议之后，略知其概。自一月以来，见克强兄以空拳支拄多军之饷食，……寝食俱废，至于吐血，度其急不则荫，亦非不知，今已成事，惟祈先生曲谅。（胡秘书长函）

我父又去一辞电：

> 汉冶萍事曾一再渎陈，未蒙采纳。在大总统自有为难，惟謇身

任实业部长，事前不能参预，事后不能补救，实属尸位溺职，大负委任。民国成立，岂容有溺职之人滥竽国务，谨自劾辞职，本日即归乡里。

孙总统再复一电挽留：

电悉，该件已具前函，现仍在设法中，比较利害，可改即改。直言文所深佩。时危拂衣，想非所忍，尚企为苍生挽留，不胜盼切。……

我父再复一电，还是坚辞：

奉电读之惭汗。事能斡旋，胜于留骞。骞愿我大总统之令名，暨民国第一次政府之誉望，永永使全国国民记忆弗衰，骞即不才，与有荣焉。任事之初，本约短期，今清帝退位已经宣布，大局指日即定，区区为国之心，可以稍安，幸谅素志，许践前约。（复南京孙总统电）

我们在这来往的函电里面，可以看出建国时的领袖诸公，赤心为国，大公无私的品格。

第一，是孙先生能从善如流，礼贤下士，有这种美德，才够得上做一国元首。第二，是我父忠于职守，硁硁尽言，有古大臣直谏之风，都很难能，都足为后世取法。而胡先生几句话，可谓一言破的。凡古今中外执政的人，只要抱定不为私利所驱使，那国家没有治不好，人民没有不信仰的。

到了临时参议院举出袁世凯继任临时大总统以后，南京政府即时解散，孙公、黄公和我父都下野了。

第二章　农商水利及其他政务

第一节　任农商总长

各省正式选举国会两院议员，我父先后被推为众议员、参议员。在本省议会、本县议会又先后被推为省议员、县议员，都辞却没有应选。

吴稚晖先生在民国元年之正式国会两院，在北京召集，将要选举正式大总统，在投票以前，就写了一篇文章发表。他主要的意见是绝对主张这回的正式候选总统，不要再推举武人，要推举文人出来干，因为武人一拿到这东西，恐怕因为地位和环境的诱惑，势必引起其他不正当的野心，危害到民国的根本，就主张国民党推蔡先生元培出来，进步党推我父出来做正式总统的候选人。

不久，袁世凯终究被举了正式第一任大总统。唐内阁因事辞职以后，袁再三求我父同意，出来组织继内阁，我父怎样也不肯，竭力推荐熊公希龄出来担任艰巨，后来袁氏也容纳了。致熊公的正式征求同意的电报，有"东海高卧，南通倦动，默揣众意，非公莫属"的措辞，熊公应允组阁以后，就和袁氏叠电我父担任工商农林部长，认为我父不愿组阁就是怕当冲繁之任，假使找我父帮忙，担任农商部分，还不离我父的本行，或者可以通融，所以几次三番地硬要我父担任，情词迫切，毫无商量退却的余地，我父一来怕个人的坚执影响到组阁的不成；二来很想拿建立民国以后的工商法令订定公布，所以也就答应了。这时候中外都号称第一流人才内阁，说拿我父做金字招牌。

在这时候，也有一段事实，间接促进我父的接受入阁。就是何海鸣离开南京，张勋军队入城后，掳掠烧杀，接连几天，宁人痛苦到极点，苏人也愤恨到极点。于是我父累电袁世凯诘问，措辞十分严重迫切。袁复电说：北军本分两路南下，令冯国璋走津浦铁路，张勋走海道，谁先到谁督苏，总以为铁路比海路快得多，冯必先到。岂料铁路方面在鲁豫间遇到迟延，张由海道反顺流而下，先冯到宁，只好以督给张。

今张部既这样凶残不理人口，他准定容纳我父和苏人公意，即可撤换。唯时势艰迫如此，必须我父同意入阁，言外有交换撤张之意，于是我父很难再却，就答应了。

我父应允入阁以后，总统就将全体国务人员的名单交由两院投票通过，那时两院中的进步党议员当然一致同意，而国民党议员也表同情，所以投票的结果，我父得到同意票最多，几乎全体一致（两院共到六百十九人，同意票五百九十人）。民国成立以后，国务人员依法得到两院投的同意票，没有一回再比我父多的了。这种荣誉，在民国史上是不多见的。可见当时人人心目中都着重于实业的建设，而我父的实业部长，都认为是最适当的人选。这种纯然公心的真诚的表示，不独我父私人的感奋了。

那时候我父出来担任农林工商部长的意义，实在有他很深远伟大的希望。从前在专制国体之下，政局腐败，不上轨道，民间的实业，非但不予赞助推行，有时反加阻碍妨害，弄到已办的风雨飘摇，未办的不敢尝试，民间兴业生产的动机，一天天的退缩，国力因此没有振作的趋势，何况我父当时身历其境，很为痛心。一到民国，希望都来，想把以前的各种压迫，侵犯的枷锁，一扫而空，拿了个人向来请求计划的实业建设，尽量地为国家效力，先着手创立各种农商法令，使神圣的法律能保障人民，扶导人民，上兴业生产的大路。

一个政府的施行政治，必得要先走一个政策。好比政府是一个人一辆车，政策是一条路一个目标，有了路和目标，这人和车方才有认定目标去走路的把握，方才不失掉这人和车行动的意义。政府和政策连锁的重要关系，也何尝不是这样，所以我父那时一答应长部，就立刻找他应走的路和几个认定的目标，认定政策和责任的权能的重大。到了北京，就立刻发表他的具体政策：

謇此次出就部任，大惧无以应现世之所需，屦国人之属望，……从诸君之后与闻政事，正在试验时代，宁可自信，所可以告我国人者，惟矢此勤勤恳恳之心，与国务院交尽职责而已。……謇半生精力，耗于实业，……实业之命脉，无不系于政治。闲尝思就平日所受艰苦之点。求所以扶之植之防维之又涵濡而发育之，早夜以思。仿佛若有所得，而不敢谓其果可行也。……民国肇建，内乱外患，……借款累累，债权四压，权政府度支之数，用之于军政之消耗，犹恐不给，然亦当以十之四十之三，谋生计之扩张，权人民漏卮之数，则增加熟货之输出，犹病未能，然亦当就千之一百之一求输入之减低，……列举方策，……盖有四事：

一、当乞灵于法律：法律作用，积极言，则有诱掖指导之功：以消极言，则有纠正制裁之力。……现在世界以大企业立国，而中国以公司法、破产法不备，故无公司法，则无以集厚资而巨业为之不举，无破产法则无以维信用。而私权予以重丧。……农林工商部第一计划，即在立法。将来关于农工商法案，若耕地整理法，森林保护，工场法，及商人通则，及公司法，破产法，运输保险等规则，尚望两院平心审择，迅予通过，用策进行。

一、当求助于金融：……近十年来商场之困顿，不可言喻，盖以国家金融基础不立，而民间钱庄票号等金融事业，……倒闭频仍，信用堕地，于是一国现金，非游荡而无所归，即窖藏而不敢出，总之金融家无吸收存款之机关，无以供市场之流转，遂使利率腾贵，企业者望其束手。……为今之计，惟有确定中央银行，以为金融基础，又立地方银行，以为之辅，励行银行条例。……改定币制，增加通货，庶几有实业之可言。……

一、当注意于税则：农工商之政策，惟借税法为操纵，或轻减以奖励之，或重征以抑制之，盖未有不顾农工商之痛苦，而纯然以收入之目的为征税之标准。……厘金与常关皆为通过税，世界皆目之为恶税，徒以占税入之巨额忍不能舍。……至国际贸易全视关税为之损益，各国通例，出口货多无税，吾则……若丝若茶若棉若其他土货，有国际之竞争者，莫不有税，是抑制输出，……是谓自敝政策。……

一、当致力于奖助：凡大企业资金巨而得人难，实皆含有危险之性质，若航海洋渔业等，……各国皆有奖励补助之法，……惟奖励……须课其成效，补助则莫如保息。……

凡此四事，皆农工商行政范围中应行之事，而以謇艰难困苦中经验所得，尤视为一日不可缓。……謇对于实业上抱持一种主义，谓为棉铁主义。以为今日国际贸易，大宗输入品以棉为最，……铁需用极大，而吾国铁产极富，……惟有并力注重输入额最高之物，为捍卫图存之计，若推广植棉地纺织厂，……开放铁矿扩张制铁厂，是惟为之左右为之前后者，尚宜有各种之规划。……总之，政治能趋于轨道，则百事可为，不入正轨，则自今以后，可忧方大。

（《就职政见宣言》）

南京政府的实业部，袁氏因为要安置多人，就分开为工商农林两部，到我父就职以后，再拿两部合并起来，名为农商部。部员裁去一大半，使得人人有事做，不要让国家养无用的冗员。对于部员有一篇告诫的文章，叫他们明白民国官吏的责任和农商行政对于国家根本关系的重要。

我父农商政见发表以后，就着手编订各项法令。第一，根据国内实际情形，参酌欧美日本的成规，聘任专家精审的商定，依照程序，先提出国务会议，再提交国会通过，几件农工商矿的基本法令，应了国内的需要，都公布出来，国内外都很赞美。

到这时候，中国方才有了实业方面的法律，可以从保障的出发点，而渐进于发展的地步。现在我将法令的名称和公布的时日列表如下：

工商保息法　民国二年十一月

矿法　民国二年十一月

变通矿区税则　民国三年六月

商人通例施行细则　民国三年六月

公司条例施行细则　民国三年六月

商业注册公司注册规则　民国三年六月

垦荒暂行条例　民国三年七月

狩猎法　民国三年八月

商会法　民国三年八月

疏通沟洫培植林木令　民国四年八月

其次，我父觉得棉、糖、林、牧四业，都是中国主要原料的出产品。但是农的种植，工的技术，商的运售，都有待于改进发展的请求和试验，而这种责任，政府应该负起来，从试验上树起一个可以做人民效法的模范。所以立刻就着手创立各种试验场，先订立精审的预算，择定国内主要产物最适宜的地点，延聘专家，分办起来，着重在试验的改良。

度量衡在中国也有立刻统一施行的必要。非政府先拿定主意，规定办法，民间不易通行。所以我父一面考究中外度量衡沿革的状况，为精密的计算，一面就着手办理权度制造所，制造各类器具，分发各省同行。

东三省在中国为农矿产最丰富的区域，有数百年未动的森林和肥腴的土质。在前清时代不知爱惜，实有"货弃于地，怀宝迷邦"的感想，两面强邻的觊觎，虎视眈眈，我弃人取，认为亚洲最有希望的产业，日俄几条铁路筑成以后，东三省的血脉，已经操于日俄之手，听其所为，假使我国再袖手不理，势必连肌肉胫骨一并跟了血脉奉送。

前清末年，我父即亲至东三省实地观察，并和总督赵尔巽等商量开发利源的计划，结果认为当时总督所请二千万元的经费，实在不能再短。民国以后，国内移民殖边的主张，已一天紧张一天，我父计划开发东三省，先从农林业下手，而政府与人民非通力合作不可。

蒙古情形和东三省一样，因为地势的关系，还比东三省威迫几倍。为国防计，农垦计，都有急切注意的必要；尤其要辅助蒙人，要他安心不为敌用，计划固然要新创，而处处要因势利导，先坚其内向之决心，再引导他开辟土地，与农垦之大利。

民国四年，我父因巡阅淮水及植棉牧畜试验场南下，到了南京就到紫金山亲自提倡植林。本来美国人斐义礼教授（Prof. Bailey）在南京创办义农会，提倡种植农林，当我父亲自种树的那天，外人到场的很多，我父因为要引起各省人民的注意，于是举行了一个很隆重的典礼，还演说森林和气候水利的种种重要的关系。后来又定了植树节的法令，叫各省利用清明一例到荒山田地举行种树。

改革全国盐法的计划，是我父认为国利民福最大根本的一件事。前清上下无远大的眼光，强厚的魄力，所以不足与谋，不足成事。到了民国，我父兼任过两淮盐政总理，实际方面，格外明白了许多内幕情形，认为积弊贪污应该随专制而消灭，一到民国，就应该创立革进的途径，于是就在南通设立了一个"盐场警察长尉教练所"，养成一班适当人选，预备等积弊发生的缉私营裁撤后服务的，到北京就成立了一个"盐政讨论会"，出了杂志，予社会以公开研究发表的机会，又规划了大改革的方案提交国会。

岂料那种特殊阶级，为维护私人的权利，出其所有财力，妄肆反对。而当时财政当局又狃于现状之不愿立刻打破，结果仍成为我父的理论。当时有一篇改革宣言：

> 下走怀改革盐政之见者三十年，而正式发表政策于全国者几一年矣。以之贡献于我政府社会，以待讨论之终局，为进行之方针者甚殷且切。……下走今仍欲问我政府社会，是否真实不二为国利民福乎。如其为国利民福而真实不二也，敢进问一言：为国是否以平均负担增加岁入为正，为民是否以贫民能谋生富民能安乐为正。由昔之盐法言之，一国纳税之负担，平乎均乎，岁入若何而可以增加乎，说略具于前之改革计划书及盐政杂志，可平心而复按也。……我不改革，恐有起而代谋者矣。（《改革盐法宣言》）

后来我父在《各国盐法书》序上，说到改革的无望，悲愤极了：

> 我国盐法之坏，盐政之弊，今日而大极矣，宁始今日，坏与弊各有渐焉。法坏故政弊，孽之政弊而法坏益厉且固，固若不可革

者，于是商资其饶以为富，官资其便以为利，而制盐者灶丁也，煎则火灼之瘁，晒则日暴之酷，计其所得所成，则商贸于灶者几何，民税于官者几何，而国家之所得者又几何。苦哉吾民，吁可痛矣。謇于晚清鉴盐法之坏，盐政之弊，著说盐之书，……书成十五六年，而盐法之坏之厉之固之不可革也犹昔。……呜呼！彼庸庸奴灶丁以自肥者，未足语此，而懵懵虐民以苛税者，又宁足语此乎哉。法之坏，政之弊，我国今日不宁惟盐，而盐其一也。何日而新，何日而利，于民于国，吾何从而知之。(《各国盐法书序》)

第二节　棉铁政策

我父对于农商向来有棉铁政策的抱负，认为基本农商在此二事，国家富强，更在此二事。

因为我父在甲午中日战争以后，就晓得外货天天增加进口的数目，并且他们用了中国原料，制成各种货品。运回中国市场销售图利，因此中国漏卮日大，贫困愈甚。但是没有一个实际的统计和标准，还是茫然。我父就设法到海关搜集了历年的海关贸易册，叫人编了一本很醒目的分类表，编好了一看，更坚定了他的棉铁救国主张。当时有一篇序言：

自海禁开通，各国农工制作之货，岁月输入，我之金钱日以漏出，国人皆知其病矣，顾其事笈于税关出入之数，惟笈其事者知之，而事付于雇用之外人，我之司税大臣，岁阅其报册，不知偶一记其总数与否。至于利病若何规划，此应保之利应除之病若何，未尝一措意，可断言也。光绪初年各通商海关，始有贸易册之刊布，人民略观其名矣，顾究心者鲜，取而比较之者尤鲜。……謇于其时，不遑咎政府，咎我社会无世界之观念而已，亦未能了然于利害之大端。宣统二年南洋劝业会开幕，謇既与各行省到会诸君子发起联合研究会，乃哀光绪一朝之海关贸易，参考其大略，如寐始觉，如割始痛。……謇之投身实业亦十五年矣，此十五年，见一物焉输入日增，则色然惊，瞿然思，谆谆然，劝人之兴其业，而塞其漏，……凡事不能通于齐民不能无阻，凡利不能及于妇孺不能大有功，古今已事，岂不然哉。然謇亦迟今日而始能确定其说，……至柔惟棉，至刚惟铁，神明用之，外交内治裕如，岂惟实业。(《海关进出口货价比较表序》)

我父对于国家兴办矿业，也有提纲挈领的通盘策划，关系一国工商军事都很重大。我现在摘录一篇，可概其余了：

窃闻制造之业，莫重于钢铁，经济之原，莫先于货币。东西各国，靡不有炼钢制币之官厂及金银铜铁诸官矿，平时以供社会之要需，战时以备国家之缓急。……我国地大物博，号称天府，新颁矿业条例，惟食盐、煤油二种定为国有，其他各矿，在国家方力持开放主义，原无与民争利之心，然如铁如铅，不特为输轨机械之所必需，亦实为枪炮弹药之原料，而采炼费巨，听民自为，动多流弊，似宜济以官力，免蹈汉冶萍覆辙。……(《拟具官营矿业办法呈》)

吴昌硕先生挽我父的联语，还说到棉铁政策：

许吾以金石精神，自愧衰年，有道乃先书墓碣；

救世曰棉铁政策，纵更世变，此语可长悬国门。

第三节　任全国水利总裁

导淮的伟大计划，本是我父一生讲求最有心得的一件事。在前清虽然想尽方法，只做到着手测量，而浩大的工程，有待于巨款的筹措。

民国基础本来应该建筑在人民的利益上，所以我父认定导淮是人民利益最伟大的一件事，淮水问题，关系沿淮流域的治乱，极为重大。淮如果治，国家没有不民殷财足的；如果不治，那就没有不乱象环生，匪患遍地的，千余年来的历史，记载得昭彰详尽。我父以为时机既到，不可错过。民元代江苏程都督德全、安徽柏都督文蔚计划最近形势的导治和开垦，政府又认为应办，发表了我父督办的任命，会办苏皖各派一人，苏为许鼎霖，皖为柏文蔚。

到民国二年各省水灾遍地，人民流离失所，中外都认治水为彻底救民除灾的办法，很表同情于我父治水的各种计划。政府乃扩大导淮督办的范围，改设全国水利局，又任命我父为总裁，我父乃一面再重复审查他以前的计划可否实施，一面延聘荷兰水利工程专家，很得到技术上的辅助和参考，依据全国最大次大的应治河道，分工程最要次要的分年计划，我父当时发表的东西太多了，我拣两篇，摘述如下：

第一篇是疏浚全国水利的呈文：

窃謇生长田间，习知水旱所关，河渠为重。四十年来，游踪所及，辄就父老而咨询。前在江苏，有拟事导淮先事测量之规划。民国二年三月，奉大总统令督办导淮事宜，……十二月二十一日，复奉任命全国水利局总裁。……窃谓除害之大者，莫如导淮而兼治沂、泗二水，兴利之大者，莫如穿辽河以达松、嫩二江，为其先者，在借异域之才，并设河海工程学校，济其成者，在筹疏浚之款，并立农业地产银行。……东三省为京师屏蔽，其原隰之沃厚，林矿之富饶，强邻眈眈涎视久矣，移民实边之事，前清泄沓驰而不行，民国初建，未暇遽及，近规农商政策，劝垦边荒，虽主无偿主义，然尝周历三省，察其农政，弊在号称领荒之户，不过囤地转卖稗贩渔利，其于大农小农之计，水势地势之经营，概未有闻，而原其缺憾，大端则尤在水利不兴，地利亦因之而闭。（《条议疏浚全国水利呈》）

第二篇是沟通松辽的呈文：

窃查东三省农产甚富，即就大豆一项而论，……每年输出总额，其价值约达五千余万元以外；其次为高粱，闻每年产额……其值亦三千余万元，……自欧洲贩运路既已开放，每年输出，遽称巨额，此诚可为我国农利之大宗。惟以辽河失修，航运不便，乃多改归俄道运输，运价增贵，且路权今为日俄二国所占有，而此项运输之利，亦遂落其掌握操纵，……补救之计，惟有沟通松辽而已。（《拟

沟通松辽密呈》）

当时江苏的江北，安徽皖北一带，年年闹着水灾，人民损失不可算计，一时的赈济，决非根本解决的办法。

我父的导淮计划，渐能引起政府和和中外人士热切的注意，都认为彻底有利益的事业。但是举办疏浚工程的预算，不是中国财力所可担负筹措，其势非向外国借款不可。适逢美国红十字会，因赈济水灾，派专家巡视灾城的结果，也认为实施导治工程，可以一劳永逸，并且谅解中国无此财力，乃表示可以承借。我父呈淮政府和美公使芮恩施博士（Dr. Paul Reinsch,1869—1923）经过不少的接洽交涉，我父对于磋商条件的立场，完全根据保障主权、维系人民利益的范围，丝毫不能迁就。

到民国三年（1914年）正月，方签订了草约，后来因政局变动，我父也下野，无从继续进行。当时我父关于导淮程序历史，对美人有一文发表：

> 自中国有与美国借款导淮之议，美国政府与红十字会派工程师锡博德等，远涉重洋，冒暑亲临淮河上下游勘视，……测较既竣，即须预计。预计之次第，先计淮、沂、泗、沭如何泄泻入海之路，路分几道，方能有利无害，……次计五年内河未全成，岁收于得河利益各地赋税之数，能否付息。五年后河成可增岁收田赋及通行之税数能否付息，并分若干年还本，似亦一定程序。……尤有前提焉，则我四千年来关于淮河利害之历史，与三十余万方里内关于淮海利害相因之地理也。（《关于导淮程序先宜注重淮河历史地理说帖》）

讲到治水，当然最重要的第一步是测量，有了图然后才能明白实地流量流速的形势，才能有精密规划工程的根据。我父主张导淮，着手办理测量，虽然经过很多的困难，可是用掉极少的经费，测成了淮、沂、泗各水全部实测的图标，曾经有两次英美工程师到实地去勘视，后来又查阅图表，都认为十分完备精准。等到国家政治上路，建设起来，淮河总有一天要导的，这全部已测成的图表，也总有一天要用到的。

看了这篇测量成绩目录的序文，就可见我父慨痛之深了：

导淮测量处，……以宣统三年二月迄民国十一年十二月，测量所成之图与表册，凡三千五百有奇见示。……成此事实之值，为三十余万元，此三十余万之费，屡给而屡辍，故图与表册之成，亦屡断而屡续，费即不辍，成即频续，而甲年之测，必乙年而图而表册。……謇于四十年前游淮南，……謇即以为淮不治，江北且不治。……端方督两江，謇建复淮故道标本兼治之议，而詉之端方，许设局测量而授监督权于淮扬道。(《导淮测量处成绩目录序言》)

民国三年四月初，我父亲自巡视淮河流域，他是坐船去的。

听说到了洪泽湖一带，那坐船向东行，碰到西风，忽转向南行，立刻变了北风，一会儿船回转头东行，又起了西风，一日之间，行来行去，总碰到顺风。这虽是一时的巧合，而人家都说是我父治河的诚意，感动了天心了，连同行的荷兰工程师，也说"有点奇怪"。

我父癸卯东游一次归国以后，即将其考察心得的结果，推进他的实业教育的改进发展。

可是到民国以后日本已不足尽资取法，而中国各项自强自治的策划，在在要取法于人，而感觉到"取法乎上，仅得乎中，取法乎中，仅得乎下"的理论，所以我父认为大规模的开垦，和治水计划，唯有美国新创局面的设施和工程技术上的成功，大足观摩而资师法。

适值美国有万国水利会议的发起召集，我父接到请帖后，壮游新大陆之意，油然而生，想亲身去参加会议，实地考察，真所谓为国驰驱，老当益壮，那舟车海洋跋涉之苦，不足减我父爱国的忠勇和决心。当时即呈请政府要去，哪晓得袁氏别有会心，没有答应，于是我父远游的计划，未能实现。

当时有一篇呈文：

美国本年九月，……二十日为万国水利会议之日，在金山会场举行，拟请中国政府派员与会。……查美国万国水利会议，系因巴拿马运河告成而设，故其会场即设于旧金山，而中美邦交以淮灾助赈之前事，淮工借款之新义，愈形国际亲睦，实于水利至有关系，其他浚浦浚辽以及烟台海坝工程，皆以通商口岸为万国所注视，即

144

如今年各省告灾，外人率以我国河利不修，横加訾议。……謇虽衰庸，尚未昏耄，拟请亲赴该会一行。……去国万里，远历重洋，原非衰病之躯所能胜任，然该会既请派员莅会，若以于中国水利素未注意之人参列议席，诚恐贻误机宜，无裨大局。昔赵充国请自将讨羌，功成而当世服其壮，马援自请讨蛮，失利而后世识其不知止。謇年去马赵尚远，请行之事，又与军旅有别，然世固未有不以成败论人者，鉴于往史，未尝不自懔懔也。（《自请游美呈》）

我父认为要整治水道，有两种要素：一是经费，二是人才，而技术人才的养成，尤为最殷切普通的需要。

外国工程师固然要聘请，然而需要的地方既多，就应该在国内创办河海工程学校，我父呈请政府，筹措经费，选择地点，订定适宜中外水利工程的课程，煞费了许多心血，才能办成。现在国内河海工程人才，大半都是南京河海工程学校毕业出来的人。

第四节　两党携手

民国成立后，政治上两党对峙的局面，异常的发展和兴奋。

然而我父一向抱定主张，认为两党在政策上政略上，可以有异同左右的派别，两党在国会两院，也可以立于对持甚或相抗相搏的地位，都很有益于国家政治上的演进。可是对于国家根本大计，对于遏止政府专横的举动，极应该一德一心拿全国人民的利益做一个共同的目标，尽其人民所赋予国会整个的权能；在国会以内对于政见上的争论辩难，两党当然可分，而国会对待政府的地位和责任，两党又应该绝对的合，打成一片，站在一起，叫政府丝毫不能离间利用，酿成两党自相残杀的私斗，酿成政府毫无顾忌为所欲为的野心。

当时我父认为离开政见上的党争的自杀，和袁氏分裂国会手段的猛进和险狠，非但能危害国家，摇动国会，并且于两党自身的前途也一定要弄到两败俱伤，利归渔翁的结果。我父看到这点，非常忧虑，很想尽其能力，调和其间，有一对致汤公化龙的信：

> 两党纷争，致公与少川受挤，思之危栗。……但垫款虽可即定，而大借为吾国命脉所关，断无中止之理，大借条件，必更甚于垫款。……窃意此次共和党之对待少川固由南京积怨，……但操之过切，其反动力乃全注射于公一人，此不能不为吾党告也。窃意此时国家新创，断不能再有摇动，前已电属翼之加意匡助，今衅瑕已构，虽日言消融，终恐无效。日前黎宋卿有电促塞入都，而党中诸人亦有电来。……盖一恐以运动借款之名相加，一恐以组织内阁之事相拟，故迟迟未决。塞若北行，必先与彼此党南中重要人物联络，表明此行专为调和党见，与扶助现在内阁之意。使之不疑。到京后，亦必与彼党款洽，并切嘱吾党，勿再有攻击政府举动，果能稍稍融洽，或于大借进行，免生障碍。……再吾党中人多不满于少川，少川固多可议处，但今日国务总理非渠更难惦服。……比款之使用夫岂得已，正其代项城受过也，吾辈多数人不明此中关键，迫之过甚，则铤而走险，中国历代党祸，宁不如是，吾辈乃跼蹜之乎，公宜常以此意晓吾党也。（《为调和党争致汤化龙》）

民国二年，南方二次革命失败以后，袁氏借口内乱罪，解散国民党及取消该党国会议员的资格。

我父听得袁氏有此种断然举动，即进忠告，请其慎重考虑，袁氏并未容纳。可是该项解散的命令我父始终也没有副署。当时还顾虑到国会或因此而无形涣散，于是向袁氏进维持国会之法，定分电各省速集候补议员。我父尊议民权的真诚，于斯可见。

第五节　游山度岁

我父任阁员在京两年，很担起责任，早作夜思，忠于职务，平时从不懈怠，从不请假，以身作则。每逢年假，就约了几位好友，游览香山，住在那里，休养几时，谈谈天，作作诗，还弄牙牌接龙，有趣得很！

我抄几首诗，可以看出我父那时许多感想和做官时的风趣，他不惯受北京的官僚生活，却很爱北京郊外的幽美山水：

> 少陵度岁咸阳居，呼庐喝枭博塞娱。今来山中岁亦徂，堂空夜冷煨火炉。张秦许薛与老夫，相对寂寞语欲无。牙牌卅二引箧储，用代卜玫非挦蒲。检出幸有好事奴，分之五人六各殊。君子缓二二置隔，制自宣和或有图。久佚不传焉可诬，见首见尾龙伸舒。同数相应缺则遁，嬉戏习自儿时俱。心计亦到王桐虚，薛生黠捷锐两胪。张叟答飒拈白须，老夫秦许季孟趋。不名一钱何赢输？洁量刘毅抑已愚。淫淫蜡泪没烛跌，推牌看起霜华敷。寒星在空牌联珠，一笑高枕游华胥。（《民二守岁行》）

> 京尘厌嚣恶，岁除逃入山，去年有成例，襆被趋巑岏。马（良）翁江海人，张（相文）孟能文翰。管（国柱）许（振）二生健，但觉从游欢，盍戢有贤主，（英华）布榻恣盘桓。元辰陟众巇，仰睇云物斑。俯听松暨泉，策杖穷林峦。坐笑人世忙，己亦殊未闲，今年得秦仲，（瑞玠）愿与同跻攀。薛（揆）生兴尤逸，凤戒亲治餐。游侣益至七，数足成一班。长者命篮舆，少者联缨鞍。楂饷既颇富，罂酒亦不单。谈谐此守岁，何必具辛盘。谷鸟好毛羽，流音胜歌鬟。胜地得容乐。宇宙宁不宽。一年只一游，粮尽方当还。（《民三守岁行》）

我父在香山过年休息的时候，还有一首小诗寄给我：

> 父学楹书年十三，卖钱买吃担头柑。儿今字解摹山谷，父已官慵似剑南。（《都门口占寄怡儿》）

第六节　去职

到了民国三年，熊公因行政棘手，辞总理之职，内阁立时分裂起来。教育汪公、司法梁公即连带出阁，照责任内阁的惯例，我父当然也应一同辞退。

然而我父观念认为农商和人民有直接的关系，而所要做的事，只有基本法令的发布和各处试验场的成立，其他很重要待做的事还多得很，浚治水利的计划，又刚才着手进行，不愿拿政治上的习惯，来阻碍他政策的进展，所以当时不会提出辞书，仍旧蝉联他的政治责任。我父当时有一种表示：

> 杨士琦来，问阁员与总理同进退之说，余曰：始来以府院并有连电之约，就职之日，即当众宣言，余本无仕宦之志，此来不为总理，不为总统，为自己志愿，志愿为何，即欲本平昔所读之书，与向来究讨之事，试效于政事，志愿能达则达，不能达即止，不因人也。（自定年谱）

袁世凯从前的出身和到朝鲜执掌兵权的发端，和我父的友谊，前面已经说过，等我父随吴公离开朝鲜以后，他就渐渐跋扈放肆起来。

我父和朱公铭盘曾经有数千言的一封长信诘责他，信里有一段说：

> 司马诚试思所说有虚者否，有不是者否，愿司马息心静气，一月不出门，将前劝读之《呻吟语》《近思录》《格言联璧》诸书，字字细看，事事引镜，勿谓天下人皆愚，勿谓天下人皆弱，脚踏实地，痛改前非，以副令叔祖、令堂叔及尊公之令名，以副筱公之知遇，则一切吉祥善事随其后矣。此讯不照平日称而称司马，司马自思何以至此，若果然复三年前之面目，自当仍率三年前之交情，气与词涌，不觉刺刺，听不听其自酌之。

哪晓得这几句话，就定了他的终身，从此以后，就绝交不通往来，对于戊戌政变的卖主求荣，尤为痛恶，但是他的官运亨通，一天一天地飞扬腾达起来，因为才干不差，所以在北洋任内创兴警政、学务、工艺各事，比别的总督着实多做几件。

清末运动立宪的时候，大家都责望我父摒弃前嫌，写一封信给他，劝他不要反对。到了辛亥年夏天进京，路过彰德洹上村^①的时候，去访

---

① 当时袁世凯被解职，回到河南彰德洹上村。

他一谈，认为二十八年不会晤见，他的识见增进了许多，在督抚中还算他有点眼光，所以二人的感情又恢复了。等革命发动，他也容纳我父的劝告，赞助改建共和的策划，可是他终究野心难忘，认为兵权在手，什么事都可办到。

到了民国四年，叛国的行为，积极地暴露进行，一班趋炎附势、攀龙附凤的人，想出了许多挖空心思强奸民意的计划。我父曾经说过，他在朝鲜时有一天，忽然找了我父，放下了帐子和我父密谈，说李王懦庸不足扶持，吴帅胆小也难图大事，他的意思，想取韩王而代之，请我父谋划主持。我父听了就竭力告诫他，不可轻动，又答应他绝不告诉第三人。所以我父一向晓得他有非分的野心，他也向来晓得我父没有野心。

等到我父晓得"筹安会"已经发动，就要组织进行，就立刻进去和他痛切劝说，劝他做中国第一人的华盛顿，不要效法国上断头台的路易，他一味不承认，并且说他自己怎样也不愿意做皇帝，可是美国人古德诺的共和政体不适宜于中国的提议，却有讨论的价值，将来或者让朱明的后裔出来做皇帝，浙江的朱瑞也可以的。我父就笑着回说："朱瑞可以做，难道唱戏的朱素云不可做吗？"所以后来方惟一先生有一首诗给素云，还提到这几句趣语。

　　历数朱苗到汝身，都城传遍话清新。不须更说华胥梦，漳水潇潇愁煞人。

我父和他翻来覆去讲了两三个钟点，结果看他不得醒悟，无可救药，也就立刻抛弃他所有的政治职务，脱离了袁氏做领袖的政府，离开了北京。

袁氏为人向来桀骜不驯，难于揣测，他辛亥年的赞同共和，本来不是真心诚意，完全假一种很巧妙的口实，实行他赶跑清室让他来坐这把金交椅的把戏。哪晓得国民党几回的革命，想防制他的叛逆，果然不错。而他到这时候，也老实不客气要尝一尝那个日思夜想的皇帝梦的味儿。

我父到了南边以后，他叛国自帝的谋划也蓬勃发展起来，在封王赏爵以前，还恭维我父什么嵩山四友，我父也没有理会他，就拿送来的嵩山图本交给南通博物苑陈列，已经当作古董了。那时民国基础已经动摇，我父还本了他一向"爱人以德"的本性，从南通写了一封很长的信向袁氏进了最后的忠告，袁氏当时哪里会听从，还是向着火里攒。我父在京最初听到袁氏的叛国行为，就断定袁氏的帝制绝不会做成功的。做不成功，一定也活不长。果然闲了几个月，譬如做了一场梦，他个人的生命也就随着这个梦牺牲了。

我父在得到袁氏逝世的消息那一夜，就在日记上用又悲又恕又悼惜的口吻写了这么一段话：

> 五月六日……午后得季诚电，至夜复得厚生公权电，知洹上以午前十时即世。三十年更事之才，三千年未有之会，可以成第一流人，而卒败于群小之手。谓天之训迪吾民乎？抑人之自为而已！（民国五年）

我父致袁君克定的唁电内有"以礼治丧，以义教弟"两句话。

第三章　经营村落

第一节　地方自治

　　我父脱离了政治舞台，立刻恢复他的田野生活。他的精神上对于国家前途的失望，达到极点。

　　在前清时代，看了政治腐败认为没有希望，到了民国原想大家一反所为，励精图治，哪晓得结果也仍然没有希望。这当然不能怪共和国体仍旧不能有所作为，实在是袁氏的心地行为，仍旧不脱专制官僚的习性，所以弄到政府依然和人民的利益隔绝得很疏远。

　　我父到北京两年多，回来以后，越发坚定了他经营村落的决心。认为做政府的官，不一定可做事，倒还是回到田野，可以做一点实事。于是分门别类，格外积极地规划起来，将已有的事业尽力改进，应有而未有的建设，再努力地扩充，做到应有尽有的气象。胡适之先生曾经在一篇《非个人主义的新生活》里边，说过几句话："我们的新村，就在我们自己的旧村里，我们所要的新村，是要我们自己的旧村变成的新村……"我父就是这个宗旨，这样做法。

　　我父向来认定水利为各事的根本。水利有办法，农田交通都能有利益，全国的计划既然难见实行，南通一地方全县的水利，就应该着手兴办。一来可以做他处的榜样，二来实际上可以免去水旱灾的打击，也计划了好多时，依次是开河、筑坝、建闸，有一篇整治全县水利的计划：

本年六月七月，雨量之大，为数年以来所未见，河水暴溢，既不能容受，江潮猛托，又不利宣泄，以致运河西北之灾象特重。……愚兄弟悉言水利已历数年，核其工程，约分两类：一曰，建筑涵闸。二曰，开浚港河。虽照原定计划，分东西进行，而未能尽弭此次之水患，实深惶悚。惟此后之行水，有所取鉴，益当为求全之计，以贯彻南通水利以人胜天之初旨。……拟于民国十一年自治报告会之前，择其重要工程建设完竣，兼程赴事，限日程功，以勉副地方父老兄弟之期望焉。（《南通水利已办工程及未来之计划》）

我父对地方自治的要素，认为便利的交通和文化、实业、治安，都有很密切的关系。

于是主张开造全县能通行的道路，分主干、支线两条，计划了多时，居然农人能够了解我父经营自治的热诚，凡新辟的道路所用的田地，一概不索田价，并且都出来做工。这事我父感觉到异常欣慰，认为三十年谋自治的结果的最好气象，直到现在，方才得到乡人彻底的谅解，拿产业劳力来助成交通。

到民国十年（1921年）方才全部完成，有五百余里能同行全县的干支各路。立时又叫警察局开办了"交通警察养成所"，连浅近的英文都讲授，我父意思是要这班警察有应用的技能和常识。有一篇开辟全县马路的计划：

地方之实业教育，官厅之民政军政，机组全在交通。……本县僻处江北，向以实行自治被称于世，稍负虚声，惟于交通一端，虽有片段之进行，尚无具体之计划，……亟应将全县路线，统一规划，以期支干衔接，脉络贯通，……依据参酌本县地势，规定县路，分为本干，支干，正支，副支。甲等本干，由城区直线向东，……至垦牧区止，直线向北，经唐闸区至……如皋县境止。乙等支干，向南由城区经竞化区……至海坝……止，此为正支，……本无道路，所辟全是民田。自不能不按公用征收例收买。（《规划县路请公议即日兴修案》）

我曾经告诉我父，在美时福特向我说："有了汽车，自然会造路。"
我父听了就说："这是汽车老板的话。我以为一定要先有路，然后才想
去买汽车。"在那时，县城有五百多里的马路，一百多部汽车，非但江
苏没有，恐怕全国没有第二个地方有。

我父生平对于军旅之事向来没有兴味，唯独对于地方自卫的力量异
常重视。他本想在南通等普及教育办有规模后，试办民兵制度，并且主
张沿江海一带置办浅水巡船。虽有计划都未办成，只在实业方面自办警
卫团，地方方面竭力整顿警察及兴办警备队，各处饷源都有规定，操练
异常认真，治安方面很得到维持防卫的功效。

后来几年，时局不靖，兵匪横行，乡村各处渐受影响，民不安枕，
我父就叫各市乡分合举办保卫团，就是守望相助之意。每回集合操演，
他都亲临看操演说。他认为地方自治要义，第一要人民有自卫的能力。

第二节　教育慈善

我父在南通办教育，最初只办小学和养成师资的男女师范，不久又
接续在师范内附设了社会应用职业的农、工、测量、桑各科，毕业以后
都有出路。

等到后来，社会又进一步需要高等学识技术的地方，一天多一天，
人才也一天缺乏一天，认为专门高等的教育，也应该应着潮流而设立。
于是看到中国是农国，南通棉产向来又很丰美，就经营推广了很大的垦
地，关于种植的改良研究，病害虫的预防驱除，很有请求指导的必要，
就立了一个"农学专门"。地方各工厂医院创办以后，医学的需要，疑
难病症问题的诊治和解决，都市卫生的改良和设备，在在非高等医学不
可，就设立了一个"医学专门"。南通大生纱厂二三等厂都继一厂成立
以后，技术上管理人才的需用，很多很殷，纺织染各科精进的技术和合
于科学管理方法，那一班普通职业人员，自然不足应付，就设立了一个
"纺织专门"。

办理以后，极有成效，毕业后出路，非但可以供南通实业的需要，并且走到各县各省，都能独当一面。到民国九年，我父又将各专门学校程度提高，建筑了宏大的校舍，添置了必要的设备，一齐合并起来，称为"南通大学"。

我父对于南通教育，向来主张严格，不主迁就，民国以后就有一种坚定的主意，一直没有变动。我抄了一篇主张严格教育的宣言：

> 军队无共和，学校无共和，此今日世界各国之通例。军队共和，则将不能以令，学校共和，则师不能以教。将不能令，则军败，师不能教，则学校败，其为国患，莫此之尤。……近者，政体改革，趋向共和，而一般事理不明之学生，乃有误解放任以为共和，等秩序于弁髦，病严师为专制者，窃窃私议，鄙人颇有所闻，不知欧美养成共和国民，惟此重公德，爱秩序为唯一之方法，若妨公德而害秩序，则谓之破坏共和。……凡教之道，以严为轨，凡学之道，以静为轨，有害群者，去之无姑息焉。鄙人诚重教育，诚爱学生，心所谓危，为此通告。(《论严格教育旨趣书》)

南通师范本为中国第一所师范学校，毕业生的需要出路，一天多一天，来求学的，也一天拥挤一天，我父又添造了教室宿舍食堂，推广了农事、工事试验场所。女师范也在城外特建了很宏敞适用的新校舍，布置设备，非常完全，对女生有一篇训话：

> 今天是……本校十九周纪念日，我趁这个机会和你们讲讲：自从本校移到这边以来，……校里很安静，这安静二字，在女校是很重要的，于学生学业的进步，很有关系。假使学风不安静，不但于一校不善，就是一家一地方也要受到不良的影响。……鄙人向来提倡教育，本希望人才辈出，但于用人一端，无论教育实业，不但打破地方观念，并且打破国家界限。……只要那个人能担任，无论中国人，外国人，都行。不过……因为爱乡土的关系，所以能在本地采取人才，是最好的事情。现在外边的学风常常有变更，而本地却没有什么大变更，变动本来不是不好的事情，并且教育尤其宜有变动，不过必当顾及本地的需要。例如在南通讲教育，先要想什么是

南通需要的，什么是适合南通的。……主持校务的也是这样，要有方法，又要活动，而能合法，所谓合法，就是有尺寸，否则便不对了。……美国八分钟能出一部汽车，他们是分工做的，但是何以出品这样快而且好呢？就是他们分工的尺寸准，惟其各人尺寸相适，所以八分钟就能成功一件极复杂的东西。学校也是配置尺寸的地方和造车一样，无论多少人，总要尺寸准，女校更宜注意。……试看各国教育，各有其特殊情状，例如英国的教育很严重，美国最活动。他们的风俗，也是不同的，法国和美国比较奢侈些，英国最为严整。

试把三国的教育方法，移到中国来，这好像拿他人的帽子，戴在自己头上，哪里可以呢？譬如讲到这边校园里改换布置，就先当把地量一下，怎样做法才好？就是照西人的做法，心中也要有个斟酌，大抵欧美人注重整齐洁净四字，而中国于这四字外，复注重天然。整齐是人工做成，可以同的，天然那就各自不同。你们看世界上的山水，有同的吗？人有同的吗？就我们中国讲，拿人工做至天然，这在唐宋的时候最为讲究。中国的学业，本先于欧美，现在的人，反样样欢喜模仿欧美，即如园亭的建筑，只模仿到整齐为止，天然二字，就不注意了，园亭的建筑和布置，本含有……工程美术研究的地方。例如堆一个土阜，就有算术与经济在里面，不是任意做的。……学问本来靠各人的才智而定，所以很愿意已毕业的和在校求学的人，一样对于学业的日进无疆。只要明白了做事都要有研究，然后就可以进取了。（女师范演说辞）

我父对于社会教育及辅助教育的事业和慈善，也依次尽量兴办或扩充，没有一件没有宗旨，没有心血。从起意到建筑成立，我父的精神是一贯的。处处都有具体的规划和深远的意义。

从范围很小的植物园，扩充办了博物苑。让地方人士和学生有一个增长见识、游息的地方。我父在军山顶上设立了一个气象台。一方面为农事的测候预防，一方面为农学生实习气候的地方。不久我父又将旧公园推广经营，很花了许多钱，费了许多钱，费了许多精神，方才完成。

关于地方慈善，我父又先后创办残废院、盲哑校，经费艰难，没有来路，于是我父自己卖力写字付钱就来维持这二处。

我父因为中国妇女没有相当的职业，在社会和家庭方面，都有不善良的影响。贫者无从谋生过活，富者习惯为赌博暇逸，不做好事。又因为中国的手工绣法，本是极有名的艺术，数百年前已经驰誉，后来无人传授，渐渐失传，成为粗率退化的手工，我父感觉到这种原由，就先办了一个绣工科，附设在女师范内。后来又另建了完备的校舍，扩充为独立学校，请了苏州余沈寿女士来做校长，因为余沈女士是很有名的绣家，而且在北京曾经有办过绣工科的经验。创办以后，南通妇女入学的异常踊跃，妇女社会生活的改进，有了极良好的趋势。后来又附设了花边、织物、发网各科，规模都小一点，成效比不上绣科。

绣科班数既增，出品更涌，沈绣精美，本已驰名中外。加之发网、花边二科，又先后附设，招生工作，我父就想到这几种货品，美国市场需用数量很多，那时恰逢欧战，欧货断绝，唯有中国一路，尚可运售供给。经过几度调查，就找了一两个留美学生办理此事，定名为"绣织局"，当时计划很有条理，纽约开店布置，也有声有色。

我父一向很注意发展海外直接贸易，本想拿这件事小试一下，等到办有成效，再为推广。不料欧战停息以后，国家工商业情势立刻变动，竞争激烈，售价飞跌，于是一蹶不振，竟不能支。许多人很怪办事人计算不精确，然而大势交逼，也非人力所可挽回。可惜我父为女工开生计及发展海外贸易二事，未能达到目的。

余沈女士绣术很精，为人也有贤德，办理学校，教授管理都极严肃，有条理，成绩很优越，我父曾经推其为各机关办事人中最能负责忠实的一个人，很加以敬爱。后来我父恐怕绣工艺术仍是不能传下去，而且感到中国古时讲工艺的书籍，像《考工记》都不会记载图式及数字，所以后人只当他文章读，实在难找取法的依据，所以我父就想到请余沈女士将其数十年专习绣工的经验心得，参以学校教授的方法，连一针一线和绣具的配置，都详细说出来，我父一面听，一面写下来，编成了一本《绣谱》。

余沈女士一根针上的精绝艺术，用我父一生花妙笔去叙写，自然是一件相得益彰的事情，也是将我国的绣工艺术，传之于后的唯一方法。我父只抱着"爱才如命"的本真和提倡艺术的志愿，不管什么性别的同不同，只晓得亲信忠勤于教务的办事人，不管什么界限的嫌疑。

我父认为改良社会，要从各方各事下手。尤其对于人民习惯最近、观念最易的地方，应该设法改良引导，格外容易收效果。想到戏剧一层，在社会号召力量最大，感化的习惯也最快最深。但是中国的旧戏剧，第一脚本太坏，不是提倡神怪，就是诲盗诲淫。虽然也有若干忠孝节义的戏，但是失了现代性，对于社会没有多大良好的影响。第二戏院的建筑大都十分简陋，里边的管理也是十分的坏，地方又龌龊，人声更嘈杂，大家不是看戏，简直是打架。

我父就想到要着手改良一切，先要养成一班适宜的人才，还是要从教育入手。办理的人，又非专家内行不可。于是邀了欧阳予倩君到南通办了一个伶工学社，招的都是初高小学毕业清白人家的子弟，订了课程，分了戏剧音乐二班教授，办了六年，花了七八万元。又起了很合乎光线管理新式的剧场。欧阳办理，不能算不尽心力，然而最初的希望没有能够达到，实在因为这件事很难办，戏剧本身固然要注重社会教育，然而提倡美的艺术，尤为最高最后的目的。

优美文学的脚本，高尚成熟的人才，真不是轻易造就的事。我父办伶工学社的志愿，虽然没有达到，然而伶生普通的剧艺和昆腔的熟练也供给了地方不少的娱乐，和我父诗会宴集不时的助兴。可是剧场管理，在中国戏院中已经改革了几桩很难得的事：第一，座位都有编号，依次去坐，不能纷乱，买了票，就是不去，座位仍是空着的。第二，满地丢瓜子壳的习惯，完全革除，看到高兴赞赏的地方，只能用手拍掌，不能用嘴乱叫，直到我父去世后约一两年，这几种优点，还是照常保留。这件事在欧美成了规矩，不算稀奇，可是在中国，算得凤毛麟角了。

我父既然创办了许多教育慈善事业，费用经常都是他个人担负维持。但是想到"人存政举，人亡政息"的可怕，认为要有一个维持永久的办法，只有筹划基金，不然很有危险。于是民国四年呈准政府，为南通自治事业许觅垦地十五万亩于泰属，免缴地价。后来又办了一个"教养事业公积社"，保管经理私人所捐助的田产和款产。到了民国九年又为南通大学费了四十五万元购置华成公司垦地作为大学的永久基产，预备分年将工程办好，每年有了农产收入，就可以维持大学。那购地之款，除我父担任以外，各实业和好友都帮助的。

我现在摘录几段我父为公积社备案的文件，就可以明白我父为地方事业，没有一事不计策万全了：

> 查地方自治，以增进社会之能率，弥补人民之缺憾，为其帜志。而进行之事业，属于积极之充实者，最要为教育。属于消极之救济者，最要为慈善。教育发展，则能率于以增进，慈善周遍，则缺憾于以弥补。……謇以自治之说，试于南通，实因清季官厅之无力及地之无财，而时势急迫，潮流汹涌，又不容自逸，乃斥岁入之私资，先后设立教养各机关，如附表。……所需经费，悉由謇勉力担任。然为维持久远之计，必谋保管妥善之方，与其罗掘临时，贻县人担负不胜之累，曷若绸缪未雨，开他日取用不竭之源。现已组设"南通教养公积社"，当订该社简单二十条。……捐助财产细数，分类编号，另行造册具报。……即祈转呈省部，一体备案，以全公益。(《教养公积社备案文》)

第三节　感言

在这里，我要追述一件事，因为和我父在民国以后经营地方各事业的动机，很有关系。这便是英人李提摩太（Timothy Richard）先生的几句话（话详后文），我父听了以后很为感奋激动，觉得团体改建民主以后，人民的责任比以前更重，要人人能负起责任，去实做自治事业。等到各处有了兴盛健全的地方，然后结合起来，才有整个的兴盛健全的国家。所以我父一听到外人也有这种希望的评论，就格外坚定了他的意志。别人不去管他，自己先回到家乡去努力，就写了一篇《感言之设计》，那里边许多设计的事业，后来十多年经营的结果，非但完全办到，并且还多做了好几件，范围也扩大了许多。

老实讲起来，像我父这样的能说能行，中国有几个人？到了民国以后，晓得国家根本的兴盛在人民的建设力、自治力，像我父这样的明了实做，在中国又有几个？几个地方？我们看一看李提摩太先生在民国元年所希望中国人的几件事，到现在将近二十年了，究竟中国人总共做了几件？现在中国国家，又自居哪一等？想到这里，真要"不寒而栗"了。

昨晤李提摩太言："中国非真能实行普及教育，公共卫生，大兴实业，推广慈善，必不能共和，必不能发达。行此四事，一二十年后，必跻一等国；能行二三事，亦不至落三等国；此比练海陆军为强。究竟有几省能试行否？"猝无以应，强答之曰："或者沿江各省州县，有能行者，但一时不易遍及耳。"李云："有三两处做模范即善，余日望之。"深愧其语，姑为之设计：

自揣四事，以通州计，可兴之实业，就原料论，唯有专意纺织及火柴、纸、盐、碱。纺织有棉，火柴有白杨，纸有桑皮及草，盐碱为相因之物，油面则无可更增矣。此数事中，增四万锭纺厂，须一百二十万两；小试织厂，须六十万两；大办须一百五十万两。火柴，纸，碱，二十万两足矣。盐且不论，合计需三百五十万两。

公共卫生，普及教育，则地方之事，但当为之提倡。……推广慈善，则婴堂除幼稚园之增设自任外，须增建初等小学五所。……实业自应另设公司。卫生、教育、慈善三项，共需银十三万二千七八百两，顾安能得此款以成中国之模范乎？常年经费且不在此，须于沿海荡地，为之分别置产，为基本金。其基本之基本，又非二三十万不可矣。（《感言之设计》，民元三月三十一日）

第四章　不忘国家

第一节　法治主张

我父对于民国的需要宪法，认为比什么都来得紧要。

因为宪法一天不能成立，就是国家一天不能稳定，政治一天不能上轨道，人民一天不能放心。因为宪法的权能和效用，可以叫政治的组织早些有精密的系统，人民应有的权利，早些有确定的范围。国家没有宪法，和一只船漂流在大海中，失落了指南针和摆舵，是一样的危险。船可以听他漂流，国家是不能听天由命。

民国二年（1913年），宪法起草委员会成立，黎公元洪就推我父加入做委员，我父当时虽没有去就，但是他看了国家和人民的需要宪法的殷切，天天希望有个宪法出来。我拿他的意见和讨论民国法治的两篇东西，抄在这里。

民国九年岑公春煊在广州军政府总裁时代。有一封信给我父，说到南方护法的宗旨和定法的目的。其时旧国会适集会于南，而新国会继起于北。我父就回复岑公一封信，反复陈述"法治"和"议员"是两件事，"国会机关"和"议员分子"也是两件事。

这封信发出以后，不多时，广州军政府就解散。等到孙先生再起重组政府的时候，第一件事，就拿"法"和"议员"决绝分开，不再召集这班人。正是我父这封信上所希望的要点：

> 顷奉大书，敬悉南方诸公之真意。尊论分权法治二者，未革命

以前，下走主张立宪时持此说。既革命以后，……流极迁变，乃至不知所云，愈去愈远，谁之咎也？……法治是也，敢问此法治之法孰定之，法生于道，道一而法殊，而背道非法。

今所谓议法之人，何等人也？质言也，其来历远不如预备立宪时代之资政院。所议之法何法也？前后数次，糜费人民千万金钱，扰害人民数万生命，东抄一句，西套一篇，今日一条，明日一案，迄于不见一字，罪恶何如耶？此等人所议之法，孰尊之，孰信之。若新国会，则一蟹不如一蟹，更不足道。分权是也。分权云者，应规定于宪法，宪法未见一字，权如何分，分如何有效，而订宪法则须明国性，适国情，采各国成文，成一国特制。二者皆须生于国会，国会须生于选举法，不先正选举法，国会必不能有良好议员，国会不得良好议员，必不能有适宜之宪法，此可断言者。

选举法如何？曰，严资格，少名额，薄俸给，重惩罚，四者而已。……昔之双方皆务求伸而至于战，今之双方皆不肯先屈而滞于和。其实皆客气也。……敢问法，指国会乎？指议员乎？国会者，全国人之国会也，何以全国人不尽愿护，则议员坏之也，国会坏于议员，则议员者，国会之罪人矣。南以护短为护，何如以不护短为护，若刻日明白宣布，护国会非护不肖议员之意，速忠告议员，勿以立法之本分，侵及行政之罪恶，党见既去，学识乃求，祛其旧染之污，而充其天然之善，限期修订宪法草案，改订选举法草案，致歉于全国父老而宣布之，宣布之后，自请解散，以志凤过，一面自议收束军队，裁减安置军人之办法，此南所以自胜之道也。北之贤者号于人曰统一，孰谓国不当统一者？（《民九复岑云阶书》）

民国十二年旧国会又跑到北方，选举总统，公布了宪法。当时国中反对的人，较赞成的人多，论调也比较严正。有许多人来问我父的意见，我父就发表一文，他还是认定"法"和"议员"是两件事：决不能因为议员分子的堕落，而置国民需要宪法的殷切于不顾。

十月十日宪法会议公布宪法，国中论者不一，要不外赞成与反对而已。夫国必有法，有法则治，……民国之法，成于民，……亿兆人所定之法，则亿兆人所自托命，而为亿兆人计者多。……民国宪法则吾民权利义务公平之轨道，而今国家成立之命脉也。……不幸迟之又迟，三数纯洁议员成之，转出之于秽杂时期之国会。赞成者，以为此宪法对于吾民已失之主权，可以保持，即于现在将来易生弊患之事，尤可有所补救。……反对者，谓此宪法出于丧失人格之国会，无论其内容为善为不善，苟承认此宪法，则对于贿选问题，将无可解说。……各说所持，各有理由。其异则法理与事实所以为主观之不同。……若在苏言苏，以宪法付人民公决，下走极端赞同斯说。（《民十二对于宪法之意见》）

第二节　劝告和平

民国的创立，我父很费了一番心血，好像一个保姆对于所抚养的人，一举一动、一寒一暖都放在心上，怕他疾病丛生，呻吟受苦，处处的顾虑，日夕祝他没有病痛，保存元气和朝气，等到长大成人，身强体健，读书明理，才算成立。

我父对于民国希望爱护的热诚，着实也是这样的。并且在一国以内，总是主张和衷共济，不要闹意见，斗闲气，有理尽管讲，总应该彼此和让合作，等到动到了手脚，不管谁胜谁负，总要妨碍到自家的和气。“兄弟阋于墙，外御其侮”说得一点也不错。何况外患一年比一年大，国耻一年比一年多，斫伤元气，民怨日深，大家总得有相让相谅的真诚，然后国利民福，才有稳固兴盛的实现。

所以我父认为既是一家兄弟，总要不分党派，不分南北，大家团结起来，好好做一个人家。一国的和平，本来是无价之宝，战争是最恶之魔。服从和平，绝不是懦弱的事，战争里边，决找不出光明的路来，杀机一动，谁也无法遏止。就是威尔逊总统“用战止战”的政策的结果，对于公道平等，依然是黑暗无望。试问内战，更有什么荣誉可言？就是大家要做统一国家的工作，那统一也绝非武力所能办得到。孟子说得最好，"不嗜杀人者能一之"，所以我父生平对于国家，无往而不重视休养生息的和平。

到了民国，尤其有了法治的轨道，凡属国民，如有政见上的异同，甚至冲突竞争，都可以向着代表民意的机关去申诉，等他们公判，不应动辄以干戈相向。无论谁胜谁负，总是杀中国自家的兄弟，总是流中国同胞的鲜血。不碰到叛逆国体或对外关系的变局，决不愿自相残杀，伤国家的元气。所以他只主张互谅互让地保持和平，不主张诉之干戈，流一滴人民的血，破一个人民的家。所以每逢要动手的时候，总是垂涕而道，为民请命，苦口婆心，一而再，再而三，不管人家听不听，只是尽他的心，说他的话。

民国十年内战继续发动，纷扰愈甚，范围愈广，民怨沸腾，痛苦更深。而外交方面，美国发起太平洋会议就要召集，我国也被邀与会，很想借此机会能够达到取消不平等条约挽回权利的目的。我父很怕内战影响到国际地位和发言的价值，于是就再三分电各方，大声疾呼地苦劝。其中一电云：

> 同胞相杀，战祸绵延，商业凋零，生灵涂炭。凡有血气，谁不渴望和平。加以边境出兵，武力虚縻于内地，既失主观之重，徒为与国所轻。侧闻朝野上下，无南无北，皆知乱不可怙，祸不可极，……而实受其伤者在民，实受其败者在国。

最后我父想到息争言和，共同对外，一定要有一班人，在国内得各方信仰而没有色彩的，出来居间调解仲裁，才有办法。于是致电王宠惠先生征求他的同意，想大家出来，结一个劝和的团体。

这一回华盛顿会议，政府本聘请我父担任高等顾问往美参加，我父因事没有能去。但对于各团体想推举国民代表前往一事，竭力主张，并且予以财力上的资助。

到民国十一年，奉直又打起仗来了，事前事后，我父都电劝他们。

我父对于站在中央政府的人，每经一次变动，一进一退，也总是电复，劝告他们力趋和平，尊重法治。

到民国十三年，内战还是不息，而且越打越近，打到江浙来了。民国以来，南北战祸虽然不断，江浙一带，虽也受了不少间接的影响，工商方面，也很受损失，但是没有直接经过兵祸的残毁，所以元气未伤，还算安全。我父一听到江浙就要加入政变旋涡，刻刻有决裂开火的可能，形势迫切。于是几次三番，向各方力劝，沉痛万分，严正万分。

先发第一电：

> 据上海南京杭州总商会通告略云……比来谣诼纷传，报章腾载，两省舆情，亦多疑虑。……惟有恳请江浙两省耆旧硕彦……筹商办法，吁请两省长官，切实维持，保障东南，……等语……窃维江浙两省，唇齿辅车，人民无疑无二，犹一家也。近来举国扰扰，半遭糜烂，江浙商业已蒙间接之害，而土地人民及中外商业中心所系之上海，尚幸安辑。……然每经一度政变，必有一度恐慌。……年来已经起落之兵端，人民常有持平观测之心理，要其结果，皆如所向，大略可观矣。与治同道罔不兴，与乱同道罔不亡。(《致政府江浙二督电》)

又发第二电：

> 欧战告终，内争不已，川陕湘鄂之民，堕于兵革蹂躏之中极矣。死丧枕藉，室家倾荡，呼号惨痛之声，宁不泣神鬼而惊遐迩。我江浙两省……自辛壬癸甲以来，内鏖蛮距相依之义，外迫兔狐伤类之悲，休戚安危，相维相顾。……自顷两省百县大灾之后，人民奔走，救死不暇，而讹言忽起，倏传某方煽两省自斗，倏传浙且袭江，倏传江且被他击。……我江浙之人民既不愿以一官一职供人之政争，更不以一兵一饷助人之暴行。(《致江浙及各省当道电》)

到我父逝世的那一年，他还希望和平统一。

听说吴佩孚将军又出来了，他本了爱人以德，与人为善的真诚，给吴将军一份电报。他觉得当权的人有觉悟，是新兴国家第一件希望的事。他数十年来在前清，在民国，凡是新旧先后当权的人，总是尽心竭力地忠告一番，不问有效无效，见一个说一回，换一个又说一回，总尽他的心为民请命，可是结果总是"言者谆谆，听者藐藐"，他平常论事观人，也极公平恕道。

譬如这电里边，劝吴和张作霖将军合作，就讲到张在东三省维护国权，尚有魄力，不要为私愤而置大局于不顾。哪里料到我父发了这封电三年以后，张果然为爱护国家而身殉了：

> 昨复宥电谅达。……一年以来，世变愈烈，政象愈棼。……顾海内喁喁人民所渴望于公者安在？……下走不敏，敢罄所怀：第一，公不可为拥戴曹氏而出……第二，公不可为拥护旧国会及一般政客议员而出……第三，公不可为部下将领占地盘而出……第四，公不可为报复私仇与泄忿而出……
>
> 每年直隶、山东、河南过剩之民，襁负出关以谋生活者，无虑十百万；内政亦何可尽謷，假如雨亭今日翻然觉悟，敛兵出关，自适己事，……必有妥协之可能，更无穷兵之必要。即以关内诸帅论，今虽拥戴我公，表示合作，但品性不同，利害各异，……事定之后，岂能一一尽如公愿。……愿公宏此远谟，容纳异己，以国家为前提，以政策为主脑，而不以小夫恩怨，日萦怀抱。……至于建国经纬万端，军事倥偬，或未之及。简要言之，则纲纪不可不整饬，吏治不可不修明，工商不可不保护，外交不可不审慎。（《致吴子玉电》）

第三节　外交主张及与外人交际

我父爱国爱民的真诚，绝不以在野而放弃国民应负的责任。民国以来，巴黎和会之拒绝和约，华盛顿会议之外交公开，不赞成对日双方的直接交涉，尤其反对各项铁路林矿主权无形订约的断送。

每逢一个紧急的情势，他总是发表他的严正主张。自从前清起，对付外交，只主张让人拿去，不主张点头奉送。因为人家随时拿去，我们有了力量，到了机会，也随时可以拿回，假使我们订了约，情愿奉送，那就永久没有翻身收回的一天。这种主张，持之数十年，始终没有变动。在巴黎、华盛顿两次会议时候，外交紧迫当儿，我父发出几个重要的电报。我父在我国参加欧战以后，看了报，又听人说，政府有对日协定的密约，很与国权有碍，他急了，就发了两个质问阻止的函电：

顷沪报载中日秘约全文，不胜惊骇。按全文二十四条……凡此诸条，明目张胆，兼巧篡豪夺而有之，苟为中国人而良心未丧尽者，见之孰不眦裂……若公然视国如私物，奉以予人，供人宰割，国之人，强者不必言，即至弱者，亦口有诛而笔有削。（《致徐总统段总理电》）

我父这两个函电发出以后，得到政府回电，说外间误传，并没有这事。

等到欧战停止，在巴黎开和会时候，国人又愤恨外交失败，激昂万状。我父又致电政府严重表示。

等到开太平洋会议，又传闻对日直接交涉，不向大会提出，国内民气又十分激昂起来。我父一面劝告各方停息内战，统一对外，一面致电政府和各专使，赶速公开提出。

我父对于先进国工商业的沿革和发展，都能十分地虚心采访，精究人家的经验长处，来供自己参考。所以美国的大赛陆白脱，日本的涩泽荣一和大仓喜八郎都是他的好友，并且还想和他们携手组合中美日三国的工商业航业，想离开政府的范围，用国民经济方面的独立力量，做世界民族间实际亲善互助的基础。可是我父在政治上或社会方面，对于外人轻视中国或不讲情理的地方，他是尽力抗争，理直气壮，丝毫不让的。这类事实，让我写几件出来：

我父在北京的时候，有一回和英驻使朱尔典爵士（Sir Jordan）谈到中国造铁路的计划。因为他在中国年代太久，总是老气横秋的腔调。他听了我父的话，就带着讥讽的口气，说道："中国也要造铁路吗？为什么不造一条铁路接到天上月宫里面去玩玩？"我父一听，立刻拂袖而去，就去见总统，详述谈话被侮情形，我父说："一国驻使岂能向驻在国的国务员如此放肆无礼，非叫他政府撤换不可。"于是总统就派人去质问他，他也觉得一时冒昧，乃亲来向总统和我父道歉。后来他告老回国，我到英国时，我父还叫我去问候他，他接待我也十分殷勤，并且还谈到这件事，他说："你父亲是中国最严正的人。"

还有一回，我父碰到一个日本大银行家。讲到各项农商借款的条件，断断较量，毫不退让。日本人就说道："像你的学问声望，这样的爱护国家，在中国恐怕没有几个。"我父立刻回说："这你可看错了，像我这种人，在中国不知道有几千几万，实在多得很，只是你没有遇见罢了。"

我父在江北水利公司时代，关于导淮事，美工程师詹美生（Mr. Jamerson）视察以后的报告书，有掠美及越俎的行动，我父乃严正表示：

> 今日发现一种印刷品，名曰美国工程师詹美生报告书，事与本局相涉，而语多失实。
>
> ……报告书内称所有测绘人员，皆归敝工程师督理一节，本局设立在詹美生未到半年之前，……以客礼待詹美生君，并无督理之说。……又称即赴上海绘成图式，并将各处情形列在报告一节，本局测绘学生，所测各路，原有日记，詹美生君报告于日记多所刺取，图亦皆自各处征集。……又称若能得有款项，两月期内即可将最后测绘之工，接续开办，明年正月，开办大工。……绘图是一事，勘估又是一事，纵使本局测绘，果然毕事，似此千里长河，关系江皖豫东四省民生之利害，亦须详细勘估，方能预计筹款之数、施工之法、程效之期，岂能于三四月后，遽办大工。……该报告……殊与本局职责及事实，多所抵牾，恐混观听，特此声明。(《江北水利公司测量局对于詹美生报告之声明》)

我父在京，关于导淮工程，本和美国人商订借款。在未签约以前，比国也有可以借款导淮的接洽。在我父方面，当然看哪一国条件对于我国有利，就向哪一国借，丝毫没有成见，所以见到美代使威廉姆（Mr. William）不顾分际向我国提出质问，很不以为然，就严正地反驳声明：

> 本督办对于导淮借款一事，本无固执之见，以为与比国或美国商借，均无不可……苟无强人所难之处，未尝不欲与美国资本家订立一公平之契约，以成此伟大之事业……尤望威署使以公平

之心、友善之谊，使本督办有自由审择之余地。（《答外部述导淮借款大概》）

我父导淮草约，是和美国芮恩施博士在公使任内订定的。我父在北京的时候，常常和芮使见面，谈得异常投机。芮使本来是学者，所以二人谈到东西文化、文学，也很有兴致。后来他去世了，我父写信去慰唁。

第四节　爱国言动

明末时候，日本人到中国沿海来抢劫焚杀，称为"倭寇"。通州有一个曹顶，带领了许多人，奋勇当先地对敌，居然拿来寇杀成一大堆，堆成一个倭子坟。

后来我父看了日本人的无理横蛮，要想激起中国人的爱国心理，就在倭子坟上立了一个京观亭，又塑了一个曹顶的像，提着刀，骑着马，好不威风凛凛，还将曹顶的祠堂修好，办了一个小学校。后来有游历的日本人来通，看了这许多地方，就和我父商量改去。我父就正色回答说："贵国拿甲午年战胜中国得到的战利品，陈列在东京的靖国神社，是激励贵国人的爱国心，是不错的。我们修这个坟和塑立这个像，是激励我中国人的爱国心，也是不错的。"

又有一回，有一只日本兵船到通州港口停泊，并没有预先由他们外交官通知当地官厅，而任意上岸游猎放枪，吓坏了乡人，糟蹋了田禾。我父就写了一封义正词严的信，给日本的外务省，不问有效无效，只是讲公理。

我父对于外交主张，前已说过，抱定听拿不奉送的政策。对于日本人甲午以后的专横侵略，愤恨到万分。回头看了中国人的不争气，尤其是心痛。他虽是在野，碰到了受外人欺侮的时候，他不管什么，一样的要严重向政府抗争，丝毫没有甘让退缩的消极心理。但是对于日人国力的强盛，人民的耐劳苦，工商业的建设，科学的发明，都钦羡到万分，认为中国人应该研究他，师法他，不应该轻视他，侮蔑他，并且说到中日两国同在一洲，同一文化，也应该大家抱了唇亡齿寒的见解，来对付西人黄祸的谬论。每和日本重要的实业家见面或通信，都说到两国应该亲善携手，然而要拿公正诚意做基础，光明谅解做结合。

我父还有几句很痛切的话，是对来通参观的日人说的：

> 抑更有说：日本政府对国民之政策诚为尽善，惜其对华之侵略政策，则未免太拙耳，鄙人尝谓中日亲善则两利，否则两不利。日本绝不能鲸吞中国，强为之，转足以自毙；曷若同舟共济，合力以捍御欧美也。果亲善也，则两国前途必灿烂光明；如果否也，前途殆不可思议。承诸君属鄙人抒述意见，敬为诸君恳切言之，鄙人尝屡晤贵国同志，盖靡不以是说进也。（《欢迎日本青年来通参观演辞》）

民国三年发生欧战，打了四年方才罢手；那几年外人趁火打劫，政府外交着着失败，民气异常激昂。我父认为民气比从前伟大普遍，是一件好事；但是空口说白话的爱国，没有多大的用处，外国人非但不害怕，并且在那里齿冷，所谓五分钟热度的讥笑，就因为没有实在的事业。我父认为一国没有民气，固然不好，而不上正路的叫嚣民气，也不是国家的幸福。

要救国家，御外侮，非培养深沉固厚的民气和创办实事求是的农工事业不可，而这种生机和责任，只要青年明白，担负起来。每逢遇到机会，对于全国，或南通的学生，总是很痛切彻底地告诉他们：爱国要专静地求学识，救国要有真实的事业，要雪国耻，更应该有卧薪尝胆长时期的准备。

到了"五九"国耻，我父向学生演说：

> 今日为国耻纪念日，诸生集会于此，鄙人不能无言。耻，人所不可不知，人而无耻，尚不可以为人，矧在一国。第中国何为而有国耻？应亦反省，譬如疾病虽发于风寒暑湿，而实由于正气衰残。民国四年今日之辱国条件，吾人无暇责日人之强梁，要亦当时吾国时局不振，自执政以迄四民，均扰攘如乱丝，日人乃得以乘间抵隙

肆其无理之要求也。国民果能团结精神，培养实力，如个人之调和血气，则国耻从何而生？……气欲沉而蕴于中，不欲其浮而张于外。甚愿南通学生注意于此点，庶与各处不同焉。（《五九日之国耻纪念大会勖词》）

师范运动会，我父也到会演说：

夫所谓世界潮流者何也？不观夫德皇威廉乎？转战五十月，卒弃其宫室舆服而潜逃，致乞庇于临邦，不啻牺牲其人民土地以为全世界之试验品，于以知武力强权，机谋诈术不可容于世矣。

民国八年，我父有长篇告全国学生书，正当巴黎和会外交紧急，民气激昂时：

盖自逊清之季，民国之初，凡所为根本舆论，效忠于政府者，屡言之而屡不纳，不如不闻不言，自适村落事之为得也。顷者，北京学生以前今政府与日人密订青岛及高徐顺济铁路及二十一条之约，凶国害家，归罪于预定此约之人，愤而罢课，要求政府惩处，不得请而被逮，……至商罢市，工罢工，金融停滞，水陆不通，举国骚然，若丧家之狗，计学生损失贵重之光阴，工商损失生计之本息，甚剧，亦将潜移默化而成善良有赖之民，其为福于国益大。（《敬告全国学生》）

民国十二年，北京教潮激荡，我父致政府一电：

教潮不息，成六月三日之变。国苟有法，宁至于是。学款实行，报载六月七日阁议三条，并确定国立各校经费，是政府非不知以教育为重，教育即非无回转之机。政府果忠于处事，则教育为立国大本，辅其所必要，匡其所不宜，策其所未至，开诚布公，共期正轨，岂便无法？教职员果恕以处人，则教育须求适国性，容人之所异，度人之所能，审人之所可，平矜释躁，共达坦途，亦岂无法？……愿各加反省，勇弃前嫌，务对内心力，一致对外；国危甚矣，曷及尚有国之名而图之？（《致政府谕学潮电》）

我父生平交朋友，最重严格的选择。在政治上尤其认清志趣相同的为友，不相同的不为友，也有的本为友好，忽然变起节来，意志相反，不能一致，就立刻割席绝交，毫不顾惜，薰莸不同器，自古都然。

我父对于个人私交，虽然抱持了很牢固的嫉恶如仇的念头，但是到了政治方面，遇着国家紧急有出入的当儿，弄到这一个人与时局有重大关系的时候，那他就牺牲了个人的成见，从国家大事上着想。

譬如我父对李鸿章，在政治上完全处于对抗敌视的地位，情感闹得很坏，可是到了庚子拳乱以后，认为国家危急，帝后远去，中枢不可无人主持，于是竭力条陈向两江刘公、两湖张公等，公推李公统兵入京。这时候只有李有这个力量去平定战乱，应付外交，所以我父毫不迟疑地主张了。还有对待袁世凯，也是同一的情形，自吴武壮公身故以后，他在朝鲜渐渐跋扈起来，我父写了一封长信呵责他以后，就此绝交。等到戊戌事变发生，我父更痛恨他欺君卖友，太无人格，越发不通往来。到了光绪三十年（1904 年）举国谋立宪的时候，他居北洋地位，成事不足，败事有余，所谓举足轻重。汤寿潜竭力劝我父给他一信疏通，我父再四考虑，觉得个人私交，断无回复之理，可是于中国那时候需要立宪，和袁居于可以促成的地位，又不能不写一信给他，劝说劝说。到了后来，辛亥的结合和筹安会发现以后的分离，差不多是人人晓得的事实。这些事，都可以看出我父对于时人朋友的一近一远，一离一合，只要于国家有利益，什么私交都可以迁就改变。

我父一生爱国观念最为浓厚，不论什么时候，都着重教人爱国，平日向学生演说，屡屡说及，家庭方面，教导子孙，也注意这一点。

譬如我九岁时，稍稍能自己看书，他就买商务印书馆出版的《爱国二童子传》给我看。到了我的儿子融武满月那一天，俗例在那天，要摆了许多各式各样的东西，有文具，有用具，在小儿的面前，让他去拿，拿到什么，就祝他将来专长什么。那回，融武别的东西都不拿，只拿起一面国旗，我父很喜欢，祝他将来爱国。有一小诗：

　　睨戈不曾提，从容舞国旗；他年能爱国，是我好孙儿。

我父一生思想事业，富于创立的个性，但是取法欧美的地方很多，和外人交游往还，也很高兴，唯独不愿意居住在租界或是在租界范围以内购置产业。我父认为托庇外人势力，是一件极可耻辱的事。

对于中国人，不是在朝做官，就是上租界居住的流行惯性，最所痛恨。他的意思，认为一个人在社会，总要有一件基本的技艺或职业，做官完全是唱戏的玩票，不能拿他当行业，更不能靠他发财，做生意经。所以我父不做了官回转来，仍旧经营他的事业，这才叫真正的归田，真正的爱国。

我父对民国以来的人物，很钦敬孙文、蔡锷二公，认为孙公是创造革命的人，蔡公是复兴民国的人，功绩都很大，都是为国奋斗，积劳而死，死了都没有钱，尤可见得二公人格的伟大。

孙先生辛亥回国以后，我父就和他见面，参与创国及组织政府的大计，因有同舟之雅，情感很为融合。后来虽然趋向不同，各走各路，而彼此依然是很关切；为国为民的怀抱，也是一样的热烈。孙先生在民国十一年在粤经部下叛变，回到上海，我去谒见慰藉他；他致问我父，情意殷殷，随手题了一张最近相片，送给我父，并且还拿了一本英文《实业建设计划》，题了款送给我读。等到十四年，孙先生在北京身故后，我父接到电信，极为哀悼，在公共体育场，开了一个盛大的追悼会，着礼服亲去主祭，演说：

今天是为孙中山先生开追悼会。孙中山是手创中华民国之人，是国民党之领袖。手创民国，则凡是中华民国之国民，该不该敬佩他，谁不该纪念他？中国以四五千年之君主国体，一旦改为民主，在世界新趋势则顺，在世界旧观念则逆，况以一二人为之，则因逆而更难，而孙中山不畏难，不怕苦，不耻，屡仆屡起，集合同志谋举革命，千回百折，备尝艰苦，至辛亥年，事会凑合，卒告成功。

从历史上看来，中国革命之第一任，要推商汤。……中山之革命，则为国体之改革，与一朝一姓之更变，迥然不同。所以孙中山不但为手创民国之元勋，且为中国及亚东历史上之一大人物！今在京师病殇，……南通特先开会，鄙人已有挽联，挽联所云：上四句是在南京临时政府时事，当时有宋教仁在场，宋甚赞同。……下四句则希望将来有人拨乱反正，安定国家，亦不可忘手创民国之人，及革命以来十四年恩怨相寻，波澜起灭，久久不安之源流曲折也。……鄙人愿我国人以公平之心理、远大之眼光，对孙中山，勿爱其长而护其短，勿恨其过而并没其功，为天下惜才，为万世存正论，此则于追悼之际，有无穷之感想者也。(《追悼孙先生演说》)

蔡公（蔡锷）是以兵力来推翻洪宪的领袖。他养病福冈医院时候，我父常常打电报去问。我父在京的时候，他做过全国经界局的督办，他因为是外行，又晓得我父在南通是第一个办县区测量清丈的。他的公署，恰在我父住所隔壁，所以常常来和我父谈话，我父很帮他详细计划办法，他很虚心听纳。可是那时袁氏完全是笼络人，哪有实办的意思，不久我父回南，蔡公也回滇了。等到蔡公病故，枢返上海时，我父特地打电上海，等枢轮过南通境时停泊一刻，带了全县学生去祭奠，还拿他的伟大人格向学生演说一番。

我父挽他的对子，我抄了下来：

> 国民赖公有人格，
> 英贤无命亦天心！

第五节　维持国内实业

我父一向对于国内他处的实业，也都是尽力地爱护维持。汉冶萍公司在国内为唯一的大工业，先前因为办理人的计划没有精核的预算，技术上失败的地方也很多，加之借债的数目一天多一天，债主侵夺的野心和方法，也一天比一天来得凶猛。

我父在农商部的时候，已经竭力计划维持那行将破产的局势，保障他的主权，进而谋经济上的独立经营，技术上的积极改良，原料成本上的尽量减轻，使虎视眈眈的债主无计可售，而国内的铜铁业可以发展，坚稳他的壁垒，鲜明他的气象。在公司危迫万分的当儿，股东曾经公推我父担任总经理，假我父的声望，维持公司的复活。

我父就职时，有一篇演说：

謇尝研究海关贸易册，知棉铁两业可以操经济界之全权。昔年从事棉业，……于铁业，亦会留心汉冶萍事业，……与李君一琴友善，深谈历年艰苦。……今春股东大会决议更新组织，……委任叶君揆初为尘埃涓流之助。……铁业为吾华一线生机，今日为世界各国所注目者，仅此一厂。……应以积极之精神行之，国家规永久之业，而用人惟贤，办事务实，则虽国有而无弊害；或股东指目前之利，群策群力，则虽商办亦可收桑榆之效。德国克虏伯草创艰难，忧急而死，其子发愤继起，始底于成；美国钢铁大王堪纳基（安德鲁·卡耐基）九年困顿，屡濒破产，卒致敌国之富。謇于棉铁固向持积极主义者，愧于公司，未有万一之助。（《汉冶萍就职演说词》）

　　民国五年，中国银行也遇到政局上好几次严重的破坏，根本几乎动摇。先因为政府停止兑现风潮，后来政府又要换一个声名狼藉的人当总裁，在那时候，险象环生，于是股东起来组织了一个股权联合会，大家推举我父担任会长，发表了很严正的主张，政府才软下来，多大风波，方归平静。我父担任该行董事，直到逝世。

　　民国十一年，商办招商局又有政府中人想收归官办，置商股血本于不顾，名为官办，实为破坏捣乱。股东也组织了一个股权联合会，对付政府不正当的侵犯，推出我父和李公经义致电政府，严重表示：招商局为国内唯一之商办航业，在此中外航业竞争剧烈的时代，政府既没有力量赞助，就不能再破坏。政府得电后，也就无形地软化下来，没有再蛮干下去。

　　到了民国十一年，交通银行又因政变的影响，而有牵动根本的险象。股权方面很为恐慌，乃推我父出任总理，政府见了我父出来主持，也就不再深追干涉。邝富灼先生在《现代胜利者》我父的传内，有关于这一段的记载：

　　　先生的毅力经历和其他的美德，得到了全国人士的充分信仰，在接受交通银行总裁的时候，可算作一个很充分的测验和实证。当张作霖失败，梁士诒内阁变化，和交行实际上与交通系之关系，那时候交行就立刻随着政变渐入紊乱不稳的状态。本来有人主张将交行取消，归并于中国银行，到这时候，大家都认为时事所趋逼，这种主张，恐怕要实现了。哪晓得先生任职以后，立刻风平浪静，万分的困难都迎刃而解了。

我国硕果仅有的大实业，到了动摇危险的局境，要借重我父的声望信用，来维系主持的时候，我父没有不出力的。

他感觉到中国实业，本来十分幼稚，政府社会，共同来发展增加，还恐怕力量不够，哪里能够再加以摧残破坏，只有办实业的人，才了解办实业人的痛苦。这几个重要实业，碰到千钧一发的危机，幸亏找到我父，方才稳渡。还有国内成效最快、名誉很著的工商业，像从前商务印书馆和上海商业储蓄银行，都有一个时候，得到我父极有关系的赞助。

我父希望人家办实业，凡有特产的地方，发展工商业，自始至终，非凡的殷切。譬如当时山西的阎将军锡山、云南的唐将军继尧、新疆的杨将军增新、甘肃的陆将军建章，因为要创办农矿各种实业，晓得我父有经验，曾经派过人，打过电报，写过信来请教商量，我父没有一回不是代为设计，详为答复。他总想中国多几件实业，多几个开发富源的地方。

我父生平做人，固然是谨小慎微，办事也是脚踏实地，可是对于国家的政策的计划，却非常伟大。尤其认为政府对于人民，应尽维护体恤的责任，不应该拿了人民与人民间的交际关系，来做推行政治的手段，更不应该拿人民在商业方面孜孜为利的原素，来对付人民。所以辛亥五月铁路国有事起，我父有他的主张，我摘抄一段：

> 泽公约盛宣怀与余议收四川铁道为国有方法，盛以调查川人用于铁道工款，中为川绅所亏者三百余万，政府不应受此亏数，应以实用者给还川人。余曰："输出者川之人民，亏挪者川之绅士，当然一面查追绅士，一面允给川人。"盛主在给数中扣出。泽公复问余，余曰："如所言未尝非理，但甲商与乙商言当如是，政府与人民有涵覆之义，且收民路归国有，政策也；政策以达为主，不当与人民屑屑计利。且闻川人争路款，顶戴先帝谕旨，势汹汹而意未

悖，尤须审慎。"泽公无言。(《自定年谱》辛亥五月)

我父对兴办国内实业和各项建设实业，主张要借外债，可是要用在生利事业上，绝对不许借来上私囊，或者打仗。

我父一生没有做官的观念，可是和实业有关的官，他或者可做。政府碰到和实业有关的官，也总是找他出来，确是同耕同织的意思。所以，民国南京政府和北京政府，都找他担任这一席。看了国会通过的同意票绝对的多，就晓得社会一致的属望推重了。连清朝末次的内阁，也还拿这一席去拉他。

我父对实业的官职可以不辞，他绝不是做官，实在是做事。从他对农商政策的态度上，也确认国家人民的基本实业在农工商，关系何等的重要，而且他多年身历其境，感觉到民间创办实业的不易，和需要官府扶持的殷切。所以他想"在其位谋其政"来解决民间的艰困，开发国家的富源。但是他的志愿，百未达一。他曾经说过："一个人没有做过百姓，哪里会做官？没有做过小官，哪里会做大官？"这是我父批评以前一个年轻总督的话，就是说一个人，无论做事做官，总要有经验，要内行，否则一窍不通，什么也不懂，还说什么为国为民。

我父办事，一方面改革，一方面建设。他的建设事业，先有主义，再有计划，计划定后，再着手去办，他没有一件不是建设，不是于人民有益的事。国家总有一天要建设，总有一天要用到他的建设事业的方案，总有一天要想到有建设精神的人像我父。我父晚年，外人问他："为何不到政治上去再做一番？"我父回说："我要去做东家，难有伙计；要做伙计，难有东家。"

像他对于国家建设的抱负政策，早生几十百年，在贤明君主的朝廷，可以做一个治世的能臣。如果迟生几十百年，在民主政治确建以后，他也可做一个成功的福国利民的政治家、实业家。

第六节　保存文化古物

我父对于中国古迹名胜，主张保存修理，于历史、建筑、美术、文学，都有国粹重大的价值。对于国内金石书画，也竭力主张有图书博物等馆的组织设立，使得聚在一起永久地保管。

在前清时候，曾经先后上书总督张之洞和学部，主张设立国家图书、博物等馆，大规模地办，可是都没有实现。于是就在南通办了一个博物苑，就是实行他的主张，从他自己力量可以办得到的小范围做起，做一个榜样。他题中馆和北馆的匾额，我抄在这里：

> 中国金石至博，私人能力式微，搜集准物，务其大者，不能及全国也，以江苏为断，不能得原物也，以拓本为断。（《中馆匾额语》）

> 将究四类，其广海会；全概所藏，州厅县界；力所弗堪，举例犹派；事固无小，道奚病隘。（《北馆内匾额语》）

民国以后，我父到了北京，认为国家有大规模组织图书、博物馆的必要，于是详细规划过一个具体计划，我摘抄在这里：

> 必设之时期：中国既为世界最古之国，其声明文物，彝鼎图书，三千年来，朝野迁流，南北嬗易，历十余姓，而大革于前清，宫禁收藏，尤极瑰玮珍奇之海会，往时鼎革兵燹之余，纵播越于民间，只澜翻于中国，今则绀发碧瞳之客，靖洲虾岛之儒，环我国门，搜求古物，我之落魄士夫，醉心金帛，不惜为之耳目，稗贩驰驱，设不及时保存，护兹国粹，恐北而热河，东而辽沈，昔日分藏之物，皆将不翼而飞。……拟设之场所，为事固宜择地，为地亦宜兴事，自金元都燕，迄于明清，所谓三海三殿三所者，或沿旧制，或扩新规，宫苑森严，私于皇室，今国体变更，势须开放，……非改为博物苑图书馆不可。……宜聘欧美专家顾问，至国内人才，习于博物，而又曾留意于各国之院制者……举所凤知，征其素守，殆免失人。（《国家博物院图书馆规划条议》）

那时袁世凯正在要做皇帝，自然没有心思做这种事。

《永乐大典》的一部书，非但是中国文献的一部伟大著作，也是全世界的一件至宝。庚申治乱，散失很多，英人抢去不少，适值顾先生延卿在英使馆的时候，我父给他一信，想尽力地搜集，物归故主，成为全璧，虽然不容易办到，然而也见到我父爱重国家的文化，无微不至。信如下：

> 《永乐大典》自庚申之变，没入英吉利者近千本，在其博物苑中，以为武功之纪，此中国之大耻，而故籍之所关。往时刘某出使，有为言之，或易以他书，或就抄其副。刘固俗人，不足办此，今延卿所主，傥其人乎？（《与顾延卿讯》）

我父对于中国雕刻塑像的工艺，也十分地爱惜提倡。十余年来，他曾经到各处访问，聘请了几位很有名的人，到南通贫民工场来传授工徒，分雕刻和塑像两类，很想造就许多人才，精进无已，希望这一类专门美术的手工不至于衰落失传。

第五章　浚治运河、长江及开辟吴淞商埠

第一节　治运计划

到了民国以后，江北的水灾，一年一年地泛滥起来，没有办法。而切近的运河，尤有疏浚的必要，政府和苏人，都晓得我父向来研究水利的学识和治水的经验，于是再三请我父担任治运督办。

我父起初不允，后来因为政府的催促，乡人的诚意，事情是水利，地点在江苏，所以最后就答应了。又详细加以规划，再实地巡视，先后发表了许多整治方案，我只能摘两篇出来。

这是一篇就职宣言：

> 今日为苏运工程局开幕之第一日，亦即江淮工程造端之第一步。……既任其事，则履行此事之诚意，与权衡此事之素见，及后来之希望，不能不先有所表襮，以公诸世。……今幸江淮诸君子筹与水利，从运河入手，自谋之先导也。……(《运河工程就职宣言》)

这是一篇《治淮商榷书》：

> ……謇自年二十余读潘、靳、丁、冯四氏言淮河之书，即以为我江北人民之隐患大害，无过于是。……比及民国，沉沉梦想，以为国体重民意，其可行而终不可行犹昔也。然自设局历测淮、沂、泗、沭流域以来，知人民之隐患大害乃将益剧，知其将剧则益廑为忧。……不幸謇与韩公又适当运河之义务，奂成之后，周历勘察，又证以频年测量之所得，决计先治救急之标，继图根本之治，次

第成筹治王家、门龙、新洋三港之商榷书，又成淮沂沭治标商榷书。所以为是商榷者，愿我淮南北二十余县人民发自救之心，奋自助之力，成自治之事，举向来一切希望他救他助之念，一刀两断。

（《发表淮南北治水商榷书启》）

到了民国十年（1921 年）八月，接连几天的大风雨，江淮同时大涨，运河的堤坝都岌岌可危，差不多天天有告急的电报，我父就约了韩会办亲自去巡勘，依次地到扬州、宝应、高邮、兴化、泰州各地。

到了昭关坝的时候，上游的人民要求开，下游的人民要求不开，都是聚集了好几千人，声势汹汹，没一个不是拼命。上游要求开的人，围住了我父好几个钟点，争闹得不成样子，我父很严重地表示说："应开不应开，定要巡视了全河流域以后才能决定，我们要拿全河流域人民整个的生命财产做标准，权其利害轻重，定最后的开与不开，绝对不能专顾一部分流域人民的要求，你们的胡闹和威胁丝毫不能变动我这种坚决的主张。"

哪晓得到下河一看，那二三县已经水深五六尺，人民差不多全浸在水里边，汪洋一片，只看见水光上漂着人家的屋顶和烟囱，假使要拿昭关坝一开，再加上这六七尺水，岂不是连屋顶什么东西都要埋在水里去吗？天下绝没有这种惨无人道的办法。幸亏上游几千人的无理迫胁，没有屈服我父坚强的主张，不然祸就闹得大了。

回到南通以后，就立刻组织测量队出发，后来水势也渐渐退了，十一月又去巡勘，就决定先浚治王家港，解决一部分的问题，开通了下游一个最重要的出路。

后来又计划开辟江北沿海的串场河，有一篇呈政府文：

今日大患在兵与匪无别，匪与兵相因，举国皆然，江淮为甚。……究其原，亦非江淮之民性乐为匪，匪原于穷，穷原于无实业，无实业原于无交通，无水利。然则徒言治匪无效也，徒言裁兵亦无效也，非谋水利谋交通，必无以清乱源、植治基。……如因此时财政非常困难，……亦须政府认为应办，而后地方可分别筹划。

（《呈政府为辟江北沿海五县串场大河文》）

第二节　治江计划

到了民国十一年，长江上游的水势又大发，下游很受了灾害，各县的人士，都想找一个疏浚的计划，免得年年受重大的损失。

我父对于治江，向来也有研究，加之南通保坍会工程的防筑和下游江流有密切的关系，所以省当局征询我父治江意见时，我父就发表了他的计划，写了一封长篇复信：

> 大浸为灾之日，忽得公计及治江之书，事虽外若迫之，明必中所本有。……请言江与淮，江不胜淮沂泗大涨会入，往于纠正美工程团书言之，计淮流自三江营口入江，江之南岸凡……八县，江之北岸凡……六县，此十四县者，沿江有卑薄之堤，有高厚之堤，有并无堤，有外水高不能泄而等于无堤，方謇为是言时，亦无和者。今则人皆觉悟，淮不可全入江，但数年以来，淮駸駸全入江，而又不为之备，大灾猝成，悔已无及，然则欲淮不全入江，试问不分于上，尚有何策？……
>
> 一、为治全江计：
>
> （甲）……设一长江委员讨论会，即以江宁为会所，江宁下游也。治江当从下游始。……
>
> （乙）请属河海工程加班四五十人。……
>
> 二、为江苏计：
>
> 上游自江宁至武进为一段，其必应治者，江宁龙江关以下，江流逼而南，不即设治，下关市场必有忽然塌陷之一日，丹徒城外日涨，江流逼而北，不即设治，南失输步之利，北坏诸洲之田。……下游要处江阴南通为一段，海门崇明为一段，今年暴风淫雨，同时运作，江淮沂泗大涨，海潮大上，此二段最处下游，故受害尤烈，若平日则江行之输至南通苦沙之阻，值夜必停，外人久以为不便，不即设治，江南北塌地滞航，害无已日……前荷工程师方维因测计，……保坍须用五百万元；鲍惠尔统括长江流量，须用八百零五万元。……

三、筹款：

（甲）请中央政府任此费，治此工，售此地，偿此用。

（乙）中央或不可，请省政府任此费，治此工，售此地，偿此用。

（丙）省政府或不可。或任若干分之一，而分其余于……九县匀摊，任此费，治此工，售此地，偿此用，若各县不能，平均负担亦可，听各县自认。

（丁）照戴乐尔通商各埠水利问题书中加增进口税之说，分年分等，按经费摊认几分之几作为辅助。

四、计工：

（甲）按方维因、鲍惠尔测量预计之图，当从江阴南通一带筑楗始，次即接筑靖江、如皋及南通黄港以东之楗。……

（丙）南通小漾港以东至海门浒通圩角港以西为一段，崇明西沙头为一段，工程则崇明较重，……非得五大楗不能使江南北分泻，故工重。工成之后，崇明之东必大涨，亦足偿费。（此为方鲍计划所不及，当另测计）

五、用人：事关各县，……若无正当公共机关。何以集事？欲集事则必须用人，款由官绅合筹，事由官绅合议，用人自应由官绅公共推举，按县按资支配，工程师即拟于英人鲍惠尔、荷兰人贝龙猛二人中请一为正，而更延美人佐之，以便南北分顾。

以上三说，如以为然，即须由省先行召集九县省会议员、农商会会长会议，成立机关，并须聘请浚浦局、沪镇税关、巡江司之外人为顾问，……九县会议机关成立后，应即筹设、浦、扬、江、泰、徒、阳、武八县会议，长江五省会议，以下游先治，促上游之觉悟，策上游之预备，养成测量工程学生，尤预备中第一要事，且不可缓。（《复王省长浚治长江计划书》）

到民国十五年夏，政府特派我做扬子江水道委员会会长。我父认为全部浚治和下游保坍很有密切关系，就写了一篇东西给我，告诉我江流的历史，指导我应抱的方针，都是有经验很贯彻的话。

他写成以后，不到两天，就得病逝世，这算是我父的绝笔了。

> 扬子江讨论委员事，非小事也，况为之长，人将视焉，不可以慢易。

> 求地形今昔之沿革，江流今昔之变迁，当稽古书古图，推由古至今之所以变计，由今往后之所以设防，宜有海关历年测载之图记，作一变迁比较表，日玩索之，工程宜求世界最新最精之程式，宜咨询蜀湘鄂豫赣皖苏宿儒故老，明于江流利害之历史者，宜虚心听受，治水议论，宜平心折衷。……宜谋完备发展河海工科大学，将来基本在沿江涨地，近则由会岁分二三万元助之。(《怡儿奉特命长扬子江委员会因示》)

第三节　吴淞开埠计划

上海自从外人订约开为租界以后，市政发展得很快，工商业蒸蒸日上，成了中国最大的市场。

民国以后，内地各省的人民避兵乱匪祸，搬到上海居住的，一年比一年多，几乎成了世界人口最多的一个城市。中国注重国权的人，很想做收回租界的准备。为免除外人借口，必得中国自己先创立一个市政工商业兴盛的地方，做一个榜样。就看到吴淞的地位在长江口，又在海口，吃水很深，有可以造成世界最良海港的资格，地点又逼近上海，如建设市政、兴办工商业，可得事实上的便利和观摩的效法。

政府和苏人都认为有自开商埠的必要，竭力请我父担任督办，我父辞谢不得，也认为吴淞是极有希望的地方，和外人工商业的争胜，也是一件发扬国光的大事，所以就规定范围和全部的建设方案，想尽其能力做去，凡上海有的东西，吴淞也有，外国人能做的局面，中国人也能做，做到和上海并驾齐驱没有什么两样。各种市政办好，不怕中国人不来住，也不怕外人有所借口，做收回上海租界的先声和建设中国市政的模范。

可惜当时上海吴淞弄到江浙军事势力的中间地带，地属江苏，驻军反属浙江，行政财政的统系，一有纷乱，商埠的进行自然受很大的影响，不到两年，政局又翻腾起来，财力又不足建设发展，终究成了画饼。而当时我父煞费苦心的计划，看了他就职时的宣言，就晓得一点。

> 兹乃复有督办淞埠之事，政府乡里，重见敦迫，时局有微，国民有职，江南江北，宁敢区分，是以黾勉暂时受命而不固辞。自欧战停后，商战将在中国，中国形便，必在上海，……吴淞壤地相接，足以自图，设更迟回，行嗟何及，故商埠为江苏今日重要问题。吴淞辟商埠，清季固尝设局矣，卒不果行。……本埠局当开诚竭虑，特订规章施行。要言之，则今日之局虽成立，固仍为筹备时代耳，建设之规划求其当，规划之测绘求其详，循序以进，当另具计划书告国人，广求教益。(《督办吴淞商埠就职宣言》)

第四节　苏省自治

我父对于测量舆图，认为是一件最重要的政事，有了图，什么事才有标准。他晚年还希望江苏省政府能办成全省详细的舆图，他替省政府计划，并且拿南通办事的经验告诉他们。有一信致韩省长：

> 筱电敬悉，本日并晤鲍胡二生，面陈尊旨，三角定议，预算卅万，比例万分一，……，未举筱电之先，走即有江苏测绘舆图议之作，……顷已印就。……愿断断以五千分一相商榷者，非敢自固也。……五千分与一万分一之比较，比例为倍，而效用绝殊。海门为已测万分一之县。而一县之田为若干区？……区分若干圩？每圩分若干块？不等，……界沟道路，其细均非万分一图所能显。……测绘之始始南通，南通诚可为他省县范，初办时预计亦仅三万也。(《为江苏测绘舆图致韩子实函》)

苏社的团结，本是苏人的一个重心，各方面的人都有，每年开大会一次。

　　我父一向不赞成说空话，最着重各地方自治去做实事，随处都希望人家回到本地方去尽力办自治事业，不论大小，做一件好一件，要这样才算组织苏社的意义和价值。在开幕时候有一宣言，说得很详实：

> 鄙人为发起苏社之一人，苏社之名何自诞生，谨先为诸君一述其历史，前在扬州与多数同人相晤，咸谓地方自治不可无连和策进之机关，拟组织苏社专谋自治事业，期置苏省于最完全最稳固之地位，所定范围，标本兼治，鄙人甚为赞成。江苏襟江带海，地处卫要，民国以来，常呈不稳固之险象。……治本维何？即各人抱村落主义，自治其地方之谓也。……然则直接解救人民之痛苦，舍自治岂有他哉？救之之道，功不必期其速，事不可遗其小。日本之自治，五十年后而成，美国则几及百年。今中国无一年自治之成绩，安可望其收效？……诸君须抱定纯洁宗旨，不利用人，不为人利用。如与官治相关之处，亦须明白宣布，干干净净，永不失为完全自治之团体，此即苏社为人民先导之本愿也。(《苏社开幕宣言》)

第六章　棉业统计、税法平等两问题

第一节　世界棉业问题

我父在谘议局，演说过："一个人办一县事，要有一省的眼光；办一省事，要有一国的眼光；办一国事，要有世界的眼光。"

我父在南通所办的事，哪一件不放开眼光，比人家总看远一点、早一点，尤其对于棉业的各项问题，平日很为注意，从种植的原料，到纺织的物品，从中国到各国，关于供求的趋势，都很留心研究。在欧战时候，吾国纺织业因为机会好，获利很快而且厚，大家都投资，所以那几年突飞猛进，一日千里。

哪晓得欧战一停，世界经济的情势顿时变动，我国纺织业的基础，本来脆弱，加之金融方面维持实业的识见和力量都很幼稚，立刻就一落千丈，恐慌之后，继以失败，破产的厂家到处都是。南通方面，还靠着本来成本低，就近有原料，虽跟着大家困顿，但是并没有破裂。

我父看了中外纺织业大势如此，认为根本问题还是因原料缺乏而价高，供求不能相应的重要缘故，那时候已经成了世界共同感受困难立待解决的问题。我父就想到供给纺织业原料的来源，有合世界供求统计的必要，其结果非设法多多推广植棉的垦地不可，在工商业落后的中国，尤应注意这一点。

就想到淮南一大片的荒地，难得地权是一个系统，土质又很适宜于种棉，因为资本没有充分准备，工程没有做好，所以还是一片荒滩，只要资本有不断的来路，应办的工程依次地做好，每年着实有巨量棉产收入的把握，当然可以供给国内外纱厂的需要，这是一件棉业的根本大问题、大实业，不独关系中国的实业和地主的利益。并且棉产原料的恐慌也可以根本救济。

我父曾经拿世界棉业纱锭产量全体的统计做个根据，来商榷中国怎样应世界供求的趋势，写了一篇计划书：

> 鄙人之为此书，为世界民生大计，无国界，而义有其所自始，故切于中国，而详于所自营。……生人要素为衣食住，衣食住之原在农，……棉之兴不及千年，其用乃弥普遍而弥广大……既为人生所需之至重，即为世界实业之至大。衣出于棉者，略考世界英美德法意日各国及中国，……总计为一万三千一百万锭。……以世界公例论，一国之工业与其农产，无不谋供求之相处，无不以其国产为主要。……为中国计，岁于常产棉地外，增一千三百十七万石子棉，每石即廉至值十五元，亦增一万九千七百五十五万元，地价全国平均廉至每亩值四十元，亦增十万零五千三百六十万元，稻麦之值不与焉，直隶及各省续增不与焉，西北东北增辟棉地之产价地价不与焉，其于国民生计有益否也，此欲我中国人知之而自量，而亦欲与世界各国商榷者也。（《商榷世界实业宜供求统计中国实业宜应供求之趋势书》）

第二节　关税问题

中国国家贫弱，最主要原因在工商业不发展，而工商业不发展的根由，对外在最不平等之关税协定的束缚，对内则厘捐的恶税的盘剥。

外人借口于协定的必要，尤在取消厘捐的先决问题，而厘捐的病国害民，大家都明白，一时又没有一笔巨款来抵补空当，政治又难上轨道，所以一直没有改革。我父民国二年到京后，就在国际公法学会内，发表他的加税免厘意见，他认为这件事，于农工商有重要相连的关系。

鄙人对于本会，曾忝居发起之列。……今日开会，诸君适提起裁厘加税问题。……盖课税物品，以国内利用之程度，与消耗之程度而定其等差。消耗品之中，又以奢侈之程度为等差，则我有酌剂之宜。国内商品自不致受外货之打击，而生产家、制造家、贩卖家皆得有安稳经营之余地，而不至有剧烈变动之虞。出口税轻重由我，则国际市场上庶有我国商人容足之地，而国民经济上或可渐有生动之机。(《国际公法学会讨论加税免厘之意见》)

到了民国七年（1918 年），巴黎和会以世界人道公理相号召，美总统威尔逊尤坚持非取消国际一切不平等条约，绝不能谋今后世界彻底的和平。于是中国社会方面，认为中国是协议国之一，正可利用这机会，设法取消关税协定，是一件关系最重要、最急切的事，全国商会就在上海组织了一个主张国际税法平等会，公推我父做会长，大家奋勇争先，认此事为切肤之痛，难得机会临头，大有不达目的不止的声势。我国议和专使未起行以前，我父为了这事，有一个电报给他们。

报载公以专使赴欧，与于千载难逢之会议，本所素学，为国造福，凡属国民，企仰盼望，何可言喻。传闻所拟提议事件，或偏在一隅，或中有债务关系，刻不可缓，而又永远利赖者，惟改税法及撤销领事裁判权二事，而裁判权又须牵涉司法之改良，亦是悬而有待，非一旦夕所能行，惟税法为从前错误，受极不平等之协定，拘束国家无自由制定税法之权。商民受万劫不伸之害。商界公议，以所闻于报纸传达者，不过求增加税率稍裕收入而已，在国犹非根本之计，在民宁为切要所关。众意以此次非常会议，与寻常改约之举不同，根本改正，在从世界国际通例，改协定税为国定税，平等待遇，方为自主，国家体统，万不可枝枝节节，苟且求多于协定范围之内，此为全国商民所迫切祈祷，将有万众同声愿政府主持之请愿，先使骞专电道意。伏求扼定根本主旨，勿以枝节自缚，各大国方于战祸以后重造世界，必能尊重公理，保全东方商务大市场，抑非专为我国之利益计也。(《致陆徵祥专使电》)

当时全国商会代表，还推定我父亲身出马到巴黎去，我父因为南通事不能立刻脱身，就辞谢了。

我父一向对于外人侵略中国的政策极为愤恨，尤其对于不平等条约，认为中国前途莫大的障害，讲到工商业的不发达，第一种原因，就是受了关税协定的束缚，长夜漫漫，已经有了好几十年。

中国人本来很希望巴黎、华盛顿两次会议能主持公道，给中国以恢复平等的待遇，我父在这两个机会，也着实出了不少的力，然而没有一回达到目的。五四、五卅爱国运动接连发生以后，民气异常鼓荡，外人也渐渐觉得中国人终究不能长此欺侮。

我父想总要有一个国家先自动取消不平等条约，别国自然会跟了取消见好，就想到美国人对于中国，比较别国还算要好，野心也小一点，主持公理的势力也大一点，从前又有退还庚子赔款遣送留学的好意表示，因为这几种缘故，所以就写了一封信给美友，措辞很委婉，而意义很光明严正，处处立于人民的地位，帮人民说话，希望他能劝告政府和社会，立刻取消对华的许多不平等条约。

> 近日敝国舆论，咸以不平等条约为憾，毕谋救正，夫税法为条约中不平等之一端而已。执事以仅十年前有税法平等之主张，询及今时对于现状之意见，……上海昔年组织税法平等会，仆谬承众意推为领袖，斯时正贵国威尔逊前总统行将莅欧主持大战以后之和议，敝国国民以威（尔逊）前总统力持人道主义，主张人类平等，民族自决主义，更易帝国主义、国家主义，故有不平求助之同情，会巴黎约成，敝国且以有所迫而退出签字之列，威前总统亦未竟所怀而返，此次所欲得威前总统援助之意，遂根本无效。（《为取消不平等条约与美友信》）

第七章　讲学问及对宗教观念

第一节　重儒及朴学

我父是读书人，对于儒道的立论，认为十分的伟大中正，经孔子的推演，筑定了很坚固的根基，成了有系统的学理。

他的伟大，是万事万物的原理，无所不包，无所不及，所谓"日月经天，江河行地"，总逃不出他的范围。他的中正，是凡人日常行事，都取中庸主义，不偏不倚，纯为人道着想。因为孔子能集大成，所以几千年来的读书人，都承认他为一家的家长。

我父在通州师范第一次开学时候所做的《祝先师歌》，我们一看，就晓得我父十分尊敬孔子了。

我父常乐宅内有一厅，题叫"尊素堂"，这都可以见得我父设学教人，是奉了孔子教义做目标。但是他对于孔教的一种运动，认为根本不能成立，因为孔子设教，全为人的教化，是哲学的导源，本无宗教性质。孔子教化与人类的关系十分的密切重大，假使拿宗教的范围来拘束他，拿教主的帽子戴在孔子头上，只是一种看低看小孔子和儒道的举动，纯然是由公变私，由大多数缩到一部分，因推崇的起点反而得到亵渎的结果的举动。

我父虽然是推崇孔子重儒理，但是对于宋儒道学的注释的论著，认为于儒学的本身毫无进一步远的发明和深一层真的探究，只造成一个很仄很死的现象，拿儒理的本真和实用，无形中都加上了假面具。还有许多人假了孔子一端之义作为护符，假科举利禄的途径，越发离开真理，所以要昌明儒学，先要将宋儒的束缚解除了，加上去的一层黑漆铲去了，方才有儒的真面目出现。

我父对于明末清初诸儒的朴学，理论和行事，都十分推重，认为"学问固不当求诸冥想，亦不当求诸书册，惟当于日常行事中求之"（颜习斋先生语）适合了他的见解。认定读书人的责任，绝不是读几句书，做几篇文章就算了事，要抱定"天下事皆吾儒分内事，吾儒不任事，谁任事耶"（颜先生语）的一种气概。所以认为朴学是讲真理实用，确能回复儒理的本真，扫除道学的虚顽，凡是读书人，都应该往求实用的这条路上走。

但是我父觉到，真理实用在书本上去求，日常行事来用，就是顾亭林先生所说，"载诸空言，不如见诸行事"的道理。可是我父进一层的意思，认为朴学的理论，固然超过道学万万，但是讲求朴学身体力行的结果，也只能做到一个人的坚苦风格和实用的学问，与世仍无关，与人更无关，依旧是实用的空言。所以我父就立下了吾儒不任事谁任事的决心，更想进一步推实用的学派，去实做实用的事业，使得实用的空言变成实用的实事，将原料物质，一齐利用发达起来，于国家于民生，尽与利有益的责任。他更拿定了顾先生所说："必古人所未及就，后世之所不可无，而后为之"的标准，立志要拿儒理从死的变活的，从空的变实的，这是我父一生读书重儒的抱负和力行的法则。

我父生平对于《易经》的道理是很信服的。他在《易经遵朱》叙上说："著天道之盈虚，审人事之消息，赅物象之变化者，莫备于易……"我父平常处世劝人，常常引用易经卦理。从前曾经著述过《周易音训句读》一书。

我父对于我国礼教，认为源流很长，立意很精，确是古文化的国粹，所以应该有相当的尊重及保存。

可是那种不合时宜行不通的地方，和不近人情的仪式，都得逐渐改革，不应一味盲从，推波助澜，更望顽固处攒。所以我父对于男女，认为应平等，不应轻重左右其间，女子能守节也好，不守节，也不必去提倡奖励，更不应去轻视侮辱，至于"望门守寡""抱牌位做亲"等恶俗，万万做不得，法律上一定要规定行不得。哪有社会已经进化了，人事都变复杂了，还要违反了人类进化演变的原则，去牢守、顺从那几千百年以前所定下的死样子。

民国元年（1912年）五月，我父六十岁生日，那时政府已定西式礼服为大礼服。我在那天就穿了礼服，向我父行鞠躬礼，我父含笑受之，不以为非。到了民国三年，我父在北京，有一回美公使夫妇邀我父宴会，我父穿了礼服去。西礼逢到请贵宾宴会的时候，主妇要挽了贵宾的手臂，并行而入餐室。后来有人谈起，我父说："我所以照例这样行，是问禁问俗的礼意。"我所以要写这两件事，因为要表明我父对于"礼"也是应着时代潮流的。

我父对于唐宋以来贤士文人，直到明末清初朴学诸老，自顾亭林以后，都非常地崇拜，因为他们不是刚直廉正，忠义倔强一流，就是富有天才，眷怀故主一派。人格学问，都可使后世钦重。所以在他的东奥山庄受颐堂两旁，挂了十六幅的画像，还在上边题了字。从这里可以看出我父尚友古人的范围和他对于学问、汉族的思想和见解的寄托。

我父创办博物苑的时候，还派人到昆山学官，量了亭林先生的鞋子尺寸，照式照样仿做一双，摆在博物馆内，一来可以考古，二来使后生见物就生起敬仰先贤的感想。此外，我父在古人中最崇拜而奉为师法的，还有田子泰，他名畴，是后汉人氏，董卓之乱，他率了宗族和随从几百人到徐无山中种田养亲，百姓都很敬重他的德义，听他调度。曹操请他出来做官，他怎样也不就，后来魏文帝赐爵于他的后人。

我父立志不做官，办厂种田兴教育，处处以田子泰自况，垦牧公司厅堂就题叫"慕畴堂"，这几位古人，都是我父心目中的师友，有一诗：

雄节不忘田子泰，书生莫笑顾亭林。井田学校粗从试，天假无终与华阴。（《至垦牧乡周视海上示与事诸子》）

我父还有一首诗，讲的是五行家言，也可看出我父的怀抱，我也抄在这里：

> 秀才席帽春秋试，五行家言货奇秘，某干某支配衰王，一以天然位人事。贱子十六隶学官，千拥百挫生波澜。桐城夫子慰憔悴，悬格比例顾与潘，亭林生月午年丑，其日干乙支在酉。潘年月丑系巳丁，日时巳卯两干偶。亭林绝学今先河，潘福庸庸古稀有，歆潘景顾任所择，顾逸民耳潘贵寿，贱子生平潘顾问，四十过二窥朝班，抽身江海杂渔钓，甘自废弃蒙群讪。五行铸不到肝肺，天亦自拙人自顽，高歌亦足荷锄去。一笑相惜州南山。（《有感五行家言》）

一二十年中还有两三个人，也是我父所极端敬重的。一个是山东办学的乞丐武训，我父得到他逝世的消息以后，立刻就召集了学生开会追悼，并且画了他着破衣草鞋的像做了像赞，挂在学校礼堂孔子像的旁边。

他对学生说："武训志趣的高尚，办学的艰困，比他还坚强，真是中国的伟人，"后来浦东又出了一个泥水匠办学的杨斯盛，我父也很为敬佩。他死后，我父也有一副挽对：

> 视叶澄衷尤难，罄其资财，九死不忘，成一中学；
> 与曾少卿相继，哀哉乡国，十日之内，失二杰人。

第二节　作文读书及写字

我父对于诗文，认定"文章合为时而著，歌诗合为事而作"（白香山语）的理论，要有真实的人事，才有真实的文字，才有文字的价值。尤其一个时代，有一个时代的文字，一个人一件事，有代表一个人一件事的文字。文字一定要有时代性的作用，那么这个时代的人，要看得懂，将来时代的人，要一看就明白是那一时代的事的人的文字。

文字根本的价值要有实事，文字重大的效用在使人懂得。明白这一点和做到这一点，当然不是艰涩做作、不易懂的仿古文字，而是明明白白、通达晓畅的活文字。顾亭林先生说："置四海困穷不言，而讲危微精一。"我父在当日，也有这种观念，他有一封信，说得很透彻：

> 前后惠书皆奉到，有志于文学甚善。下走事冗而善忘，未能即时作答，良以为歉。顾承示篇什，其佳处足下既自张之矣，下走卒亦莫能赞一辞。词章家于世，譬诸工料，则雕刻油漆之术，必有物可供其雕刻油漆者，而后藻绘有所施。下走于地方，则方为水木匠耳，水木匠且有穷于施工之处，故人事大冗。今之国计民生，以人人能自谋其衣食为先务之急，衣食之谋，在于实业，实业之缔造，在执斧柯运绳墨之水木匠多，下走于乡里亦强勉为之。而冀足下姑不妨舍雕刻油漆而事水木作，知水木作，则他日雕刻油漆亦无滥施之工。(《致顾某函》)

我父平常著作，竟没有一篇文一首诗是空论不是实事，近而言之是记事论理，大而言之是治国为民。

文字要真实，所以他一句文一个字都要描写得确当真切，用尽气力去做，毫没有一点苟且随便的意思。有时候为了一字一句，磋摩不已，想到夜间睡不着，一定要想到手才罢休。他一生做祝颂哀挽人家的文字，始终切切实实，不离真相，没有一点造谎、铺张、恭维的地方。

还记得有一回，某地方帮一个高级军官做五十寿，要立一个碑，叫纪功碑，就派人再三求我父写，我父不好意思推辞，想来想去，功字和勋字都用不得，就改写了一个寿字，题作某某纪寿碑。就这一个字的改动，很可看出我父做东西写东西的分寸，丝毫不苟。他写作诗文，时时抱定白香山的"尚质抑淫，著诚去伪"八个字。

民国五年以后，胡适之先生等揭起文学改革的旗帜，用白话作文，我那时在《南通报》上也大作起白话文。哪晓得有一位朝鲜汉学家金沧江先生看了气愤得很，跑到我父那里说："哪有状元之子反作贱文的道理。"我父只是向他笑，并没有禁阻我，但是常常告诉人说："事理通，文理通，文言好，白话也好。假使不通，什么都写不好。"又拿白话文字比裸体美人，他意思是说作文白描好坏一看就出，不易掩饰。

他曾在一篇《设立国文专修科述义》文章里说："……书之典谟训诰，今人以为古，当时之古府文书也。诗之风雅颂，今人以为经，当时朝野歌谣也……"可见今时人作文，不必勉强去仿古。古人当时所作的文，就是当时应用的话，既是歌谣，当然离不了人人惯用和懂得的原则。

还有一段事，我要在这里讲一讲，就是我父对于《儒林外史》这部书的爱重。光绪十二年（1886年），我父应礼部会试没有中，就从天津坐海船回南，到了船上，遇到张仲仁先生，就拿《儒林外史》给他看，他在贺我父七十寿诗内，还提到这件事：

> 矮屋年华卅六余，归舟喔喙集巾裾。《儒林外史》劳君授，喜读平生未见书。（《丙戌报罢同舟南归，君以〈儒林外史〉示余读之》）

后来我父又拿这部书给家人当功课读。我从这两件事，看出我父第一是承认这部书在文学上有创造的能力和价值。他用笔尽管轻描淡写，而那深刻虚幻的人情社会，都会立时涌现眼前。第二很表同情于他对于举业观察的彻底，虽然旁敲侧击，但是句句有打中鼓心的分量。尤其对于吴敬梓不做官、不爱财的两种伟大人格，觉得可敬可爱。

胡适之先生帮他做传，称他是"安徽第一个大文豪"，《儒林外史》是中国文学的一部杰作，我父确也有这种观念。难得在四十年以前，我父就尊重白话文作品在文学上的地位。

我父作文，极重考据，凡有引证，必查出处，丝毫不愿含混。譬如在谘议局时代，他要做一件变盐法的议案，他就详细查考古时食盐数量的历史。我抄在这里，做一个例子：

> 考《管子》终月大男食五升少半，大女三升少半，吾子二升少半，十二两七铢一黍十分之一为升，当米六合四勺五升少半，约六十四五两，当今秤四斤许，是每日须食盐二两一钱三四分，人之食盐，未有如是之多者。今世各国食盐之量，以荷兰人每年平均十七斤为最多，每日亦仅食七钱五分五厘余耳，意五三二字必

有误也。

我父固然最不赞成一堆典故、一篇滥调、拖泥带水、不痛不痒的诗词文字，更痛恨一班说大话，瞎骂人肮脏弄钱的文人名士。

他认为读书人要格外讲品行，重骨气，做一般人的表率。一个人行事和所做的文字，尤其要符合。文人无行和读书人不做事，都是极可耻的事。我父在光绪九年（1883年）就集过一副对子，请张先生裕钊写："悲欢穷庐复何及，号为文人无足观。"可见我父觉悟和立志都很早。

我父为人有独立创作的精神。新奇激暴的学说和萎靡玩世的风气，是一样的反对。他要在中国礼教儒道的范围中，造成一个做真实文、真实事的读书人的地位。

我父自幼读书起，一直从科举小考到殿试为止，凡三十六年。他读书的次序，用功的途径，一年一年地前进。有一篇东西，写得很详细，我抄下来：

> 謇生十二岁始学诗，旋学应制之文与赋，顾性喜诗而杂读诗。十六试得附学生，先后师里中二宋先生，时则为小题文、六韵诗、小篇律赋，既为附学生，须应乡试之求，则学为大题文、八韵诗。十八乡试被摈，自咎所为文陋劣，乃师无锡赵先生，故制艺老师。则令弃前所学，令读明人制艺，治王氏四书大全，初以为寂寞冷淡，棘棘不能入，临期为文，则先生尽涂乙之，而督之益亟，逾半年乙渐少，渐令读明季清初人制艺，治朱子或问语类年余，乃稍稍获褒语，如是者三年。（《文外序》）

朝鲜进士金沧江有一篇序，很推重我父的文章，说不是好看的花卉，是人生不可缺少的布帛菽粟：

> 泽荣，东韩之窭民也……获交先生三十年……先生生有通才伟量，自其少为秀才时，已能隐蓄天下之奇志，及夫中岁释褐以来，见中国积萎，侮于列强，数上书当事大僚，陈政治利害得失之大要，卒不见采，乃绝断进求，侪伍农商，遂资实业，私建学校，以

淪民智、育人才为其标的，又推其余力，以及于公益慈善之事，不可胜数，于以日夜憧憧，形神俱瘁者十余年。既而中国之形变为共和，则迫于天下之公议而出焉。方将开诚布公，剔神抉智，日施其畎亩之所素定者，虽其事业之所极，今不可预言，而其所以一心忧民，好行善事，直与范文正公符契相合于千载之间，岂不盛哉。

（《张季子诗录序》）

我父写字，早年极用功，什么体都要临三五十遍，从不间断，尤其致力于欧、颜、褚，晚年更爱刘石庵、何子贞[1]的书法。翁公在光绪二十五年（1899年）二月日记上有一段记着我父论书的话。

> 初九日晴暖，东风甚大。巳初季直来，同出北门，至兴福饭。……遂偕诣三峰访药龛不值……在彼点心，薄暮入城。……季直论书语甚多，谓陶心耘用卷笔非法，极服膺猿叟，直起直落，不平不能拙，不拙不能涩，石庵折笔在字里，猿叟折笔在字外。

我父楷书以外，篆隶也很用功，他常说："最初临帖要像古人，到了后来要有自己。"又说："写字最要结体端正平直，决不可怪，更不可俗。"他批评近人摹碑临帖，说他们是依样描花，不是写字。

近人中最佩服郑先生孝胥的书法。有一回郑先生帮大生厂客厅写了屏子，有几句跋说："……书法有棉里针，惟啬翁能之，岂尝以此试之工业乎？……"可见他也很推重我父的书法。

俞先生曲园在八十六岁，集《鲁峻碑》写了一副对子送给我父：

> 陈太丘如是其道广，
>
> 颜鲁公何止以书传。

---

[1] 刘石庵、何子贞分别指刘墉、何绍基。

第三节　修纂志书

中国的志书，是一种很伟大的著作，是包含历史、地理、制度以及其他许多东西，用文学的组织和描写，集其大成的工作，所以单单能文章而没有史地的识见的人是不能做；对于史地有研究而文章写不好的人，也是不能做。

所以清季编纂各省各州县志书的人，大概都是有名的积学之士，就是这个缘故。我父在光绪十四年（1888年）前后，曾经修过太仓、赣榆、东台各州县的志书。在赣榆的时间最久，修纂的心得也最多，他对于志书体例编法，很有意见。

修完了《赣榆志》，有一序文：

> 夫前人有作，来者短焉，转相訾议，大雅所弃，况旧志但观叙目，未识全书，庸可观一节以量侏儒，索瘢者而议逸足。窃不自量，内谋于心，凡所裁取，一本唐志，而上溯诗书、尔雅、春秋十九代之史，旁考山经、地志、说文、玉篇、通典、通鉴、通志、通考、吕览、淮南，若国朝考经论史百家之书，不敢附和，以谬是非，不敢自用，以立崖异，义不敢不师乎古，制不敢不尊乎今，国绪细寻，随原甄别，无取沸諸，更为例言。……一事之成，必有所本，后凌前替，不可为训，故以叙述终焉。（《赣榆县志序》）

到了民国，国体已改，社会凡百事业，都复杂起来，旧志书体例决不适用，不能没有一种新体例的改订。

我父对于民国以后的《南通图志》，有几种心得的意见。目前虽然各处还没有人注意到续修志书这件事上去，然而总有一天要办的，所以我父对于《南通新图志》编订改订的意见，很可做一个民国以后编修志书的好榜样好参考。有一篇《南通图志》的后序：

> 右之为志，成于民国三年范君铠之手。……近二十余年之间，南通地方自治之事，若实业，若教育、慈善，若水利、堤防、道路，仍兴辈起，日月嗣续而未有已。铠甄采所得，有重有逸，有过详或过略。……既延武进孟君森校订前失，謇复排百冗，日校为课，

分系次类。……或关政治，或系风俗，或掇拾遗闻，或并寓惩劝，事非一致，人非一途，其甚有不可已者，次杂记。……（《南通县图志续纂后叙》）

我父对于各省州县的志书，搜集很为丰富。他一向认志书和一国的历史、制度、文学、人物都有很重要的关系。但是搜集到手，不愿藏之私家，他都一齐移赠南通图书馆。在我父逝世时候，有好几百部的志书，也总算很完备了。约略名称本数如下：

中国各省省志（全）

各省州县志，志书所属之省十六，合各省之县为二百四十，凡五千六十三卷，二千六百十二本。如下：

直隶省	二十九县	六百七十一卷	三百二十六本
山东省	二十一县	三百二十四卷	一百五十二本
山西省	四县	四十六卷	二十本
河南省	十县	二百二十六卷	一百一十本
陕西省	十县	一百二十六卷	五十一本
江苏省	三十六县	七百八十四卷	三百七十六本
安徽省	一县	十三卷	七本
江西省	七县	一百五十二卷	一百零四本
湖北省	十九县	四百二十卷	一百九十七本
湖南省	三县	六十九卷	三十本
四川省	二十六县	四百八十一卷	一百八十二本
浙江省	二十县	六百四十卷	三百二十四本
福建省	十县	二百六十一卷	一百五十八本
广东省	三十八县	七百五十卷	五百十八本
广西省	五县	五十二卷	三十六本
贵州省	一县	四十八卷	二十本

第四节　对宗教的观念

我父对于佛教的观念，认为一种极高深的哲学，这种学说，也很能够造就艰苦卓绝的人格。那祸福报应的许多说法，虽然是一种空中楼阁的拟象，也是佛经里边最肤浅的一节，但是为中下级社会劝善惩恶起见，可以辅助救济法律和政治所及不到的地方。所以佛学应该和哲学一样地去研究，佛的人格也应该一样地崇拜，可是迷信神鬼的习惯，不应该再提倡。

我父有一种见解，认为人固然有人的事，即使真有佛菩萨，那么，佛菩萨也有佛菩萨的事。佛菩萨既然受了人的供奉信仰，那么，凡人力所及不到、办不到的地方，佛菩萨应该帮人的忙，解救人的灾难，我父不管佛菩萨有没有，认为道理应这样讲的。他有一篇和菩萨讲情理的文章：

> 乌乎神、人者，各有应治之事，应尽之义者也。人而徒食粟，无益于乡，无益于国，不得谓尽乎人；神而徒享祀，无与于事，无与于民，不得谓尽乎神。神而事有所不能为则责诸人，人任之；人而力有所不能到则望诸神，神任之。是以感气而阴阳相资，准礼而幽明共治也。蹇县之一民耳，三四十年以来，于国事于乡事，凡知所及，凡力所能，无不为者，未尝得县人分毫之报，亦未敢望县人分毫之报。

我父认佛道二教都是高深的哲学，也是修身克己的学问。世人借他设教，已经是想出花样，跳出范围，别有利用了。什么天堂地狱，都是一种想象，哪有实物实用，所以人的祸福兴衰，总不能求佛道，靠佛道，还是要人努力解救自己。我父想来想去，总觉得儒理比他们强一点。有几首诗[①]。我再抄我父一篇《补录叶氏刻翁书金刚经塔拓本跋》，更可以见得我父心目中的佛：

> 此汉阳叶氏所刻翁书之拓本，精神骨力，远胜原书，字固有篆

---

① 即《观缆港坍江》《海上》《书性命圭旨后》。

刻而精彩益善者，可勿深论，陶斋尚书属槃卿复刻千万本，俾有梵字处，皆有此迹，为无量功德。謇谓以是广文人之韵事则可耳，若论导扬佛教，则须人人心中有一佛，佛自充满于天人一切世界。譬之一国人民，人人心中有此一国，唯恐为人轻蔑损坏，则此一国，自然永久坚固存在于世界，此须具龙象力者，在渐修、顿悟二宗说法上注意，非徒文字之蹄筌也，愿更与陶斋参之。

我父对于"同善社"一类扶乩的恶劣举动，认为敛财作恶，毫无道理，绝对应加禁阻，他有一封信讲这件事：

袁了凡三教合一之说，本是不经，八卦分教之会，乃由此起。今之同善殆白莲离坎卦之变相，大成之一流，却未可与佛回耶同论，一光明，一秘密也。中国今日邪说已纷，何必再增此一种，徒乱耳目，社会既已发觉，不可更提倡。

我父起初办学校，都是利用寺庙改建，到了后来几年，他渐渐又修起庙来了，岂不是出尔反尔吗？

我父实在有两种感想：第一，看到社会组织没有进步，人心欲望和妄想一天比一天坏，国家的法律，教育的效力，也没有救济的权能。认为能提倡一点佛的说法，也未始没有用处和急效。第二，寺庙的建筑，佛像经文以及各种雕刻，在中国美术历史上，都有极重大极荣誉的关系。近时官府社会，只有摧残，假使再不想法保存修缮，恐怕就要一天颓废一天，为西人日人所齿冷讥讪了，所以我父为地方古迹应该保存起见，就将有名的寺庙和佛像，都修理起来。并且择最精的元明人的塑像，移到博物苑美术部中陈列。

南通狼山相传是"大势至菩萨"的道场，寺庙极多，香火极盛，管庙的住持很多，都是俗不可耐的酒肉和尚，内中识字的很少，更不用说懂得经典了。

我父后来想到狼山也是南通名胜的地方，和尚也是人民的一个团体，老是这样弄下去，不是办法。于是帮他们设计，办一个僧立小学堂，教导未来的和尚，教员自然找和尚最好，于是拣了两个已经识一点字看起来可以造就的年轻和尚去读书，并且向他们说："你们能吃素最好，如果愿意吃荤，也没有什么不可。"

后来这两个人毕业了回去办学堂，其余顽旧不开通的和尚，人数当然比他二人多，潜势力也就大，很排挤他们。我父晓得了，就和这两个和尚教员说："你们还是在僧界和他们奋斗一下呢？还是还俗呢？如果还俗，就吃起荤来，娶起老婆来好了。"后来他们愿依第二个办法，我父也就首肯了。

那时反对的人很多认为破坏名教，罪大恶极，万不可行，连我三伯父也气愤起来，很和我父争论一回。我父觉得与其暗中偷偷摸摸吃酒肉、嫖女人，还不如直截爽快，留起头发，正式讨起老婆来，比较光明点。佛法的昌明和堕落，绝不在这上讲。

我父曾经叫一个和尚帮他种树，很勤劳，有两首诗奖励这和尚：

　　成佛天生也要勤，三千种树即名勋。双林我亦称居士，但不参禅不断荤。（近名军山为东林，黄马二山为西林）

　　若说真空已累身，既然着我合观人。当家看尔承师祖，我却修罗扫四尘。（《僧徒湛若为辟溪种树甚勤，勉书二诗予之》）

关于卜算、星命、堪舆这一类的事，我父都懂得，平日里喜看关于这几种著述的书，没有事也去研究参考。

但是他不是全相信，也不是不相信，认为懂得一点也是好的，可不要拘泥，更不要迷信，他对于公私建筑、宅园祠墓的位置，只拣择高爽、明朗、便利的地方，并不拘泥于风水。

有一次，他拣了剑山、军山中间的一块地，预备做他的坟墓，形势很好。有看风水的人说："两山空间，江边冲进来的杀气太重，抵抗不住。"我父说："怕什么，他有杀气进来，难道我没有气挡出去吗？"

第八章　识见操行

第一节　勤苦公心及达识

我父一生固然是克苦，也十分的节俭，他穿的衣衫，有几件差不多穿了三四十年之久，平常穿的大概都有十年八年，如果袜子袄子破了，总是加补丁，要补到无可再补，方才换一件新的。

每天饭菜，不过一荤一素一汤，没有特客，向来不杀鸡鸭。写信用的信封，都是拿人家来信翻了过来，再将平日人家寄来的红纸请帖裁下来，加贴一条在中间，日常都用这翻过来的信封。有时候包药的纸，或者废纸，拿过来起稿子或者写便条用。拿了口利沙的空酒瓶，做了一个塞子，寒天当汤婆子，告诉人适用得很。

有时饭后吃一支小雪茄，漏气了就粘一纸条再吃，绝不丢去。平常走路，看见一个钉，一块板，都捡起来聚在一起，等到相当的时候去应用。他常说："应该用的，为人用的，一千一万都得不眨眼顺手就用，自用的，消耗的，连一个钱都得想想，都得节省。"

我父数十年来，每早六点必起身，每晚十一点必上床，有着小病，也是要起来的。他的起居非常划一，他的习惯非常简单。我讲一件事，就可以晓得我父的为人了。我父向来不喜欢赌博，连麻雀牌的名目张数，他都完全不懂，也从来不去问它学它。平日常常告诫人不要赌钱，大凡喜欢赌钱的人，最初拿他做小钱，弄到后来，有了习惯，成了嗜好，就一定要弄到丧名失德、倾家败产的结果。

我父一生做事办实业，最着重勤劳耐苦，非但常常告诫办事人不可走上暇逸奢侈的道路，并且以身作则。

大生厂开办的时候有一篇《厂约》，是办事的规则，也是办事人的座右铭：要这样做去，才能达到成功。我父办教育的本旨，尤其注重养成健全公民，第一拿"坚苦耐劳"四字的格言，悬做目标，做设教兴学的方针。自从开设师范，历年继续创立的小学、中学、专门大学，每处都有一个校训，我父自己写的，都挂在每处学生出入最注意的地方。总是拿"坚苦耐劳"做一个共同的基础，而专门学识的讲求和社会服务的忠实，做各种分开的责任的目的。并且碰到可以引导学生感受人格上影响的机会，没有不特别注意。像孙、蔡二公追悼会，我父总是召集各校学生在一起，为长时间的演说。所有各校校训，依创立的先后，我抄几十个在下边。

校训字	校名	创校年月
坚苦自立，忠实不欺	通州师范学校	清光绪二十九年
平实常乐	张徐女学	光绪三十年
忠信第一	实业小学	光绪三十一年
勤俭	盲哑学校	民国元年
笃敬	第二实业小学	民国二年
学习家政，勤俭温和	女子师范学校	民国二年
合群自治，体农用学	垦牧乡初高小学	民国三年
勤苦俭朴	南通大学农科	民国三年
忠实不欺，力求精进	南通大学纺织科	民国三年
祈通中西，以宏慈善	南通大学医科	民国三年
忠信持之以诚，勤俭行之以恕	商业中学	民国六年
爱日爱群，爱亲爱己	师范附小新校	民国八年

我父平日曾经和人谈到，天下事不可看得太难，看难就容易畏缩不前，没有勇进之心；也不可看得太易，看易立志就不坚定，一试不得法，便丢去了。这都是不对的。

我父一生，绝无功名得失心和政治上的野心，然而时时刻刻，抱着用世之心和创造事业的大志。

他做事，嘴里不说空话，只管做实事，笔下写出来的，也是可以做得到的事。碰到棘手困难的事，只是不声不响，一不求人，二不泄气，终日终夜，想应付解决的办法。有时越是碰钉子，越提他的勇气，越经困难，越振作他的精神，他的成功，没有一件不是徒劳困难中得到。

我父常说："我一生办事做人，只有'独来独往，直起直落'八个字。"所以他凡事未办以前，十分的审慎，等既办以后，那无论任何艰难折曲，他是要奋斗直前，坚持到底。他的审慎，就是他的果断，他的毅力，就是他的事业。我父本性异常率真，很能虚心延纳，受人商量；如果有了错误，绝不强词夺理，自护其短。

他常说："与其得贪诈虚伪的成功，不如光明磊落的失败。"所以他一生为人做事，虽然是大刀阔斧，目中无人，然而绝不愿找便宜，走偏路，就是在事业上，也常常存了"功不必自我出，名不必自我居"的观念。

我父有一副对子，挂在濠南先像室内：

将为名乎？将为实乎？自有实在。

瞻望父兮！瞻望母兮！如闻戒辞。

我父生平做事，只晓得实实在在，闷了头守着他自己的本分，靠着他的能力，来做他的事业，达到他的志愿。事业成了功，自己心趣上有一种安慰，有时候作一篇文，咏一首诗，叙那时的感想，做日后回念的印象。

假使遇到了困难的局势，他仍旧靠傍他的努力奋斗，以渡过难关。所以在平常顺手的时候，除非是人家来看来问，他是绝不愿标榜宣传，使人家晓得了帮他鼓吹。到了逆手的时候，也不向人诉苦，更不求人帮忙，有一回我父向办事人说："一个人到了危难的境遇，还是要抱定拿牙齿打落在嘴里和血吞，连手都用不着去摸肚子。"

我父的思想事业，很有创立的精神，看事常看早十年，做事必做过一步，思想要有时代性，事业要应着世界潮流，没有顽腐的成见，但是本人克制很严，他总想拿事业来变换环境。孟子说"圣之时者"，我父的思想事业，不是实做这个"时"字吗？

"动机"二字，在我父的事业上和创造地方的意义上，都有很大的关系。譬如我父所以立志不做官，回去做事，就是受了在北京看见官员跪在大水中接驾的狼狈的感触；办纱厂是受了外交失败自求富强的观念；办师范是受了南京官员等反对言论的激刺；办轮船是受了外人轮船不平等的待遇和通州没有安全的趸船；办盲哑学校是看了烟台的教育学堂。还有博物图书馆、气象台都是游历日本时候的感触，其他还有读到一本书，听到一句话，都有他创办事业的动机。一有动机，他就去办，一心一意地去办，等到办有成效，才算他任何动机的最后完成。

我父事业成功的要素，固然是劳苦忠实，有始有终，然而没有私心，也是成功要素中的最重要的一点。他岂但对于公家的产业界限分别极清，丝毫没有含混，并且除自己的财产，都一齐用掉以外，还拿自己的和友人送给他的古董器物等，完全赠送给博物苑陈列，所有家藏的书，分了三分之二送给图书馆作为基础，他总觉得传给自家子孙，总有一天不能保存，与其给子孙三文不值二文地零卖，不如供给地方多数人去享受。

我父并且想到"国际法"上，凡公家建筑产业，就是碰着两国战争的时候，都得要尊重避免，不能加以毁坏。所以他对于公共机关成立以后，就立刻做了公文，连带所有财产及陈列保存的东西的名称数目，到县省国各官府去备案。事实上、法律上，有没有用处？能不能永久保存？虽然任何人都不能担保，可是我父这几种公而久的意思，很可感动取法了。

我父一生无论在个人得意不得意时，事业在轰轰烈烈时，困顿不堪时，他的心地意态总是一样。就是碰到很失意和棘手的事，也是处之泰然，不改常度，甚至人家要毁坏他的事业，或者事业跟着大势动摇的时候，他的见解总很达观，既没有成败的狭念，更没有荣辱的成见。

他曾经说过："凡事，我看他成功，又看他失败，或者我来做成，人来捣毁，都算常事，不用惊奇。"我们只要看他一篇《失碑书铜井文房明拓礼器碑后》，就晓得我父无往而不达观，事事都是这样看法：

> 丙戌场后，沈乙盦同年忽谓余，顷得一旧拓礼器碑，绝佳。……数日报罢，乙盦遣仆持笺并碑至，……赠行。……持归乐甚。……比年人事牵率滋多，终日无据案看碑之暇，遂尔疏阔。今夏六月，……欲集碑字，……乃遍索不得，卜之，曰：亡失久矣，为之惘怅竟日。继而心口相语，惘怅何益，譬如未得此物以前，此物何属？我得则人失，我得而不能朝夕共，等于未得，亦等失。今我失则必有得者，知此物而得之喜，与得之而不知不甚喜，等得也。知而喜，何必不如我，不知而不甚喜，则亦不能朝夕共，何必不如我。如我之喜，则物以有喜之者我则我相也，何必我，不如我之喜而物之可喜者自在，无与得者之喜不喜，何有我。昔我得而以为有者我则我相也，今人得而以为有者非我则人相也。殉于物乎？殉于我乎？

还有一回，我父在上海，遇见程公德全，谈论佛经世事。程公就慨然叹道："天下哪一件是我的？"我父接下来说道："天下哪一件不是我的？"这正反两句话，虽是谈道，却有哲理，更可以看出我父的胸襟和魄力。

我父曾经有一封信给吴君寄尘写过这几句话："……我今晓然于盛衰成毁如指屈伸，不足计也。世何者为毁誉，俗人势利谈耳。势利者，熔铸贤豪成事之大炉，激发仙佛逃虚之劲矢，我不非之也。……"可见我父一生事业的建设，时时在险恶的风涛中鼓浪前进，而视察社会，真能明透万分。不非世俗之见，正是我父成事的识量。

我父一生的志愿，非常伟大，为国为民办事，大有"鞠躬尽瘁，死而后已"的气概。他在和三伯父分析书上说："此后之皮骨心血，当为世界牺牲，不能复为子孙牛马。"又在一处演说："昔儒谓立达者，施乞丐一钱，教村童一字，皆是，可谓得孔子近而取譬之旨矣。"又写过一信给办学校的人说："……学问兼理论与阅历乃成，一面研究，一面践履，正求学问补不足之法，……下走之为世牛马，终岁无停趾，私以为今日之人，当以劳死，不当以逸生。下走尚未忍言劳也。死后求活，惟恃教育。……"都可以见得他为利人牺牲生命财产，是一件最坚决最荣誉的事。

我父常说："我假使有十个儿子，我一定叫他们每个人都学会一件技术来帮助我，并且分遣他们一个东北，一个西北去开垦种田。"又对我说过："一个人生在这个世界，要讲究学问见识，要创立实业教育，至少要学会英、德、法、日四国语言文字，方才够用。"

第二节　劝导世人种种

我父无论创办何事，有一个时间的效能，有创立的精神，无坚执顽固的成见，他的事业，很愿人去学他，而有时用权变的地方，不愿人去学他，弄出枝节。

譬如他最初创兴南通教育，都是拿寺庙改造利用，可是他第一拿佛像有一个善后的安置，财产不是仍旧交和尚带去，就是连带改归学产，后来江北一带有人学他将庙改做学堂，很闹了许多风潮。他有一种表示，作《正告五属办学诸君文》。

我父对于创办教育，认为培养普通国民基本教育的小学和供给小学师资的师范，最为重要。次则对于属于科学方面的教育农工商和应用的职业教育，也皆在所提倡兴办。唯自始至终，对于法政及军事二种学校，坚持不办。第一，认为这是国家应办的教育，不是社会急切的事情；第二，认为中国清季至民国，外人称我为官国军国，极形容这二种人人数多而权势大，本来做官的人和名目一天多一天，而带兵的人，可以平地致富贵的习气，社会有钦慕的趋势，而没有正本清源的劝惩，推其结果，国家异常危险。所以绝不办这二种学校，也不加以提倡。

他生平非但自己不愿做官，并且还劝人不要做官。有一个人，本来做过官，因为他很能唱戏，后来就改行唱戏。我父听见了，很赞美说："唱戏也是正当职业，可算自食其力。"不到两年，他又写了一封信给我父，说又想做官了，我父就不赞成，说他没出息。

我父有四首逢官便劝休诗：

> 逢官便劝休，言下一刀断，若还须转语，溺鬼不上岸。
>
> 说著官已怕，逢官便劝休，但愁休了后，学得老农不？
>
> 若逢禹稷契，薰沐进之位，逢官便劝休，正为悠悠辈。
>
> 前车覆不已，后轮来方道，安得恒沙舌，逢官便劝休。

我父平日第一劝人不要专门做官，第二就劝人要读书。越是做事的人要读书，越忙的人要读书，心境上既可得到宁静的益处，有时还可以供给解决疑难问题的资料。死读书没有用，不读书的更不能成用。

我父入国民后，看了世风仍是日下，人们很容易走上忘恩负义的一条路，道德本来是一件维持人类相安相敬的东西，眼看要渐渐打破，很为忧虑起来。恰巧如皋茸镇出了一条狗替主人报仇的案件，我父当然明了这是偶然巧合的事，然而认为一个绝好劝告社会的材料，可以拿它做当头棒喝。于是派人去，弄到公园，题叫义犬，很隆重地开了一个义犬大会，我父有一篇演说：

> 今日是一场特别会，此会甚不易有，今日到会之人甚多，其中恐亦有人疑议仆是贵犬，仆有一言说明，实是贵人。……世间有犬形而人性者，即有人形犬性者，其类亦不一。如以形为分别，人与犬自然不同，如以性分别，则善者应归诸人，不善者应归诸犬。简言之，即有良心与无良心之分别，无良心者，虽人而犹犬，有良心者，虽犬而犹人。今冯氏之犬，……若在人则亦忠义之士，为人所重视，况其为犬，岂不应看待如人而敬重之？自此犬到通，三日内来观者甚多，可见人皆有是非之心，与犬有恻隐之心相应，所以说今日开会表扬，是贵人，不是贵犬。……古人有与鹿豕游，有愿麋鹿友者，滔滔浊世，魑魅横行，仆直欲与之入山矣。

我父的意思，说狗既有"人"的灵性，就应该受"人"的待遇。看这篇演说，一种愤慨的感想都流露出来了。因为人过于陋薄，所以他不得不抬高犬的身价。说也奇怪，我父逝世后不到几时，狗也死了。难道义犬有知，真有知己之感吗？

我父对于有灵性的许多好禽兽与人一样地爱重悼惜，一面表彰它，一面劝导人。我来抄几首爱惜好禽兽的诗。

这是悼惜犬的诗：

> 老黄，旧畜犬也，中毒死，或言病死之前一日，余陪客听事，黄跛一足而前，旋转而卧。是日由外至书房后北首而卧，余见之，为检方书市药。药至而佣工移黄于园林，随毙，以一诗悼之。

> 吾家四犬两黄黑，汝最威风过大狮。关户常惊生脚客，近床不吓弄头儿。（怡儿学走时，抚弄其头，黄辄俯首帖耳。）老随仆媪移新宅，死傍园林识故篱。十四年来犹可忆，迎门长及夜归时。（《悼老黄并序》）

这是悼惜燕子的诗：

> 燕燕白胜紫，微带秋葵鲜。身轻羽毛洁，鸣尤动人怜。……汝来若新妇，矜重嘿不言，……戒仆择福始，远害避燥暄。……屋故有猫一，性劣毛戥玄。……伺我扃未固，闻汝鸣而涎。……走视粒满地，筋血膏未湔。细彀亦零落，顿使心骨酸。托命器本脆，置器案易跰。我短周防智，丧我美少年。清晓或亭午，但闻凡吭喧。我欲置猫法，为汝申仇冤。举世弱强食，何者非鹰鹯。作诗第哀汝，呼空恨悁悁。（《白燕顷晨为邻猫所噬叹悼系之》）

这是悼惜鹤的诗：

> 病吾不闻日，化去乃诬仙。未察马生死，宁争龟寿年。舞空花拂地，唳断月明天。留蜕徒为尔，皮毛亦可怜。（《悼鹤咎司鹤者》）

这是悼惜马的诗：

> 主人为国能致身，马报主人如主人。马骨一寸千金银，埋金有光墓上尘，过墓朝朝横民民。（《文文山马墓碣》）

我父创建事业，维持事业，绝不依赖政府或他人，只有费尽本人的心力，来战胜他的困难，成就他的志愿。拿劳力来换人家的金钱，是世界最光明的有价值的事。所以我父在赶考或办实业的时候，有好几回没有旅费，断了接济，他就卖字。后来育婴慈善的经费万分艰困，他又卖了不少回数的字。他卖字所写的对联屏条，都不用平常的图章，用那专为卖字而用的图章。那社会上的人们，明明是出了钱来买的字，反不愿得这个图章，我父听见了，就发表他的见解。有封写给友人的信：

> 顷承函教，欲仆不用鬻字私印，以合社会心理。仆闻是说数月矣，但能多得钱济公益，宁有不可？……顺仆自前次为育婴堂卖字时，即用是印，……亦自有说：仆愚以为人世取与之道，最明白正当者，无过以劳力金钱之交易。……未闻买他物者必讳言非买，何以独于买仆之字而不然，此仆所以不解也。

我父生平最恨世俗的见解和习惯的仪式，所以对官场往来迎送，最不喜欢，无论到什么地方，都不愿预先告诉人家，免除无味的迎送和客套。他一生最反对结什么"金兰之好"，所以从来没有和人拜把兄弟，连我一生，也没有干爷干娘。他认为这种举动，只有坏处，小而言之，增加了妇女辈往来交际的消耗，大而言之，可以勾结朋比，造成政治上的罪恶，人格间的堕落。

我父一生立志做事是很不寻常，总与人两样，可是自奉的起居饮食习惯，处处事事，不愿立异。早年到朝鲜去的时候，吴公招呼军中预备两匹马，一匹自己坐，一匹请我父坐，其他幕僚都骑牛，哪晓得我父不愿与人特别，还是和大家一样，不骑马而骑牛。到了办厂垦的时候，往来其间，视察工事，不是步行便是坐小车，很不喜欢坐轿子，平时二三十里路内，看工程到各处，都是步行的时候多。

在北京任阁员的时候，那时特别的大僚和次长、司长都坐汽车，鸣鸣往来，唯独我父还是坐旧马车。到晚年巡视河工，海滩上只有笨重土制的牛车，还是敞篷，坐上去十分不舒服，我父处之泰然，每天走百十里路，好几天地坐下去，丝毫没有厌恶。

我父生平很排除世俗虚荣的习惯，因为人家墓志，请他写用官衔，就回复了一封信：

> 尊公墓志篆盖，以人子慎终致孝之义权之，必书以申贤者之意。唯科名官职之衔，下走向来不用，是以从无科名图记，以为人

之所重，不在此等不足轻重之事也，不欲于尊属破例。若不嫌朴陋，即请用南通张謇，俟复到再为作篆。（致顾竹庵书）

凡远近来会晤我父的人，都是一到门就见，毫没有留难久候的恶习。有许多人在没有见面以前，必定认我父为岸岸道貌不易接近，哪晓得每回来客见面以后，都说我父温和亲近，像春风冬日，都感受到很深切的印象。

我父认为中国人不能遵守和宝贵时间，是一件极恶劣的习惯。非大家以身作则，力加挽正不可。所以几十年来，无论什么会议约会或公私宴集，凡人家约定时日钟点，只要他先承认答应的，从没有一回失约，并且总是依时准到，一点不会延误。决不愿许多人等他一个人，这才叫作公德心。

第三节　散财守法及信重科学

我父生平最不爱财，不但非分的财绝对不取，就是自己所有的财产，都用在地方建设上去了。

他说："有钱人的势焰，实在难受，所以我非有钱不可。但是那班有了钱的人是一毛不拔做守财虏，我可是抱定有了钱，非全用掉不可。"又说："一个人的钱，要从我的手内拿进来，再用出去，方才算我的钱。不然还是人家的钱，或者是箱柜里边的钱。"又说："人单单寻钱来财不算本事，要会用钱散财。"又说："一个人无论做事做官，私德第一要讲，讲私德，第一要金钱的公私界限分清，岂但不可贪得，并且不可牵混，所谓可以取可以不取之间，也应该有个分寸。"又说："我是穷人来，还是穷人去。"

在我父逝世那一个月，因为教育界的沙田纠纷案，还拿出九千元帮男女师范及幼稚园置沙田基产。我父一生一世为地方事业抱莫大牺牲的决心，所以他所有的钱财都用掉了。他本人虽依旧穷了，然而南通地方可是就光明灿烂了。我的哀启上有一段说：

至若先严道德学问事业文章，早予国人共见共闻，无俟不孝于躃踊哭泣中赘述。……独先严三十年来集众资经营各业，为江淮海地方生利者，现值逾万万金，以一己所应得，公诸通海地方作建设及经常费者，先后计数百万金，衣食于所营公私各事待而生活者，士农工商合数十万户。而先严转负债累累，迄今弃养，所盈尚不足当所绌，此则为远方人士所未及知，而先严劳劳毕世，立人达人，耻一夫不获其所之精神之所萃，不敢不濡血和泪以陈者也。

我国历来做盐官的，没有一个没得钱。盐官的弄钱和盐商的花钱，好像都是事实上的必需和良心上应分的，千篇一律，积习相沿，总有千百年了。

我父从前虽然有改革盐法的政策，可是辛亥的担任两淮盐政总理，实在是为着临时抱佛脚的筹饷。他本人做了一年多，对于可取应拿的钱，完全不要，怎样也不愿沾染他向来的清白。但是门分内极应拿的最少数的公费，依照从前总督兼盐政的规定，共总应有六万六千元，我父后来拿是拿了，可是拿来就办了南通、东台、仪征的三个贫困民工场。哪晓得钱还是不够，我父自己再增助些，方才成立。

我父生平律己很严正，一点不苟且，到了民国，尤其主张要着重法治，尤其认为法治要从上级的人以身作则做起。"王子犯法与庶民同罪"说得很对，到了民国，应该格外实做。"只准州官放火，不许百姓点灯"的习惯，认为是法治最大的障碍，个人人格最大的损失。

我父做了官，应该守的法，他绝对地守；回来做百姓，应该守的法，他也是绝对地守；并且他自己所定的法，尤其自己遵守。譬如路工处的车捐，应该出多少，就出多少，各机关大家吃的什么饮食，他就吃什么，总是和人家一律，不愿意有两样，有特别。在前清末年，我的从兄担任通州警务长的时候，订了一个车轿夜间不点灯要罚的违警规则。有一晚，我父有事坐了轿子进城，没有点灯，警察就上来问，那轿夫抬了我父，当然是毫无顾忌，就说："你不认得吗？问什么呀！"我父在轿里一听见，就明白没有点灯，犯了罚则，立刻下了，问明了警察的姓名，招呼点了灯，就到警局照罚则罚了，还拿了几个角子赏这个警察，嘉奖他能尽职守。

还有开了学堂以后，有许多官绅家子弟上学堂坐轿子，我父就叫人告诉学生的父兄说："要上学，就要和其他学生一样步行，不能坐轿子。"民国以后，改用了阳历，我父无论写信或别的文件，都写阳历，在会计账目方面，尤其主张废除阴历。每逢典礼，也着礼服。他认为遵守国家法令，是人民应有的人格。有好几回碰到人家无中生有，诬毁我父的名誉或他的事业的时候，我父总是延请律师从法律方面求一申辩保障的方法，绝不利用别种势力，防卫自己，对付人家。到了病重那时候，医生劝他吃鸦片止痛，我父听了，很沉重地说："你们为什么要我犯法？"

我父虽然是中国读书人，年纪过了四十岁，没有进过学堂，到过欧美各国，然而他的思想，他的计划，他的行为，没有一件不注意科学的原理，采取科学的方法，信用科学的人才。在三十年前，我父用了外国机器办纱厂，废了科举开学堂，当时人都认为骇怪的事，我父不加闻问，抱定他的主张，认为世界的进化，国际的竞争，中国要强要富，绝不是旧理论旧法子，可以办得到的，至少方法是一定要学一学欧美日本了。

所以他创办事业，无论实业还是教育事业，都主张根据科学的预算和方法。办河工是绝对主张抛弃旧法，要用测量和机器工程；造房子对于地脚光线，一定要采取合于科学建筑的原则；开一条河，造一段墙，都得先要有比例的预算；办事作书，尤其主张着重数目和精密的统计，不赞成笼统含混的理论；甚至《绣谱》上所载的桌子凳子，都有图样和尺寸，戏院里的座位，都有号码。

欧战以后，很有人轻骂科学，我父不以为然，认为中国在萌芽时代，奖进还来不及，哪里可以疑难摧残，就说道："文明完全是科学的结果所造成，哪有物质和精神的区别，绝不能拿人类残忍贪欲的罪恶，硬加在科学的进化身上。"我父一生尊重科学的精神方法，他的言论，他的著作，处处可以看得见。

我父引导人民有科学知识的意思，随处可见。譬如在军山下朝西南的石岩上刻了一条线，平排又刻了"民国四年测海平面下此十四尺"十三个大字。他的意思是使游山的人，无意中一见，就明白这浅近应该晓得的常识。

我父对于科学人才，向来重视，对于中国工业需用科学人才，尤认为当务之急。我国对德宣战以后，所有敌侨，势须遣回。我父晓得留华德人中，有不少科学专家，于是分向省国当局，磋商保留了十数人，分任学校工厂教授、技师及顾问等事，我父很得用，他们也很感激出力。等到欧战以后，我父非但认为德在世界上所造就的文化科学的地位，绝不以军事外交上的失败而有所摇惑减色，并且觉得这时候，是我国聘用吸收德科学专家的绝好机会，所以他计划以后的新事业，多主张用德人。

到欧战以后，我父晓得各国航空事业突飞猛进，军事上固然一日千里，就是交通商业，也有绝大用处，于是他计划买两架飞机，开通沪航空线，因股份没有集齐，竟没有办成。等到各国盛行无线传音器以后，他叫各机关都办一套。

我父对于中国科学的幼稚和需要科学的急迫，都是十分的谅解，遇到机会，总是尽他的能力提倡奖励。所以中国第一个科学团体科学社成立后，回到中国，竟没有会所和试验室，我父就想法再三和省当局商请，给以房屋，科学社才有了基础，所以他们对我父有很感念的表示。题词如下：

> 本社名誉社员张季直先生，耆年硕德，利用厚生，科学昌明，群资先导，同人敬献生物研究所，以志纪念。民国十一年八月十八日中国科学社同仁敬立。

我父生过一个外症，德医说："要治疗这症，一定要上麻药，开刀剖割。"又说："这种病的剖割，在中国怕没有人试过，但是不能说一定没有危险。"我父一听，就和德医商定到林溪精舍去听他们剖治。我父怕家人亲友阻止，一个人也没有告诉，等到过后，人家问他为什么冒这个险，我父回说："我只相信科学学理的医治，危险不危险，倒还没有想到。"

我父对医学，认为中西医各有立脚的长处，要能彼此贯通，互助改进，才是道理。而于药学一门，尤其觉得有用的科学的原理和方法，有去研究发明的必要。于是发表一篇东西①，计划办法很详细，立论极公道彻底，可惜终究没有办成。

我父生平认为外人称中国为东亚病夫，固极可耻辱，然而看到国人一种萎靡不振、不讲体育的习性，也十分地痛恨，所以他自身固然是起居有节，而步行时很多，借以锻炼筋骨，几十年如一日。

在男女各学校中，主张体育与其他学科并重，所有球艺、竞漕、游泳，皆在所提倡，并且先后创办两处大体育场，让学生平时有练习的地方，每年或间二年，必开全县大运动会，我父必亲到演说评判，以资奖励。

在前清开办师范一直到后来大学，各学校中，都很着重兵式操练，常常野外演习，所以南通各校，皆备有枪支。我父主张拿军国民教育，挽救民族的懦弱和造成国家的强盛。民国十年（1921年），远东运动会在中国举行，公推我父做名誉会长，他立刻答应。可见我父提倡体育的殷切了。

我父对于我国拳术，向来注重提倡，认为有历史有长处。凡人熟练后，既可强身健体，又可防御侵犯。我十岁时，我父请了海门拳教师黄万镒在家教授。各学校中都有拳术一科。我父每年自己也练习"八段锦"②。

---

① 即《拟集资化验中药征求同志书》。
② 中国古代流传下来的一种健身功法。

第四节　嗜好两种

我父生平有两件嗜好，一件是建筑，他幼时就有建筑的兴味。在《述训》上写着：

> 后有兴作，凡木石砖瓦，一一度其修短厚薄之尺寸而预计之，无有差忒，临时必使謇兄弟杂作小工，而于砌墙每层将合时，尤令注意于需砖之度，相其修短厚薄，检以畁工，曰：工屡觅砖，或断砖不合，则耗时而费料，亦以是练儿童之视力。至他人家，亦视其营造之合否而教之，以是謇于土木建筑计划，稍稍有知识。

后来办实业教育所造成的建筑，一年比一年多。他对于区域的选择，地点的位置和门窗配置的合于光线，地脚筑高，避去阴潮，在在均有科学的研究。没有一年没有新的建筑，而且有时今年新建筑，明年有改造的必要，就毫不迟疑地拆造了。所有建筑，都是力避华丽，最求坚实合用。他大有"必得广厦千万间，大庇天下寒士俱欢颜"的气概。

我抄一段修桥记，就可看出我父建筑的计划和兴味，以及他着重科学的工程的识见：

> 今桥度河形便据旧桥之上，用欧西建筑法，经始于十年三月，历十月而成。度用部尺，准欧尺加赢二十四分之一。桥长，属两岸为孔二十有三，每孔纵广二十有八尺八寸，凡六百六十有二尺，面衡广十有九尺二寸，其高出洪水位三尺八寸四分，斜度为二百分之一。既坦既夷，材不用木与石，用钢（铁）混凝土，钢筋准一寸及六分竹节之条铁，筋准六分四分二分一分有半周圆之条混凝土，桥面用一比二比三，桁用一比二比四，基用一比三比五，所谓欧西建筑法也。柱列二十有四，柱之下基二，基之下桩大柏三十，深入二十尺或十四十五尺。用银元七万有奇，费亦云巨。（《重造洛阳天津桥记》）

一件是种树。他认种树非但有关农事气候的调剂，并且增加幽美的风景。所以规划垦区或者建筑房屋，必预先布置种树，有时候因为大树古树的关系，将路线改避，或房屋让开。

我父种树，关于时令、分行、培养，都有一定的标准。在南通到处可以看见德国槐和白杨，还是他前二十年种植的。还有五山也分年种了十几万棵树，现在江中一望，都已成林了。我们中国的植树节，就是他任阁员的时候规定的。

他一生见了各处的好树，都很爱重、歌咏。我来选抄几首，好像诗里边还有人，也有寄托：

　　昔望撑空蒿似柏，今来夹道柏兼杨。只怜三万成林日，（规划乡树二十万株，今三万五千余，裁六之一。）不见嬉吁李部郎。（审之）（《垦牧植树》）

　　邹学轩前秀两松，亭亭影到小池中。喜如儿子都成长，正要盘根受雨风。（《松》）①

我父爱树，连心空的老柳和已死的榆根，都十分爱惜，一视同仁。一是希望它继续生存，一是希望它成材成品。②

第五节　用人待人

我父生平用人，完全是"用人不疑，疑人不用"，既然用了这人，办事只要依着轨道，责任是要他完全负的，可是权限分得极清，竭力尊重彼此人格，丝毫不加掣肘或干涉。

他最爱人能自动地努力前进，否则一板一眼，说一件做一件，每天晚上绝不要有搁起的事。他最喜欢错误坦白地直认和以后自新的改悔。他最恨迂滞的性情和推宕的习惯，尤其痛恨文过饰非、萎靡不振。他有一个脾气，对于期爱的人，有了过失，就要严加训诫，声色俱厉；碰到不屑教诲的人，反而客客气气，一言不发，不愿再见面了。但是我父

──────────

① 诗还有《院竹》《长生光明室前高柳》《移松竹》《云台山吊龙丈人歌》《璎珞松歌》等。

② 有诗文《有计伐公园心空之老柳者，诗以缓之》等。

自己光明，当人也光明，自己诚实，当人也诚实，所以有时难免没有"君子可欺以其方"的地方。

我父对于忠于其职的办事人，最所敬爱。工厂中的工人、办事人，学校中的教员，凡身故必有抚恤，或对于后人有一种优厚的待遇。假使任事到一定的年限，或因为年老退职，必定有递加俸金或退休金的给予。图书馆馆长张景云、女工传习所所长余沈寿，均任事逾十年，平日办事，很有成绩，所以身故以后，我父主持地方公葬于南山下。保坍会工程师特莱克，任职亦逾十年，平日做事，很勤苦耐劳，有西人办事之勇，负责之专，无西人自奉奢逸之习气，我父很为爱重，因为暑天勘视工程，得时疫而死，我父亦为公葬于南山。我专使各国时，我父特亲笔写一信，叫我到荷兰去访慰其母氏，情意拳拳。凡地方公葬，均有铭赞立碑，春秋派人祭扫，我父闲时也常去巡视流连。

我父交友用人，最能破除阶级观念，只要这个人有才学，品行好，不问贫贱，不问年龄，不问所操何业，不问男女，他是一样地爱重、提拔、信用，越是贫贱的人，能够出类拔萃有作为，他越是重用他。反而对于官绅品行不好，没有学问的，无论他官怎样大，钱怎样多，他总是嗤之以鼻，毫不通融。

他一生待人，肝胆相照，只有真诚，不用权诈，所以人多乐为他用，怎样劳苦艰险也不辞。就是管束人期望人，在那十分严正之中，总有温和之气，没有苛刻不近情的地方，也最恨揭穿人家的隐私和有伤忠厚的扬恶。凡人有了小过失，他总是拳拳教诲，予人自新，如果碰到纵欲败德，不成体统的人，那就嫉恶如仇，终身不愿再见。他向来用人，只有人才主义，没有什么界限。尤其对于向上要好的后辈，提拔爱重，不遗余力。乡人亲戚有好的，当然可用，可是碰到不安分误了事的人，那就毫无偏袒，责罚起来，比对别的人还厉害。

我父有一多年门生，因外交上关系，被国人指为卖国，各方告诉我父以后，愤恨异常，曾有"小子鸣鼓而攻"的表示，从此以后，非但没有见过面，连信都不通。我父生平培植人才的苦心和希望后进的殷切，看这一首诗，就可以明白了。

平生爱材美，尤爱自艺林。入市买果啖，家果意弥珍。晨溉夕
翦拂，望之始一针。待其分寸长，动嫌日月骏。牛山古所叹，哲士
缠苦心。成材但十五，何必高百寻。果实足充箧，不羡衔仙禽。以
是结微念，疏畦绝沉吟。（《四月一日师范学校廿周纪念》）

我父向来受过人家的恩惠，时时刻刻总记在心上，没有一人不报
答。帮过他忙的人，等事成功了，没有一件不酬谢。他对于有怨恨的
人，绝不存报复的念头，事过境迁，也就算了。凡师友中有贫困老病
的，没有不帮助，到了身故以后，总去吊丧慰后，有时还去到师友的墓
上，追思往事，凭吊流连。凡师友的后人，境遇艰苦，没有不周恤，假
使子弟有不读书的，就资助他读书，有成材的，就给他优厚位置，让他
发展，和看待自己的子侄一样。

这种事实太多，也不一一举人名了。

第九章　事业的归束及生荣死哀

第一节　尽瘁地方事业

我父在南通完全以人民的地位，用私人的财力，创办各种事业，政府是不希望他资助。实业方面和友好的帮忙，间或是有的。

他抱定主意，立定脚跟，要创造一个新局面和新事业，所以办的师范、纺织、盲哑学校、气象台、博物苑、图书馆等教育事业，纱厂、垦殖等实业事业，开垦全县的道路，整治全县的水利，在中国都是第一件事。他只认定凡自治先进国应有的事，南通地方应该有，他就应该办。他不问困难不困难，只问应有不应有。

只要地方上有一个人不上路，一块地方不整洁，都是他的担心，地方的耻辱，更是他的责任。所以地方上的事和自治，没有人去办，倒也罢了，假使要办，越办越多，越办越不满意，越要改进振作。南通的一草一木，一路一屋，都是我父经营心血的结晶，都是他财产消耗的代价，他的生活和生命的经历，就是南通的事业史、自治史的篇幅，不容易分开，也不必去分开。我父在光绪三十四年（1908年）有一题古缶的序，写着："……光绪戊戌申十二月初三日茔阡，掘土得破缶二片。……一铭置博物馆，一镌字置生藏。缶乎缶乎！若待余三十年而偕汝者，州其岁于文明之域乎？……"

他尽瘁地方，认为再三十年可以拿地方做到"文明之域"。等到地方完美了，他的志愿也就算达到了。哪晓得远没有达到三十年期望的年限，他就瞑目去了。顾亭林先生有几句话："……县之人民，皆其子姓，县之土地，皆其田畴，县之城郭，皆其藩垣，县之仓廪，皆其困窌。……"这不是为我父在南通的写照吗？我很盼望以后地方人士，要抱定实做顾先生接下去的几句话："……为子孙必爱之而勿伤，为田畴必治之而勿弃，为藩垣困窌则必缮之而勿损。……"

我父创办地方事业，耗用劳力的决心和意量，尤比耗用金钱的牺牲还来得伟大，实在可以起人的钦敬和追念。因为决心要办好地方，要利益人群，等到没有钱，就卖起他的劳力去换钱，这是何等悲壮和积极呀！所以南通事业的成功，完全是我父心血劳力的结晶。

这是《鬻字启》中的一篇：

> 南通前年歉，去年灾，农饥商疲而金融滞。下走岁入大毂，而所负地方慈善公益之责，年费累巨万无可解除，亦责无旁贷也。求助于人必无济，无已惟求诸己。……自登报日起，鬻字一月。

我父经营地方，视同家事一样，爱护地方，比他自己的生命还重。有一回江常方面，因为要沙田速成，就筑了两条坝，这坝一筑成，那江流就立刻变迁，要逼直向南通江岸冲来，岂不是要加速了江岸的倒坍吗？保坍还来不及，哪能再促坍，于是我父愤极了，向官厅去力争，当然有理地到底争胜。当时我父有一封信，表示他的义愤，也就慷慨淋漓之至了：

> 南通江常共一长江，潮流迁折，此坍彼涨，世之常理，然皆任其自然迁变之势为之，故坍亦无所于怨。然坍地至数千百万亩，荡析之户至数千百家，地方不讲自治则已，设言自治，宁能置此重大问题于不顾？南通之延请外国工程师再四测勘，计划保坍之法，盖十余年七八次，保坍之法，工程师前后主张，亦非一致，最后乃本奈格父子之计划行之，即今之筑楗。楗犹言挑水坝，当时黄河工程之鱼鳞扫，亦此法，乃顺水撇流，使不冲激犯岸，非截流也。

> 江常人之筑段山坝，乃截流逼其向日所受之水使他趋，趋至北，故南通已成未成之楗，无不受累。江常人欲弄小巧，攫大利，始则亦窃保坍之名以自文，而不量事实利害之非文可掩。南通虽薄劣，不若是可欺也，争讼经年，南通得直。……所最有一语为江常

人明白披露者：坍江之侧，无鄙人一毫私产，与害我人争者，为地方而争；涨滩之中，无鄙人一毫私领，非法不可领，为个人人格而不领，所谓人格者，不欲以义始以利终也。(《为段山夹滩地事致人书》)

我父经营地方的志愿，到二十余年方才有一点模样。

实业方面，从种植原料造成货物运输外去，直接间接的农工商人，倚赖生活的，总有几十万人，为地方国家兴的利益，每年总近千万元；教育，从幼稚园办到大学；慈善事业做到老者安之有养老院，少者怀之有育婴堂，其他无告无教的人，有残疾院、盲哑学校；全县有齐全的图，通行的路，完备的水利，全县没有一个乞丐。

我父本来拿南通当一个大花园去布置点缀，所有的心血，所有的家产，都用在这个志愿上。他拿南通地方的事，当作他自家的事，他自家的荣誉，就是南通地方的荣誉，人家拿"模范县"三字来推奖南通，我父只说："南通事业不过做到地方自治的最初基础。"到了病重的时候，还时时提到全县原动力的大电厂没有办成，全县民兵的制度没有办成，引为遗憾。他经营地方的精神，至死未已。

我们一读他《生日告人书》，就明白他向来的决心：

仆农家子也，祖父耻负债，生平耻随人世间一切浮荣虚誉及流俗猥下之是非，向不以为轻重。徒以既生为人，当尽人职，本吾所学与吾所志，尺寸行之，不可行则止，世不论治乱，亦无所厌世。……次第经营实业教育慈善地方自治公益事业，凡所当为者，初自无而至有，自塞至通，自小至大，既开建设以谋始，复筹基本以虑终。……是以行年七十，不敢自暇逸，与老而务得夜行不休者等。然自揆财力，亦适能此而止，而尚时时虞其不给。(《七十生日告人书》)

我父处处以事业为中心，而时时在那里不断地提倡和引导。所以他六十九岁的生日，人家要祝贺他，他叫大家去造纪念林。六十、七十岁两回的生日，人家要庆祝他，他叫大家帮助他造了两个养老院。到三伯父七十岁生日，他在公园中造了一座楼，题叫"千龄观"，去庆祝他，总是利用了机会，做一件实事。

他叫人家不要拿钱往没有用的地方去，大家既然好心要祝贺他，就应该想一个有永久性质的纪念。更应该拿一个人一家人的高兴庆祝，扩充到多数人身上去。所以我父曾经叫我母亲徐太夫人、吴太夫人各办一个小学校，一个幼稚园；我嫂沈夫人也办一个小学校，并且在我家各处祠堂丙舍里边，凡有余空的房屋，总是办小学校，祭田收入多下来，就做经费。①

我父三十年所办的事业，范围很广，种类很多，他的精力，完全用在这里。好像照料看护自己的子弟一样，要等他长得心安体胖，然后责任方尽。他曾经对人说过："现在一风一雨，一冷一暖，都与我事业有关，都在我的心上。而且有时候，垦地农产要雨，内河行输要旱，开辟道路忌雨，建筑运料要水，同时又不能两全了。"

我父到了七十前后，看到国家统一的局面，已纷争破坏到极点，暂时没有收拾的办法和可能，而各省事业上割据的形式已经成就，一时也不容易打破。人民自然最希望全国有良好的统一政治，然而既河清难俟，也只有退一步，希望得到部局的安宁。我父尤其有地方事业的关系，不能唱高调，冒危险，就是心里边愤恨厌恶到万分，嘴里边和外表，也只有忍默。所以我父但求部局秩序有相当的维护，人民元气能保一分就保一分。

这并不是我父忽然放低了他的严格的责望和改变了他的本性的人格，有所迁就合污，实在是人民经不起再闹，地方经不起再扰乱，事业更经不起再破坏。然而每一回局部当局的变换，我父也必定本了与人为善的心底，希望他们做几件实事求是于人民有利益的事。结果他们尊贤敬老的礼貌，虽然外表是殷勤得很，而实事还是不做，地盘权利，还是野心要争，弄到地方人民都受苦痛，而他们的本身，还是照常一个一个地冰山倒泻下去。

---

① 有《第三养老院开幕演说词》。

三十年来一直到现在，很有许多人对于我父创造地方事业抱着一个失之专断的怀疑和评论。关于这一点，我不能不说几句。从前孟子评论子产治郑，曾经说过："……为政者，每人而悦之，日亦不足矣。"我现在敢说，凡人做空前的革新事业，固然不必叫每人不悦，然而一定要叫每人悦，也是一件做不到的事情。所谓"民可使由之不可使知之"，并不是愚民政策，实在因为人民的识见程度难得齐一普遍，凡事不到相当时机，不会生出相当的同情和服从。

我们一看古往今来的历史，无论哪一个时代，凡有除旧布新的人物和事业，在开创之初，总是有人怀疑阻难，一直要等到办成功，大家受到了切身的利益，然后才众口交称，翕然信服。至于本人只要表里如一，内省不疚，也就管不得许多吹毛求疵的议论了。

譬如造一条路，要拆去人家的屋，辟一条河，要开去人家的田，都是建设事业的必要阶段，不可避免的事实，假使只顾将就目前，只顾一小部分人的安全，试问还有哪一件事可以办得成？归根结底还是人民吃亏。所以只要问创办革新事业的人，他的动机是否为私人权利？出发点是否光明纯正？如其是为私，那种专断就应该指摘反对，否则大家就应该给以相当的谅解和事实上的助力。

从前我父定计划开造全县马路的时候，我伯父和我都觉到有许多困难之点，不容易办得通，哪晓得我父不管一切，抱定方针，照计划实行，不到两年，五六百里的县路，居然汽车能通行无阻了。到成功以后，人人觉得便利。这是我父眼光魄力高人一等的地方，也因为我父事事为公的信用，得到人民牢固的敬仰，所以才收到非但可与乐成并且可与虑始的功效了。

第二节　对实业最后表示及计划

我父创办南通纱厂，成立开机营业以后，渐渐地见了利益，到了欧战时候，机会大好，赚钱很多，股东都得到很厚的利益，而我父的事业也就猛进起来。

在这最旺盛的时候，各实业办事人所得俸给之外，因为营业机会大好，得到奖金又多，我父很怕大家骄满气盛，不踏实地，醉心投机，溢出范围，小之个人身败名裂，大之影响实业全局前途，所以遇到机会，就严正告诫他们。我在这里摘抄一个通告：

> 营业之道，先求稳固，能稳固，即不至失败，即失败亦有边际，企业者不可不知也。

第二年营业又获厚利，我父又发出第二次通告，儆戒办事人。

> 下走则兢兢业业，遇盛而忧。忧极盛之难继，尤忧在事人之侈然而泰，人以为功也。

到了欧战停息以后的四五年，世界的棉业界，都感受到剧烈的恐慌，国内又屡遭时局的变乱，天灾的连接，纱价又贱，棉价又贵，种种厄运，一齐到来，加之内部替同一范围中的盐垦公司，抬价太多，于是有艰困的趋势。本来淮南盐场可以开垦的，有好几百万亩，大家看见垦牧公司，以荒劣地质，经过我父经营，得到厚利，于是一班投资的人和办事的人，都眼热起来，东办一个盐垦公司，西办一个盐垦公司，他们都拿垦牧的厚利做榜样，觉得是一件很容易的事；那时候我父又不在南通，他们格外放起胆来，完全没有去考究通海垦牧成功的历史。

要晓得我父苦心经营垦牧，有二十年的奋图，何等的勤苦耐劳，才得到好结果，何尝是不劳而获的。他们创办新公司，一起就拿资本都去买贱价的田，而对于经营垦地最需要工程的款项，都没有准备，专想靠息借或侥幸丰年得来的收入，支持一切，所以就向大生厂拖了好多款项，哪晓得连年的天灾，盐垦公司的信用一落千丈，本身固然没有办法，又连累大生也陷于极困难的地位。我父《年谱》上有一段记载：

> 先是五六年间，继大有晋、大豫而成立之盐垦公司，为大赉、大丰、大纲、华成、新南、新通，粗有设施而未成立之公司，为遂济、通遂，尤稚者为通兴，盖歆于垦牧公司日进不已之垦利而为之。此十余公司外投袂而起者，涨脉偾兴，各涎一地，假以号召者，尚七八处，有先时不知其名。余以为危，止之不能，其属于通

系者，率抱注于大生，大生以棉为纺织必需之原料，有裨于本计，又尝有所抱注而资之。且冀垦地所入可偿岁息，他无所恐也。讵垦利缓而负债重，工程未施，恃天孟晋。适己未庚申辛酉，虫雨风水，连灾三年，垦无所获，债息紧逼，乃有踬决肘见之象。此皆余凤昔自治锐进之说之为咎，至是增一至大之阅历。股东会议设盐垦纺织总管理处。（民十一四月）

我父的意思，认为纱厂所需要的原料，当然在农植，所以盐垦、纱厂确有联合携手的必要，可是计划不精密，办事人好奢逸，都已经种下失败的重要原因。

虽然当时有许多公司，我父连名称地点都弄不清楚，但是总是假了他的帽子，在他的范围以内活动，何况还有大生债权的关系，所以不能不挺身出来，为一种再起的经营。本来办事人失策的地方自然很多，可是几百万亩的整片土地，确是一个很难得一气达成的局面，很可正当利用经营为植棉的计划。又感觉到从前他办纱厂、办垦牧何等的勤苦，范围小，用人少，精神办事可以一贯下去，所以能成功，获大利。后来范围一大，用人一多，绝不是一个人的精力可以管理照顾这许多人、这许多事，所以必定要靠一种合于科学原理的管理机关的组织。

后来我父计划很详细，并且还打算在这个总管理处，他亲到办事，各公司都派一代表加入，各公司有电话线直达我父，有何要事，随时可通知办理，接洽请示起来也便捷得多，有何计划，可以大家集合商议，会计账务，也有一个严密负责的稽核查察的地方。另外还要请外国的专门人才来规划顾问。在纱厂最艰困的当口，曾经有一次办事人拿了向某银行借款所提出的最严苛的条件来请示我父，到底怎样对付，因为在当时紧迫的局势，又不能不借，但是那条件，又不能忍受。

我父回说："钱尽管借，条件尽管签，总归准备到期照数还钱，那么，怎样苛刻的条件也就没用了。"又对办事人说："我办实业不做市侩，办农垦不做沙棍。"又说过："失败不要紧，第一要失败得光明，第二要失败以后有办法。大家打起精神，决心再来打一个败仗以后的反攻，不要气馁，不要退。"我父当时虽下这个决心，可是经济环境的衰颓，是普遍的影响，绝不是任何个人的力量所可转移挽回，到底没有达到我父再攻的目的。

他虽是经过这种危迫的难关，精神上丝毫没有沮丧的气象，事实上也没有破裂败坏的见端，实在因为南通事业的基础，究竟是筑得稳固厚实，还加上我父一片真诚的公心，正义的魄力，还能够不跟着大势破裂，依然留下大好中兴的基业。

我父对于纱厂，有最后一篇通告股东的文章。①

我父对于盐垦，也有根本计划。通告股东，要成就这伟大事业，要垦熟这一大片地面，总离不了他所说和计划。

二十多年以前我父创兴海滨农垦后，翁公就有一封信说："……垦荒事变斥卤为膏腴，足与范公争烈矣……"十年前又有人看我父努力经营淮南垦地，可以养活不少人民，就作了一首诗，中有二句："范公堤②外张公垦，饱腹心心十万家。"

他们都拿我父事业和范公相提并论，正是读书人做实事，后先相映。我父盐垦政策，本极伟大。据他平常的计划，如果大举积极地做，人才经济，两都应手。定能在十年以内，垦熟这一千五百余万亩的沿海荒土，至少可养活一千余万人，国家各项直接间接的税收，自必激增起来，因此便可增设两个以上的新县治。这不是真正国利民福的事业吗？希望总有一天达到我父的目的，可惜他不能亲见了。

我父规划盐垦的东西多得很，我在这里抄一篇最后的文字：

> 自通之余东迤北至阜宁之陈家港，六百余里中，撮举可垦之地，大都一千五百万亩，……大小错落二十余盐垦公司，……投资负债加息几二千万，经营之地四百三十万亩强，略当全数三之一，……连遭庚辛壬三年虫水风潮之灾害摧残……尽失预计之望，由是资投而尽阁，债与息负而加重，股东袖手观望而莫救，……办

---

① 即《纺织公司股东会宣言书》。
② "范公"指北宋名臣范仲淹，他曾在今江苏省黄海沿岸主持修筑过防风防海潮的堤坝，即为"范公堤"。

事人短气扼腕，累累若狗之丧家，债户因之益督偿其本与息，而公司则破产不可，进行不能。……下走平昔言地方自治，自治不惟可大而当可久，久则须谋基本，基本之策，无过于地。(《盐垦公司水利规划通告股东暨公司职员书》)

第三节　成立县自治会

我在美国时候，就感觉到民治事业的维持永久，一定要大家负起这个责任，所以回到南通以后，就和我父说，南通事业，我家只能处于领导开创地位，要他发展和永久，还是要使地方上的人明白这些事业不是一人一家的，要大家一起来努力，我家也应该给他们一个机会，由参与而后接办下去，就主张组织一个县自治会。

曾经有人到过南通回去说："南通是倒置的金字塔。"他的意思是说难乎为继、有点不稳。我想这么多的地方事业，靠着一人一家确是不稳，那么，要它稳就要这金字塔正置过来，也只有照准我这条路走去，因此我创立县自治会的主张，更加坚决，更加积极，经过了两三个月时间，居然成立开会。

在袁世凯取消民治机关以后，这是第一个人民自动所组成的团体。当时我有一篇演说，说得很透彻：

今日为南通县自治会成立之日，自此事动议以迄于今，确届一月，吾南通人民自动自决自卫之精神，十分强固，所以在此最短促时期之中，遂产生此光明灿烂之自治会。……此会既成之后，则以前个人统系的南通，将进而为全县具体的南通，被动的南通，将进而为自动的南通，从此外来之侵害，将以百二十万人之力量共同抵御，未来之福利，将以百二十万人之才智共同发皇，绝非从前个人自治模范之南通，前者人之责望南通，不过一二人志愿之成绩，今则人之责望南通，将进而为百二十万人事业之成绩。……

须知吾辈五十人，即为被百二十万人所托命之人也，无限之责任与义务，均加于吾五十人之身，……决心要少说空话，多做实事。所说之话，须百二十万人人人所欲言，所做之事，须百二十万人人人所欲为。人有诚意，乃能动物；人无嗜好，乃有精神。尊重时间，为立信之起点；洁白心地，为立信之根源。……诸君须知南通之人民不易为，……以南通之安乐而不思其所以强固永久之道，则明日之危险，与今日之安乐，将成一正比例，可断言者。……

孝若前动议此事，早已声明名义不必居五十会员之中，而负责必尽百二十万人之一，乃不蒙本市诸君之见谅推举，……以孝若之学识……不足负此重任。惟此次之事，推人者本一己之良心，而被推者有无限之义务，则诸君既以光明纯洁之意义公推孝若，孝若亦当以光明纯洁之天良承受此职。……吾更代表吾五十人在国旗之下，宣誓于南通人民之前，曰：必竭吾五十人之心血精力，以谋百二十万人之福利。（民国九年十一月自治会成立会演说）

县自治会召集开会以后，大家也着实当一件事做。政府和社会也很注目，有许多地方来调查组织法。我组织这自治会的优点，就是用委员制，全体会员推出若干人做事，共同负责，没有什么长不长。还有会员分子的组织，是采职业代表制，凡农商各界均有代表加入，不是一部分一方面人所能操纵垄断的，这就是我们自治会的特点。当时也议决许多很重要的自治的案件。列表如下：

南通县地方公债条例（民国九年十二月四日）

南通县地方公债施行细则（民国九年十二月四日）

统一地方财政案（民国九年十一月三十日）

筹备自治经费案（民国九年十二月四日）

拆卸城垣以兴市面案（民国九年十一月三十日）

疏浚通境运河以利农田而便交通案（民国九年十一月三十日）

修筑市乡道路案（民国九年十一月二十四日）

选择学生贷款赴美国留学案（民国九年十一月三十日）

建筑本会会所案（民国九年十一月三十日）

慎重选政以维国本案（民国九年十一月三十日）

严禁烟赌案（民国九年十二月四日）

设立登记所及调查户口与自治村同时进行案（民国九年十一月二十四日）

查照中心河原议咨请水利会筹办案（民国九年十一月二十二日）

咨复县署筹设自治村案（民国九年十一月三十日）

咨复县署筹办各市乡游民习艺所案（民国九年十一月三十日）

咨复县署查核六七八三年收支地方费款案（民国九年十一月三十日）

我发表应该组织自治会的意见以后，我父起初不大赞同，经我反复陈说，才点头许我试办一下。我父对于此事，后来在报告书序上边，也有他的见解和规言：

> 哀哉，曾子上失道而民散之言也，道系于上，专制之政治耳，三代以后之政，其所为道，若织若钜，若明若晦，若彼若此，若伪若真，民不散而无所于新，民即散而无为之恤，沉沉长夜，岁二千年焉。……方其人存政举之日，十年数十年而止，民之新者旋故矣，新机至暂，而故辙至常，民安得而知自存立自生活自保卫之必原于自治。

> 嗟夫，欧美学说之东渐也，当清政之极敝，稍有觉于世之必变，而为之地以自试者，南通是。愿一二人默识而躬行之，百千人訾议之，非笑也，排沮之，年复一年，排沮之力渐退，非笑訾议之声渐减以消。……顷者试以县道，县之人，无识字不识字，具能捐除己私，走趋乐公，欧美所谓地方自治者，庶几有动之兆矣。

> ……儿子怡祖以为兆足以行也，倡自治会之说，而父老兄弟群和而应，英驰俊驱，不二月而会立，而议集，言之成理，而斐然若可观，兹诚大幸。虽然，《说命》之言曰：行之匪艰[①]，行之维艰。知虚而行实，知捷而行迟，知一人事而行则众人事，知一日事而行非一日事，知不正不中，不足为知，行不正不中，不足以行。众人知识才力一与否？不一，有憎与忌否？有能涵覆而救济之者否？非

[①] 应为"非知之艰"。

一日而先后左右其行者，有他变他患否？是皆可虞而当计及者，吾为吾南通自治会惧焉。

謇颓然老矣，区区自试之心，日望传人，而又惴惴焉虑或不胜传，则有至简之言，为在会诸君子赠，诸君子念兹永兹，曰：少大言，多成事，无疆惟恤，无疆惟休。（《南通县自治会第一次报告书序》）

第四节　筹备自治成绩报告会

我父到七十以后，决心要休养读书，不管世事，一来政治的纷争，只是增加他的痛苦；二来是他的事业，也觉得可以适可而止。他要将各事业整理成一个段落，开一个二十五年自治成绩报告会，请人观览批评，做一结束以后，就让给后人去办，他可扶杖观成，退处于指导监督的地位。

当时有一篇呈报政府文：

遁居江海，自营己事，以为地方乃个人所与有责，县治乃国家所由积成，盱衡世界潮流之趋向，酌斟地方事业之适宜，乃以实业教育自治互相孳乳，忘其薄劣，黾勉为之，学者世界之高谈所不敢随，他人村落之菲诮所不皇恤，……综计积年经费，所达百数十万，皆以謇兄弟实业所入济之，岁丰则扩其范围，值歉则保其现状，不足又举债以益之，俟有赢羡而偿其负。

謇兄弟之愚，以为国可亡而地方自治不可亡，国即弱而私人志气不可弱，故上而对于政府官厅无一金之求助，下而对于社会人民无一事之强同。对于世界先进各国，或师其意，或撷其长，量力所能，审时所当，不自小而馁，不自大而夸。乃者国内外参观之人，日月有至，以集思广益而辄有询，以度长絜短而或有誉，然疑交作，就业随之。计自强求自治至明年，届二十五年矣，兄齿七十有二，謇亦七十，以国之一县，县之一二人所举之事，不逮时要百一，并不逮志愿十一。其于地方也，虑瑟柱之未谐，期车辙之有合，其于个人也，迫老传之岁月，惜大好之河山。拟集二十五年内之往事成绩，开报告会于本县，不言博览，惧或者贻唐肆之讥，不言劝业，惧不足当先河之导。

　　报告云者，上报政府国有此不自量度之愚老人，下告社会野有此不甘暴弃之莽男子而已。……会期不敢长，自三月一日起，至五月三十日止，此则南通地方自治报告会之宗旨也。(《为南通地方自治二十五年报告会呈报政府文》)

　　关于开这个大会，那时都有准备，会场也着手布置。可是天不作美，事不凑巧，碰到风潮大灾，财力不够举办，就没有举行，延缓下来。我父有一篇展期举行的通告。[1]

第五节　七十生日

　　"山中宰相神仙福，江左夷吾干济才。"这是黎总统祝我父七十生日的寿联。

　　他七十前后，经营地方各部分事业，都见成效，声誉也蒸蒸日上，从一个江北的荒僻乡村，办到地方自治很有规模的格局，完全是我父的心血和家产换来的。在国内别的地方都找不出，所以有"模范县"的称呼。外人看到以一个人创办这许多事业，也觉得十分惊异赞美，所以到了我父七十岁生日，大家要庆祝一下。而我父因为祝寿已成了恶劣的世风，又加上天灾人祸，更不愿举觞称庆，在生日以前，就有辞谢庆祝的表示：

　　　　称寿非礼也，今有年不必六十七十而张皇称庆者，世变大于是者不止万万，是璞璞宁足论议。下走……感触时世，……方忧惧怵惕之不遑，有何可庆？……下走生平所志，十不得一施，约诸地

---

[1]　即《自治报告会因灾重展期举办通告》。

方，试诸屯落，以是自娱，亦犹婪货贿者之弄兵，挠国是者之舞智，自行其心之所明而已。……下走二十余年以来，以为人之举事日日可百年，不必以血肉之躯贪望百年，设充下走地方屯落之志之量而为之，则天即假我百年不足云久，又何今日庆之足云。顷闻地方父老兄弟将……酿金为贺，盛谊亦殊可感，……诸君子所谓敬老者，适与下走之忘老反也。……诸君子相好之盛意，将虑无所表示乎？明年春夏行开地方自治报告会，为前此二十余年村落主义作一结束，诸君子厚我，曷以所费协助于会。……下走之感激，方之金石珍玩之投赠，又当奚若？下走不敢蹈薄俗，亦不敢远人情。

（《生日告人书》）

大家看了我父表示，也以为然，但觉得我父年齿已高，拿地方办到这样光明灿烂，大家逢到他的生日，总应该有一种欢欣鼓舞的表示，和其他官场假此铺张受礼的情形，完全不同。所以我父尽管推辞，大家只有体贴他老人家的心意，不过分排场就是了。

那几年我父虽然不在政治舞台，然而关于国家建设大计，或者国家碰着重大的外交事端，政府要来问，或者我父有所见，还是诚诚恳恳地发表他的政见，所以政府及各省当局，到了他的生日，也是一样地看重，派遣代表，赍了寿文祝词，来通致贺。

在生日的前几天，宾客四至，车水马龙。公园区域，马路两边柳树行中，扎起彩色牌坊，并悬挂了各种式样的彩色灯笼，到了夜里，一齐放电，成千上万的灯光，倒映在水中，真是火树银龙，光芒四射，照得很远，景象煞是好看。

剧场中伶生排了新戏，外边更加聘了几个角色，热闹两三天。那天早晨，我父一天亮就起身，先到先像室行过礼，从家中步行到公园千龄观中受贺，马路两旁，尽站了队伍，学生、各机关办事人，依次行礼，我父手持帽，笑容答礼，到俱乐部午宴，宴后去看戏。城内乡间，方圆几十里的人，都来看灯会，凑热闹，好像这不是我父个人生日的庆祝，乃是地方大家事业成功的庆祝，个个欢天喜地。

因为我父能够忧百姓的忧，所以百姓都能乐我父的乐。那几年实业发展，地方繁盛，蓬蓬勃勃，治具毕张，真是南通的黄金时代，现在追想起来，很有"好景不常，盛会难再"的惆怅。

第六节　中外钦重评论及哀悼

在民国十一年（1922年）前后，上海某西报及北京某大学，先后都举行过"民意选举"，就是让大家投票，选举当代的名人，不问哪一界，只要是本人最崇拜的，这两回的结果，我父得票都很多，名次都在三名以前。这虽是一种非正式的选举，然而真正民意，倒反可以表示出来。

邝富灼先生做过一本《现代之胜利者》，内中有一篇我父的传，评论我父为人和南通事业的状况，说得很确当：

商界中……聪敏人有创造一个机会的能力，虚瓦白施之于钢铁，他自己和公司国家，都得着无上的利益。洛克菲洛再施之于煤油，而即以之致富。在中国可以同他们并驾齐驱的，有张季直先生：先生脱离了政界的旋涡，看定了实业界中有造机会之可能，他毫不迟疑地抓牢着，奋斗着，终究建设了许多伟大的事业；他抛弃了虚荣，更抛弃了因做官而得的势力和金钱，情愿找能替社会尽义务的机会，在中国实业上，另开了一条新路，完全从他的机警、创造性和智慧几方面得来的。

先生为近代最高尚的学者，在四十年中，创造了很伟大而很合于中国的实业，而又把他的生长之地，一个风气很闭塞的南通，变成中国的模范县。……遗传性和环境，都于先生没有什么大影响，先生成功的要素，是纯洁创造性、远见和毅力。……著者曾经同英美法日各国的外资，到过南通，访晤先生，参观地方各事业，大家所得的印象，都很深刻，不是说他是一个创造者，就赞叹他成就了何等伟大的事业，并且大家确认为他所创造的南通，是中国的乐土。

……我们要仔细研究，究竟先生成功的权力在哪里？为什么先生能成就这样远大事业的结果？在先生七十岁生辰的时候，还充满着办事的兴趣，这种兴趣，于未来数年中，要给中国很大的利益。

我父在南通创办事业，各国人都很注意，来参观的人每月都有。在我父七十岁生日，各国政商界人借了祝贺的机会，相约到通会晤我父，观览事业。回去以后，有好几篇记述的文字，上边我已经摘了几段郑先生的记载，我现在在美日人所做的游记中，各择一篇。第一，可以看出我父对答外人自述他的志愿和创办事业历史的立场。第二，可以晓得外人心目中对于中国人创办新事业的印象和观念，及其注意评论的要点。

美国《亚细亚杂志》，曾经登载过萨雅慈先生（Mr. Sites）的一篇东西，我摘出几段：

此等事业之光采，诚可与欧美相颉颃，若求诸纯然东亚之内地，实可惊异，且种种进步，完全由华人指导，即美国最精干之改良家得闻其详，亦将引起有兴味之研究。夫负指导之责者谁欤？乃造就新南通之运命之张謇也。

张公秉救世之正义，存利众之仁心，孜孜矻矻以一身为南通事业之原动力。……始叩以振兴南通之秘诀，答曰：吾人欲振兴一事，先当祛除私利之心，盖私利之心，可以驱灭公理，为凡百成功之阻碍。至求社会之有进步，须于人民生计注意，人民衣食充足，而后可言维新。……继复叩以中华全国，何无一县如南通者？何无一人如公之存心者？张公自表其谦忱，答曰：世人有两种关系：一为内讼多疲，理性全无，自身尚不能举，而何有于外物。一为政治之组织不良，币值之紊乱尤甚，四围牵掣，有愿莫偿。具此两因，故非有决心毅力者，难期成就。

……其抱定二种主义，足资取法：第一，须顾全股东利益，勿藉彼之资本，饱己之私囊。第二，须与工人以相当之待遇，宁失之宽厚，毋失之刻薄。……张公招记者于中公园茶叙，谈及彼之宿志，每年必成建筑物两种，二十年来，竟能不虚所望，且有数年过于所望者。去年所成，即五公园，今年所计，为狼山之马路，明年则拟加筑江堤，及创办虫桑学校。……昔欧美之人，经受华商之欺诈，尝议论中国人及中国商人之无道德，及观张公，始知中国大有人在。张公由科举出身，未入基督教，其清廉果敢，尽力于富国利民之事，洵中国之大教育家、大实业家，行见于国家政治势力相膨胀，战胜于利己害国之政客及武人，可断言也。

日人驹井德三先生到通访晤我父以后，曾经写了一本很精密的《南通张氏事业调查书》，我在那书内，也摘出几段：

前日余访南通，拜领张公之教，张公曰："予为事业生，当为事业死，虽曾就农商总长之职，然此不过为完成事业之一经过耳。足下为日本人，闻斯言或觉奇异，然予信今日之最忠于中国国家者，在能完成一事，以示国民而不疑也。"……今者于中华国家，不问朝野，为开发中华抱一志愿而始终不改者，殆无一人。惟公独居南通之地，拥江北之区域，献身于实业之振兴，尽心于教育之改革，卓举效果，此世人之所以称伟也。

……张公之所长：一为头脑明晰，学识丰富，眼光宏远，且尊重科学，有研究应用之才。二为意志坚固，有心有所决非达其目的不止之气。三为其勇决在中国人中，实所罕见，有虽千万人我往之气概。四为其人格高洁，奉己甚薄，粗衣粗食，而持己甚严。五为有高雅之风，对于学问书画，以及演戏各种文艺，极有趣味而时刻为之，虽掷巨万之私财，亦所不惜，有时忙中取闲，隐居山庄，或读书，或作诗，或应人之请，挥其大笔是也。其所短者：一为主张己所信过坚，在富有妥协性之中国社会，不免为所敬远。二为智者共有之常病，欲以己律人，以己自奉之过薄，亦欲求之于人，以至部下人才难集等是也。

虽然在此举世混浊之中国社会中，上自大总统，下至小官吏，无不汲汲然惟求一身之安宁，一己之名利，如张公所怀之理想，数十年始终一贯，表面以分头于实业交通水利之建设，里面则醉心于教育及慈善事业之学理，乃唯一主新中国之创造者，诚可谓治现今中国社会之良药，而非过言者也。……由是中央政府及督军省长等，皆以张公声望之大，见识之高，关于重要之政务，一一征求意见，而张公不辞答复之劳。关于中国将来之统治策，正在竭力研究中。此次中央政府突然任其子孝若为欧美日各国实业专使，可知彼等欲从轨道博张公之欢心也。

1910年美国巴拿马博览会曾经陈列我父所创办事业的各项成绩，经过公认的审查，结果得到荣誉大奖凭（Grand Price Diploma）。至于我父所创办的各个实业教育机关，历年在国内各大埠，国外英美法意等国，都得到过优胜的奖凭或奖牌。

我父一生以劳力事业，换得世人不少的奖誉和政府的推崇，他非但不以为荣，反到处增他为国为民的恐慌和良心上的谦辞。前清时代他只顾凭他的学问，走正途前进，绝不愿依靠保举，也不愿花钱去捐官。到了民国，政府因我父参加创建共和的勋劳，就在汪先生精卫在同一命令，授以勋二位，我父辞电说："……未知何以慰民也而忽有勋，未知何以为民也而忽有位，远溯（介）子推绵上之逃，已贪天而无自：近溯无终关内之赏，并卖塞而无辞；良知尚存，不敢应命……"

到了民国十一年，政府又晋授勋一位，他又辞：

> 顷奉明令，晋授謇以勋一位，循思悚愕。……謇今者愿寝成命，置不施行，俟诸水利稍见措施，或有成绩可告天下之一日，庶赏者不僭，受者可安。

还作了几首诤诗。[①]

民国正式政府成立以后，很注意地方自治的推行，而想先取法于南通，于是令省县官万详查我父所办各事，呈复上去，阁议特令褒奖：

> 张謇前以邑绅，在南通提倡自治办理学校善举及一切公益事宜，迭次捐资巨款。该总裁家本清贫，以创办实业之余财，为嘉惠地方之盛业，洵属急公好义，为国楷模，本应加以崇奖。惟该总裁耆年硕德，素却虚荣，应即特令表扬，风示全国。

我父逝世以后，政府有一篇悼扬的命令：

---

① 有《诤诗》四首。

张謇耆年硕德，体国忠诚，位望崇隆，邦人所重。民国肇造，于建设因革诸大端，多所赞助，嗣后，……筹划经营，效绩昭著，比年引退，尤复振兴实业，造福邦家。方冀克享遐龄，共谋国是，讵意偶患微疴，遽尔溘逝，老成凋谢，怆悼殊深。著给费治丧，派员致祭，生平事迹，宣付国史立传，并交国务院从优议恤，用示笃念耆勋之至意。

我父七十岁生日，各方送来祝颂的文字各种体裁，有好几千篇。等到我父逝世，我家接到国内外哀悼的文字，更加多一两倍。都是情文兼至，各有各的立论推崇之点。我打算拿这两部分东西印在我父全集后，作为附篇。

因为诗文篇幅过长，在这里不便选入，只好抄一二十副挽联出来：

英声千载，斗南一人。

——赵尔巽

一代声名昭简册，千秋慈惠溥乡间。

——王宠惠

讴思淮海三千里，关系东南第一人。

——王毓祥

一老不遗，失恸岂唯吾党；万方多难，招魂怕望江南。

——梁启超

化始一乡，观政从知王道易；利贻百世，传家尤喜后昆贤。

——严修

绚野遗规，声闻赫赫人间世；负舟大方，神理绵绵墨者儒。

——陈三立

救国展长才，儒服不妨兼货殖；传家留义训，史书定可附河渠。

——张作霖

立德立言立功，是古所谓三不朽；授耕授织授读，待而生者十万家。

——丁士源

承濂亭薪火之传，能以文章弇科第；载端木胡连之器，岂国货殖损清名。

——章炳麟

仕隐系兴亡，居然成邑成都，代养万民光上国；安危存语默，堪叹先知先觉，未完七策奠新邦。

——黎元洪

为地方兴教养诸业，继起有人，岂惟孝子慈孙，尤属望南通后进；

以文学名光宣两朝，日记若在，用禅征文考献，当不让常熟遗篇。①

——蔡元培

物则棉铁，地则江淮，盖其自任天下之重如此，远处着眼，近处着手，凡在后生，宜知勉矣；

早岁文章，壮岁经济，所谓不作第二人想非耶，孰弗我有，孰是我有，晚而大觉，尚何憾乎。

——黄炎培

在我父的坟上，新近建了一座铜像，像赞的前段说：

维张公既葬，越二岁己巳，三年丧毕。门生掾吏故旧，登邱陇而伤逝，感松柏之渐拱，悼德辉其永闷，念后生将安放？怆怀追慕，思昭不朽，佥谓：铭德累功，允施鼎钺，忾闻僾见，莫尚图形，丝绣平原，金铸少伯，并不藉丹青之能事，而著爱敬之极轨，征之往古，例既非创，揆之今世，礼更攸宜。乃相与酿资，饬工冶吉，金范德像，以遗其孤，树诸灵域，俾清标耀乎百世，来哲仰乎无穷。

---

① "日记"指《张謇日记》，"常熟遗篇"指常熟人翁同龢的《翁文恭公日记》。

第十章 优游山林及晚年风趣

第一节 南山别墅风景及赏花

我父七十前后，看了国事的纷争扰乱，没有一年宁息，国势随之不振，人民痛苦，依然不能解除，南通实业教育自治等事业，因为连年的天灾兵祸，直接间接地摧残影响，不能再推广发展，只有尽量保持相当的现状。

我父曾经说过："一个人一生要定三个时期：三十岁以前是读书时期；三十岁到六七十岁，是做事时期；七十岁以后，又是读书时期。"所以我父将到七十岁，就心心愿愿准备实践他那第三时期再读书的计划。

可是读书和做事不同，要有个清静优雅的地方，配上野僻安闲的环境，所以我父就在南山一带及江口，造了许多的别墅亭榭。有的是傍山，有的是临水，有的是在山上，有的是靠江边，有的是利用原来寺院加以修饰，有的是另外新建。房屋的建筑，都无宏大华丽的气象，却有茅舍野趣的结构，他不时去住几天，读书吟咏其间。

最先建了林溪精舍，在狼山北崖下观音院旁边，小桥流水，松竹成林，幽静得很。溪里边有一块很魁伟的石头，我父给它叫磊落矶，是吴昌硕先生题的字："小磊落矶 此石在松巅阁下，翁崖前溪侧。丙辰初夏吴昌硕书。"我抄几首我父林溪精舍的诗：

> 沧海流无极，青山买已迟。千岩吾曷美？一壑自专之。杜宅白盐峤，韩庄黄子陂。老来足幽兴，非与古人期。

军山脚下又建了一个东奥山庄，里边受颐堂有一副对联：

> 是以君子慎言语节饮食，利涉大川，由颐厉吉；
>
> 至于要道去健美黜聪明，光耀天下，反复无名。

又有一座倚锦楼，有一副对联：

> 居畏垒而民穰，计日计岁，尚不逮庚桑楚；
>
> 付儿子以家事，管山管水，其庶几辛稼轩。

在最西小山中间又建一个西山村庐，靠江边最近，风景最幽雅，我父最爱住那边。

我抄几首西山的诗：

> 老竹都倚水，新庐复在田。花增十亩额，堂企两山肩。字鹿宏偏柴，捞虾带小船。村佣宁解事，老子自周旋。

在马鞍山上建了一个我马楼，楼上有一个岑台。这是我父南山别墅最高的地方，北可以看见城市，南可以眺望江景。

> 淡似睡眉初二月，细如喘息五更风。一宵我马楼头住，消受惟应老秃翁。（《我马楼绝句》）

我当时有一首诗，拿我父比白香山，我父很欢喜：

> 香炉峰下筑，昔有白香山，致仕尚书后，移家履道还。老亲不为禄，一出便归闲，今古夫何有？高怀若是班。

围绕五山又开通了曲折的林溪和通引江水的小闸，既可增加幽美的风景，也可便利乡农灌溉的用处，所谓一举两得。

那林溪之上，筑了堤岸，岸上做成道路，两旁的杨柳种得密密层层地不断，中间夹栽着桃花，到了春天，桃花开得红艳，点缀在一片柳荫中，车马游人，往来不绝，山间的野鹰，盘旋于岩上，风吹麦浪，到处高低翻荡。到了夏天，一望碧绿，没有一点漏缝。溪内的荷花，田田地开得红白相竞，泛了小艇，绕山溪，穿过荷花，游鱼的锦鳞浮映着浅水，直看到底，清楚得很。到了秋天，满山田野间树叶，渐渐地凋零，在秋容的惨淡中，越发衬出红叶开得鲜艳，桂花的香味，更随人走动。到了冬天，山的真形逼真地露出，只有梅花伴其枯寂，还有一丛丛的细竹和一湾湾的溪水，密密围住，近处看一树一树开得很楚楚有致，远处望来，连成一大片花光，映着有点耀眼，煞是有趣。

赏过梅花，又赏樱花、梨花、李花，四时的风景，各有特色，四时的花卉，也接连地开得不断，我父看花诗很多。①

那边有些寺院的胜迹，我父仍旧保留修筑，黄泥山上卓锡庵旁边，我父起的小楼题着"虞楼"。因为登楼观江，在云雾中依稀望得见隔江的常熟虞山，虞山不是有翁先生的庐墓吗？观景怀人，感念起翁先生来了，虞楼有一篇匾跋：

> 黄泥东岭，南望虞山，势若相对。虞之西白鸽峰下，则翁文恭公之墓与其被放还山后墓庐在焉。辛酉一月过江，谒公之墓，陟虞巅望通五山，烟雾中青苍可辨。归筑斯楼，时一登眺，悲人海之波潮，感师门之风义，殆不知涕之何从也。名虞楼以永之，亦以示后之子孙。（《虞楼匾跋》）

还选一首小诗：

> 为瞻虞墓宿虞楼，江雾江风一片愁。看不分明听不得，月波流过岭东头。（《宿虞楼》）

我父南山的建筑，这处最高，高处远眺，风景自然更妙，云雾迷漫的时光，向东一望，沙屿萦回，也分不出哪是江哪是海，轮船帆影和沙鸥水鸟，远近上下，往来高低，各有各的情趣。远眺那日落的景致，好像一个红皮球，依傍着半天云霞，安稳地托着，慢慢地送它落下去了。到了暮春，山下麦田中，有桃园二千多树，盛开的时候，望下去四围绿色，中间一大片红花，好像一大块的红绒地毯，四面镶着绿边一样，风吹动起来，更有奇趣。天生果园的桃林，虽有三千多棵，比这里多，因为平地看去，景象差一点。

我父到了桃花盛开的时候，就流连于二处，欣赏作诗：

> 昨日看花嫌不足，红粉两行仅充屋。我尚有树三千株，曷为弃

---

① 赏花诗有《导诸君观梅梅坨因为修禊之饮同作》《约客看梅梅坨》《坨梅开尽矣竹畔一株尚盛玉色如雪喜成一绝句》等。

置春江曲。(《与鹿笙烈卿公园看花之次日，复同至天生果园看桃花》)

我随侍看花，也作过几首诗：

> 栽看梅垞千株秀，次第桃华百亩红。多谢东风能解事，并催莺燕媚吾翁。

西边的山，本来不大，东一堆，西一块，没有真山的庄严，而有假山的灵巧，不需人工的天造，越发可爱可近。在梅垞里边，我父自出心裁，拿没有用的大大小小树根和长长短短的石片，用水泥铅丝连起来，外面涂了柏油，种了草皮，叠成一片很别致有趣味的屏风，高高低低，有深有浅，有洞有门，有峰有峦，看上去地方虽不大，而极有曲折丘壑的情趣。我父在每一个片段上都给它题一个名儿，因为起伏远近有云的形状，就拿云来形容它的姿势。

梅垞里边有一个亭子，题作"绣雪槛"，有一块匾，跋语如下：

> 昔故人周彦升尝为刘子馥畤书室题此，刘以植梅少，不足当绣之云，未用也，今忆而榜我亭。花时宴坐，雪香如海，惜不见我故人，不胜怅惘耳。

我父别墅既多，各处事务自亦不少，管理照料，在在需人，又要其人耐得寂寞。就想到妇女心趣细静，情致蕴贴，管事也有条理。所以每一别墅，都请一女子管理，兼司抄写文牍。我父闲暇也教导她们学习写字作诗，以为消遣。

我父在新改建的观音院内，造了一座三层楼，内中陈列了许多观音像，在画的绣的当中，有古人的，近代的，在雕刻的当中，有石的，玉的，木的，及其他种种的，各式各样，没有一幅同的，一尊同的。每年逢到观音生日，总开放让人去参观瞻拜。我父说，所以要改建陈列的缘故，一来是敬佛，二来是保存胜迹，三来是提倡美术。

> 杭州井亭庵僧静法……示寂灭度之先，举庵昔所有，与其所得之观音像五十余轴，付嘱摩诃为之保管，摩诃以觊觎者多，虑不能终守，乃都寄南通港，嘱付之公地永藏。像所自出，石刻之画，自

唐吴道子始，绢素之画，自宋赵孟頫始，有绣之画，有缂之画，有灼火钩金刺血而成之画。……乃易故殿宇，建阁三重以为阁殿，奉静法所遗，益以现世绣缂白玉水晶青铜文石旃檀竹瓷寒石琉璃象牙所制种种之相。而北齐龙门美石之所镌，唐贞观丹阳善铜之所范，与夫高邮古刹唐代书画，珠髻金容，后先感会，于是量幅大小，列次供养，幡幢华盖，藻采层殊，无不原本经说，祁祁翼翼。（《狼山观音院后记》）

我父还想帮观音院请一两个读书不俗的和尚来做住持：

狼山观音院可臻精洁胜处，而和尚太恶俗，欲求勤朴诚净之僧，或居士主之。狼山亦拟仿焦山例为改一丛林作模范。但如何措手未定，故尚不宣示意见，须计定再说。若弘一太虚能为之，亦大好事也，试与弘一太虚言之。（《致江易园书》）

第二节　城南风景及泛湖

南通城南的公园，是我父将奎星楼改建的，又扩充了东南西北各面，拿小桥联络起来，楼台亭阁的布置，花树园林的点缀，堆一座假山，开一个水池，到处都是我父亲自指点造成。最有情趣的，是每处地方的题名，我父是在各种碑帖上拣几个字，集起来，再放大刻上匾去。

集字题名如下：清远楼（王羲之字）、回碧楼（宋太宗字）、适然楼（黄庭坚字）、南楼（褚遂良字）、觇青处（虞世南字）、嘉会堂（汉史晨碑字）、石林阁（隋龙藏寺碑字）、宛在堂（汉礼器碑字）、凿坏室（唐开成石经字）、自西亭（董其昌字）、水西亭（米芾字）、与众堂（颜真卿字）。

还有一处题叫"戒旦堂"，是妇女游园休憩或集会的地方，我父有几句跋，提倡早起：

日见地上曰旦，明也；堂东向，承旦之明独先，故西域独蕊以东日震旦。鸡鸣之诗，士女昧旦，即相戒以事，不负此旦矣。嗟我士女，徒游乎哉？名是堂以晓之。

公园中的对联，我父集得最多，我拣两副。这是与众堂联：

> 有底忙不来，白日青春，花开水满；

> 且应醒复醉，倾壶倚仗，燕外鸥边。（用韩杜诗）

这是宛在堂联：

> 堤塘莲叶田田，鱼戏莲叶南，莲叶北；

> 晴雨画桥处处，人在画桥西，画桥东。（集古乐府宋人词）

公园四周有湖环绕，很增加不少的美景，我父最先到苏州买了一个三舱的船，题叫"苏来舫"。不久又去买了一个淮阴小船，行动起来，比较灵便一点，给它一个"沤舟"的名称。最后又订做了一只汽船，做好下水的时候，恰好是七月七夕。我父叫人赶做成功，做七夕夜景游船的用处，就题叫"星河艇"。

我父因为祝贺三伯父的七十寿，就在南山公园建了一座楼。他的意思，公园中的公共建筑，与人同乐，可以永久纪念，一举两得。楼名题作"千龄观"。到了落成时候，恰好到了三伯父生辰，那天我父约了一百多位六十岁以上的远近友好，到观中欢宴。最老的有一百零三岁，计算起来，将近一万岁，有的白发婆娑，弯腰曲背，有的童颜健步，一饮十杯。我父作了几首诗，抄一首在这里：

> 南濠云水映楼台，碧瓦朱甍观又开。不是私家新缮筑，要容敬老万人来。

我父还有两首给百岁以上老人的诗：

> 昔年为兄庆，集叟迈千龄。流水觞今日，连天极一星。……（《寿南通百岁陆翁》）

> 突兀今年大水凶，谂谀海上得康翁。九如欲使川方至，百岁还看日正中。（《巡河遇东台百岁康翁》）

到了菊花开的时候，就开菊花会，许多人拿培植的菊花，好好坏坏多多少少地送来，还要品评高下。我父认为种菊花，也有艺术上的功夫，和科学上的心得，要提倡地方人士就是欢喜看花，都应该有科学艺术的研究，从开会上得到比较优劣的精神的进步。

我父《征集菊花大会启》里边有几句话："……导人民之好尚于清洁，分职业之农圃于审美，亦地方自治应有之事也。……"我捡一首赏菊诗：

隔江烽火乍销芒，前月登高兴未偿。且幸无兵歌万岁，不妨有菊当重阳。(《十月五日同人看菊花于公园递集适然亭小饮》)

有一年过了端午，我父想起点缀风光，就在公园中开展端阳会，叫大家凡家藏钟馗画像的，且要画得出色，不问远近，都送来陈列悬挂，最古的南北宋，近代的有元朝，清代最多。我父最先作诗记胜，叫大家跟着和他：

大傩桃茢驱厉鬼，周行于冬汉犹屦。终葵之挥颂季长，钟馗之画数道子。

我父常常游宿别墅各处，看看书，作作诗，很有乐趣。我父很不愿与俗客往还，但是骚人雅客，也十分罗致招纳。那几年有几位住在南通的寓客，像吕道象、莫棠、陈祺寿父子、刘焕、唐慎培诸君都成了我父游谈唱和的伴侣，还有袁国钧、章邦直、刘慎诒、高湘诸君也不时地加入。

到了四季的佳节，开了好花，有了好景，我父常常邀约他们，同车上山，流连于田野别墅之间，大都是步行游赏。公园的风景，也值得我父游息，到了冬天，雪景落得天地干净，就登楼欣赏。夏天傍晚的时候，夕阳欲下未下，反照湖中，映得红光一片，等到月上，夜色模糊，微风吹动，月光水气，上下一片，也分不出来。我父晚饭浴罢，又邀了伴侣，坐上苏来舫，或者星河艇，带了一班伶工学生，笙箫词谱，式式都全，等船放到中流，大家歌唱起来，我父按拍，客中能歌者，也和上一曲。纳凉的人，整千成百地立上桥头，连着柳岸，静听的也有，遥和的也有。清茶便餐，消磨到月倦向西，人倦欲睡，才各自散归。次晨一早，我父的侍童开门外出，手里拿着笔纸，就晓得是送诗词到各处去的，不多一刻，赓和的诗，又络绎地送上门来。这种情况，我父享受了好多年，唱和的伴侣，也给了我父晚年不少的慰藉。我抄几首游湖的诗：

浮送吴船到早潮，开筵灯火与波摇。榜人已受园人约，不过公园第二桥。

我父逢到佳节良辰，也总是约了好友，游宴消遣，地点不一定，早晚也不一定，唱曲作诗，成了一个惯例。我父有一篇诗序，讲起佳节不可辜负的感想：

庚申二月晦，归自阜宁海上，游倦小息，遂于上巳与退翁怡儿招要朋好，小集观万流亭，为修禊之会。非第老人宜有此娱耳目适意志之事，亦藉以抒朋辈时事之感伤，而令乡里后生子弟知令时之足珍，景光之可玩。酒罢泛舟，亦进丝竹，自今伊始，岁且为之，先成诗章，用征唱和。

我捡几首佳节泛舟登山看花听乐的诗：

江潮入闸流洋洋，酒盏正映雄黄黄。佳节令辰不放过，主人爱客皆老苍。

我出使各国那一年，起行的时候，刚要到七夕，大家就为我践行，作诗送别，一连闹了半个月。我父也很高兴，天天加入，泛了好几天的夜船，明月湖风，诗情游兴，反增了不少离别的依恋。我也助我父的诗兴，作好了几首诗。

南通狼山到了正月十五，乡下人拿田间河边的野草烧去，名为"放烧火"，是一种庆祝丰年的农家习惯，由来已久。到这一晚，城里的人就成群结队上山去，立在山上看下去，东一块西一块地起火，风吹火急，连起来烧成一片，农人老老少少，男男女女，手舞足蹈地高声唱山歌，这些情象，很有趣味。

我父经营南山，点缀风景，以娱晚境，他想买几对鹤，一问要一千多块钱，哪里来这钱呢？他就卖字，写了好几天，得到了钱，就买回了三对鹤。

我父向来很庄重，到了晚年，渐有诙谐的风味，喜欢说笑话，宴集宾客，游山玩水的时候，碰到机会，就说几句开开心，大有"谈笑风生，满座皆春"的情况。

刘君唱昆腔很有功夫，很爱风雅，有一回带妓游山，我父作诗嘲他：

> 剡溪筑舍曾无客，安石游山有妓从。自笑水云深靓处，仙人开却碧芙蓉。(《烈卿携妓游我林溪精舍及观音院嘲之》)

陈君考据碑板之学很有根底，人亦儒雅，不过老病颓唐，到了冬天，尤其怕寒畏出，我父诗酒宴集，他有时请假不到，我父有诗调他：

> 翁寒畏喘如蛰虫，昨日坏户今启户。朝路无风晚晴暖，赚翁放胆不车步。款门惊讶客俱来，入座谈笑能衔杯。轩髯说佛硙髯陪，正愁雾雨欲酿雪。门前僮语巾车湿，明日招翁翁不出。(《调陈翁》)

吕君为清季苏省能吏，所到政声极好，极讲道德，作诗也用功，不过他耳声之病，时发时止，江西话杂了官话，时有时无，于是耳聋土语，我父和好友，常常拿他开心，有一首和他的诗：

> 学诗必学杜陵翁，曷为学渠左耳聋？心苟勿塞聪亦听，左右皆我何渠侬。渠侬自是吴家语，君住九江古南楚。大同久巳混车书，方言那得区风土。刘生作诗谑有余，君才正如徐仲车。声入不入语异出，强生分别耳有无。无耳可使雷不鼓，有耳可听风吹过。老夫欲为两解之，圣人无可无不可。(《鹿笙示所解烈卿嘲聋与乡语之诗达识洞然而和博其趣》)

莫君是我父早年门生，他的词章和江易园的文章，都是我父门下最得意的人，因长税务到通，来通以前一封信，内有"白头师弟犹得相从"之句，到通以后，也加入了诗酒之会。他有一篇我父挽词，里边说到那几年我父优游山水的情状，很真切。摘录如下：

> 春秋尝会，山水追随，张乐命酒，寄感抗怀，微言善谑，雅笑辗眉。……虽先生英魂灵气不偕异物腐散，仍长在乎平生心力所瘁之山巅与水湄。

民国十二年（1923年）的冬天，我父发起约了诗友，轮流宴客，做九九消寒会，每回换一主人，换一幽静的地方，大家每一九一集，必作一诗，兴致很高。

我父自己不会吃酒，但是他酒厂内有存了二十年的酒。每逢到佳节看花泛湖，他专门看人吃酒，一杯一杯地量好，叫大家比量，他只在旁监督劝进，谈笑取乐。有时在宴会以后也斗诗牌，每人分了十几张，也有几十张，他先说明斗诗牌的方法，然后动手，要做得快。结果总是他先交卷，我也不很慢。我父笑了说："你却不慢，可是不很好。"我回说："又快又好，让还我父。"他大笑，满座也笑了。每一次聚会，我父必定要作诗，同时也叫同座的作，自然哪个有他那样省力易成。当时大家因为怕作不出诗，连宴会都怕到了。我父有一首讲作诗的诗：

> 胸中无量蓄诗意，倾写不尽姑置之。却笑樊翁落京国，排遣过日日课诗。人生只是耽结习，况有芳春与呼吸。风骚汉魏一时人，花上千声闻百舌。哪用安排身后名，日夜遇耳江流声。(《笑示客》)

第三节　观剧论舞

新剧场和伶工学社办成以后，我父也时常去看戏评戏。他每回到场，没有一次不是从头到尾，看完才走，丝毫没有倦容睡态，陪看的人，陪得疲倦不支，他还是津津有味，可见我父晚年精力兴趣，都还胜人。

有一首送欧阳予倩率伶生去汉口的诗：

> 共君说乐梦钧天，岁有新声被管弦。一队儿郎教得隽，也应腾踔李龟年。

梅兰芳第一次到南通唱戏，正在冬天，滴水成冰，我父还是日日夜夜去看，高兴得很。每天看一出戏，就作一首诗。第二天灯光齐放，上边梅戏出台，下边诗笺也四散出来，题叫《传奇新乐府》，共作十回。

这是送别梅郎的诗：

> 梅郎旷绝五年别，来晤啬翁十日期。县人传说若异事，郎日一剧翁一诗。郎以慧为命，翁以狂胜痴。……百年三万六十日，昨日

黑发今雪丝。少年朱颜不常驻，父老竹马经过骑。世界亦何有，尧桀皆沙泥。国势况乃如琉璃，砰脆击薄群顽儿。举子不定纷劫棋，蜀秦连湘鼎沸糜。扶海一州江淮陲，耕桑尚足长犬鸡。翁心与世无町畦，高卧自梦黄炎义。(《别梅郎》)

这几天，看戏作诗的雅会，兴致很高作诗最多的人，除掉我父，要推方惟一先生了。他有两首词，很有风趣。

我父生平，向来主张无论哪一种职业和一种结合，凡优秀人才，极应该站在一起，合作起来，谋整个的改进利益，不应彼此妒忌毁谤，互相攻击，旁边的人，更不应该推波助澜，妄生门户之见。尤其在政治上，他认为中国的国情和国势的艰险，是应该将全国优秀分子集合在同一政府以内，共治中国。人民对于政治上的意见主张，自有同异而分成党派，也是必然的现象。无论哪党哪派，人数一多，自然有好人也有坏人，不能因少数败颓，就拿全体抹煞。

不但政治如此，就是中国戏界向来分的派别很多，你倾我轧，各不相下。我父也认定中国艺术方面，总得优秀分子集合起来，协力改进，方能昌明，所以我父对于梅兰芳、欧阳予倩的各树一帜，都觉得有调和联合，共图中国戏剧改良光明艺术之必要，所以他在南通新剧场内，建了一个梅欧阁，有一首诗：

平生爱说后生长，况尔英蕤出辈行。玉树谢庭佳子弟，衣香荀坐好儿郎。秋毫时帝忘嵩岱，雪鹭弥天足凤皇。绝学正资恢旧舞，问君材艺更谁当。(《人有询梅欧名阁意者赋长句答之》)

还有一副对子：

南派北派会通处，

宛陵庐陵今古人。

我父是处处希望人人相互合作，就是他所办的天生、西山等处的果木园，也都是到各处去采集最优美的果木，像山东肥城、深州的桃，莱阳的梨，怀远的石榴，洞庭山的枇杷，集会起来，预备造成最完美集中的中国果木林。

那几年国内演戏有名的角色，固然都到过南通，就是稍为有名或是还没有名，男的女的，文的武的，都要来到一回，唱几天给我父欣赏。大家对于包银多少，倒放在第二层，总是要求我父作一二首诗，写在扇子上边，或者一副对联，以为无上的光宠。我父也总是不拂人意，叫他们如愿以偿。徐又铮到通访我父，大唱昆腔，唱完了带笑说道："小梅唱一出戏，得先生一首诗，我唱了曲子，也想求一首诗。"我父也笑说道："当然照例。"

这里是一首给琴雪芳的诗：

> 殷勤唱罢索新诗，汝待诗传海内知。云有梅郎先例在，巢笙更奏凤凰雌。（《巢笙十九雪芳年十九》）

我父逢到佳节良辰，名角到来，就想起平生老友。有一回梅将要到通，我父写信给郑先生苏戡，请他来听戏，借此聚首言欢，唱和几日。哪晓得郑先生心目中，有王灵珠在，非但不曾答应观梅之约，并且还约我父来沪赏珠，看他的回信，见得老辈的风趣：

> 新诗精深，无衰惫之气，老运转亨，未可知也？仆自去秋以来，不食饭，夜半三点过即起，至今无恙，亦未知留做何用耳？子培、竹君皆不常见，观梅之约，恐无应者。沪上有灵珠者善，汝明谓为莲芬之匹，能来观乎？惟慎卫。

民国十二年冬，梅兰芳想到外国去唱戏，就请问我父的意见，我父写了一篇东西给他商量，我所以要抄在这里的缘故：第一，要表明我父无论什么事，都是先有计划；第二，要明了我父无论什么事，都有世界眼光。

> 赴美剧团组织不易，姑以必大言，度大要，约略如下：
>
> 一、宗旨：此行为名为利，须先审定。即云为名，为一人之名，为一国之名，须先审定。为一人之名，则助少效薄，为一国之名，则助多效大。
>
> 一、名称：须能代表一国美艺。
>
> 一、须知何剧合欧美人观念心理，不宜单用二簧。
>
> 一、同行人须妙选，不易得。同行人下妆须大方，合于上流，化妆须秀美。

一、剧须先定何等，恐须改编，不合欧美人观念者，须删节润色。

一、按剧配他种角色足用否，如延聘可同行人，须先商得同意。

一、乐器用若干种，以繁为贵，而难其材。

一、每一场剧若干出，须预计。

一、时间：时间不宜长，一处至多以若干日为度。

一、人数：乐工及前后台约二十至二十四，同行艺员约三十至三十六。

一、通常饰服须一例。

一、剧本须译英，须附各艺员照片历史。

一、川资：旅费每人平均至少三千元为度，若六十人即十八万，加以治装交际酬劳及他意外费，至少须二十四五万元以上。

近来有人从北方来，据说梅兰芳壮游新大陆的计划，已有实现的希望。距我父替他计划出游时，也有六年了。有志者事竟成，我为梅君诵之！假使我父今日尚在，听到这个消息，不知要欣慰到怎样了！

我父那时还想创造一种中国的舞艺。要创造，就不能不访求古舞是怎样的，觉得中国已经难找，曾经和朝鲜寓客金沧江有一篇问答，也有一点"礼失而求诸野"的意味。

第四节　诗的生活

我父晚年意境，非常旷达，情趣因之开爽，那退隐的生涯，满带着恬淡诙谐的风趣。他从功名富贵中走出来，而不走进那颓废浪漫的途径，后来几年的隐居，差不多就是诗的生活。

一个人的思想，总要有个寄托，本来哪一种环境，可以造出哪一种思想，写出哪一种作品。我父避世谢客，优游林泉，不是看花，便是赏月，不到湖上，就到山中，自然所见所闻所感想，都近于诗的情趣，不但拿诗会消遣，简直拿感触怀抱，都寄托于诗，发挥于诗。

他的诗向来是写实的一派，晚年作风更趋深刻，又极讲究情趣和音节。他那时的环境，又是孤逸天然、幽美田野的一类，所以有许多诗，随手拈来，都成妙句，因为没有做作，所以极其自然，没有一点火气，所以格外清新。他的行径尽管飘逸，但绝不颓废，意趣尽管豪放，但绝不浪漫，他的诗很像他的人。

在那几年，虽然与世力求隔绝，不愿闻问，但是大厦将倾，覆巢之下无完卵的局势，一天一天逼迫起来，当然不能无动于衷，忘情不顾。看到世乱兵灾，天荒人祸，处处惊心惨目，无限说不出的感伤，也只有寄托于诗。后几年的作品中，有不少忧怀国事和讽刺当世的诗，他虽然天天是吟咏烟霞，流连花月，可是人民惨痛的情状，江河日下的危机，也时时送上心目，挥之不去，所以他的欢笑，比哭还难过，他的诗歌，就是血泪了。我们读他这几年的诗，要时时记住当时纷争的政局和他一生的人格。

我在这章里边，已经选了我父不少的诗，无论什么题目，什么事态，那文字中，总有忧国伤时的印象，弦外之音，差不多首首都有。我现在再选几首，越发可以印证了。

　　此君亭畔水漪漪，鸂鶒鸳鸯作对飞。亭上有人须鬓白，独扶新竹弄清晖。（《此君亭》）

　　枕簟清平午梦回，嫩凉新趁雨余来。奚童报道林塘外，刚有惊人过去雷。（《午梦》）

　　天生负文采，婉娈芳树缘。扬扬弄晴晖，颠蹶儿戏前。当时脱人彀，命亦狙奴悬。殉身书策中，谁能鸣其冤。患至不足道，一槁三十年。（《书中干蝴蝶》）

　　破晓飞来尺一纸，开缄叹嗟泪盈眦。朝鲜遗民老判书，生已无家国俱死。国何以死今匪今？主孱臣偷民怨深。强邻延撄庇无所，昔尝语公公沉吟。自是别公四十载（癸未与公别），东海风云变光怪。……李家兴废殊等闲，河山辱没箕封贤。白发残生庽所

254

假，赤心灰死天应怜。噫吁嘻！朝鲜国，平壤城，李完用不死，安重根不生，运命如此非人争。……后生拔剑走如水，亡秦三户岂徒然？……（《朝鲜金居士赴至，年八十七矣，哀而歌之》）

我父生平，喜词而不作词，据他民国八年在《觳园诗余题辞》上说：

> 词于文事，意缕于诗而体俊于曲。……余性不近，故不学，少一学焉，而弗能至，故未工。壮年旅食，人事役役，兹事遂辍。然舟车之暇，独居深念之余，朋好过从，感喟人事之际，见清丽芊绵之词，则怀为之适，见芬芳悱恻之词，则意为之深，见悲愁慷慨呜咽沉痛之词，则气为之涌而泪淫淫为之下。亦可见词之能移人，则岂不以其低回掩抑，因句长短，足致其往复之思于不尽欤？惜往者未尝为，而今又不暇以为也。

看了上面一段文字，可以见到我父对于词是很爱好，而且很有研究似的。他从前不作词因性不近，后来为事忙。可是到了七十以后，伤时嫉俗、优游山林的时候，也作过一二十首词。或者因为那几年山中旖旎媚人的风光和四时繁靡动人的花事，都合于词的情绪和意境，也未可知。幸亏有这两三年的萧散放逸，倒促成了我父作词的动机，不然我父世间事无一不能，独没有词遗留下来了。

我选两三首在这里：

> 愿对宁嫌宵永，久坐亦愁霜冷。徒倚没商量，帘内鸭炉香烬。孤另孤另，两地一人一影。（《如梦令·望月》）

> 春兰特秀罗含宅，生不同时，地各便宜，耿耿佳人汉武思。清香那得清尊伴，镫畔窥之，镜里怜伊，淡对无言只自知。

> 层层透露层层掩，只是寻常，却费裁量，愿否诗翁插鬓旁。看花人祝花难老，留得时光，脉脉酬香，阑住悲秋一段肠。（《罗敷媚·菊会》）

> 频年梦，桐花凤，一夕飞来郑重。花抑抑，凤依依，如何只要飞。（《和令莱·小令》）

第十一章　逝世

我父七十岁以后，打算一面竭力结束各事，告一段落，让后人去办，他可扶杖观成。一面实践他入山休养读书的计划，间或招致好友，泛舟游山，唱和流连，消磨时日，很想和世上人事隔离得愈远愈好。

他那时身体，虽是康强，腰脚也很健步，起居饭食，还能简刻和往常一样。但是因为早年用功过度，中年又有忧患煎迫，大魁之后，即遭大故，所以他有"不堪重忆科名事，宫锦还家变雪衣"的诗句，心境上很受了重大打击。后来对于四十年以来的政治，希望每为失望所沮丧。到了办实业教育，在创立兴盛时候，心力已经用尽，遇到困顿的难关，更为焦心竭虑，有无限说不出的苦楚，所以表面看来虽是精力很旺，其实内里渐渐地衰颓了。

民国十五年（1926 年）夏，六月初旬起，天气就燥热异常，一连热了半个多月，最热的时候，在一百度①以外，我父就到西林梅坞去避暑养息，每天还作一首诗消遣。到二十三日起，觉得遍体发热，也不以为意，次日清早，还偕同了工程师去察看江堤，计划修建很紧急的石榷。到廿九日下午，病势渐重，人才支持不住，就请了平日常医病的俞、金二君去诊脉，都说脉象虚滑，暑湿夹痰，来势汹汹，很可担心。

---

① 这里用的是华氏度，100°F 约合 37.8℃。

我母及伯父和我三人，就商定接我父回城，便于延医服药，当夜电邀上海宝隆医院德医白鲁门托克博士（Dr. Blumenstock）来通，诊断为胃肠炎，吃了一点药水，当夜回沪。次日又请了上海奥医赖司赍（Dr. Razley）来治，诊断为心脏衰弱，连打强心针。又请了中医沙健庵、刘祖权二先生来诊，说暑湿内陷，恐怕要脱，渐入险境。又请了朱君苣臣来运气，按摩三次。陈君端白新从德学医返国，奉了他父亲陶遗先生的命到通省视诊治，和奥医仔细商量用药。

　　到七月十四以后，一天比一天险迫起来，家人至亲，固然人人愁泪相对，束手无策。而各处问病的函电，自早至晚，来得不绝。地方上前来探问的，早晚也总有几十人齐集濠南，看了医生一刻一个报告，说脉搏平匀些，有力些，热度低些，大家就安慰起来；一看到医生不好的消息，又都愁眉落泪了。十五十六两夜的月亮很佳，天空一些云也没有，洁净无比，月光照得满园景色异样的皎白，好像雪后一般，树顶的宿鸦，以为天晓，个个惊噪起来。我不时走到楼栏旁边，跪下来祷告求福，我向来不是一个信仰上帝或菩萨的人，但是到了这惨痛没法的当口，也只有跪下来，恭敬至诚地求天保佑，第一求我父病慢慢地由减退而痊好起来，第二求减少我父病中的痛苦，我接连跪祷了三四回，每回求祷一两刻钟，医生看见了，远远地望着帮我下泪。

　　我有生以来，优游于天高地厚当中，过的是安乐顺境，比不得人家过惯愁虑感伤的生活，逢到了苦难临头，反不觉得有什么异样难受。我直到这时候，方才亲身尝受了那人世间的愁苦伤痛的真滋味。到了十七日早晨，医生方才坚决地向我说："你父亲的生命，已难有把握了。"他说完了就走近床边，握着我父的手，作别而去。我父还望着他，表示感谢不舍的样子，不到一刻，我父忽然咬紧了牙根，握紧了双拳，面色惨变，好像还在那里依仗了他的神明魄力和那病魔做最后的奋斗。到了中午，我父声息渐渐地微细了，两目渐渐地合闭了，哪晓得一个人的长逝的光景和灯光日光一样，灯光到了油尽，日光到了西天，都是慢慢地逐渐地熄灭了，沉下了。

　　我到这时候，心肠伤痛，好像刀割，觳觫如死囚受刑，眼泪也哭不出了。感想到我父的关系，不是一人一家所托命，他所造成的事业的地方，也何尝不倚赖他，差不多我父眼睛一闭，我和我家就立刻惨痛孤露起来，地方和事业也就像风中落叶飘动起来。大凡世上的金钱财宝，什么损失都是有价的，有限的，唯独天地间的人类的长逝，那损失是无价的，无限的。我父一生刻刻为人群谋利益，为国家谋建设，鞠躬尽瘁，身体力行。今一旦长逝，岂不是国家人民无价的无限的损失吗？张轶欧先生有一副挽联是：

国家损失此为大！

中外推尊谁与俦？

我父在十四那天，还要笔写字，可是执了笔，动不来了。自从起病到瞑目，从来没有提一件家事，说一句私话，关于我父的后事，早三四天我母就和我商定，一齐都预备好了。我父殓时的里衣，是拿大生纱厂所织的南通大布做的，我父神主是我自己题的。讣文上不用一切衔名。

我父逝世消息传出以后，各处的挽唁函电，如雪片而来，许多地方，不约而同地开会追悼，举国都有木坏山颓的哀感。丁文江先生在上海追悼会演说："……数年前余在美时，美前总统罗斯福死后，凡反对之者，无不交口称誉。今张先生死，平日不赞成他的人，亦无不同声交誉。可见哀悼伟人，心理皆同。……"

到同年十一月一日出葬，那天清晨，天气异常晴爽，朝阳渐升，光芒四射，蔚蓝的天穹，明净到一片云都没有，霜露凝盖树上，愈觉澈亮，寒肃之气，侵人肌骨，好像天有意给我父一个光明冷峻的结局。素车白马，四方来会葬的和地方上人，共有万余人，都步行执绋。凡枢车经过的地方，那沿路观望的乡人，有数十万都屏息嗟叹，注视作别，送我父到他的永远长眠之地。

这坟地是我父生前自己所择定的，已经种了不少的树木，前面直对着南山。墓上也不铭不志，只在墓门横石上，题为"南通张先生之墓阙"。

张謇年表

清咸丰三年癸丑（1853 年），五月二十五日卯时生　1 岁

政局　太平军战事中

文事　/

事迹　生于江苏海门常乐镇

亲友　祖父卒

四年甲寅（1854 年）　2 岁

政局　湘军曾国藩起

文事　/

事迹　/

亲友　五弟警生

五年乙卯（1855 年）　3 岁

政局　/

文事　/

事迹　/

亲友 外曾祖母卒

六年丙辰（1856 年） 4 岁
政局 英舰攻广州　中英中法订《天津条约》
文事 始识《千字文》
事迹 ／
亲友 ／

七年丁巳（1857 年） 5 岁
政局 英法二军合攻广东
文事 入邱氏学塾，名吴起元
事迹 ／
亲友 ／

八年戊午（1858 年） 6 岁
政局 中俄中美中法订《天津专约》　英法军占领大沽
文事 在邱氏塾
事迹 落水遇救
亲友 ／

九年己未（1859 年） 7 岁
政局 ／
文事 在邱氏塾
事迹 ／
亲友 二兄蕡溺水卒

十年庚申（1860 年） 8 岁
政局 英法军占领天津攻北京　帝避热河
文事 在邱氏塾

事迹 往东台吊外祖母丧

亲友 祖母卒

十一年辛酉（1861年） 9岁

政局 /

文事 在邱氏塾

事迹 /

亲友 /

同治元年壬戌（1862年） 10岁

政局 /

文事 在邱氏塾

事迹 /

亲友 /

二年癸亥（1863年） 11岁

政局 /

文事 读完《三字经》《百家姓》《神童诗》《酒诗》《鉴略》《千家诗》《孝经》 学《庸》《论》《孟》 学属对

事迹 /

亲友 /

三年甲子（1864年） 12岁

政局 湘军攻克江宁

文事 延西亭宋郊祁先生在家设塾

事迹 至通州城

亲友 /

四年乙丑（1865 年） 13 岁

政局 /

文事 读完《诗》《书》《易》《尔雅》 学诗试帖制艺作讲首 学作诗钟

事迹 至西亭

亲友 二叔父卒

五年丙寅（1866 年） 14 岁

政局 /

文事 读《礼》《春秋》《左传》 作八韵诗制艺成篇

事迹 /

亲友 宋先生卒

六年丁卯（1867 年） 15 岁

政局 /

文事 从宋紫卿璞斋先生问业，读《周礼》《仪礼》

事迹 /

亲友 /

七年戊辰（1868 年） 16 岁

政局 /

文事 改名张育才，字树人 如皋县试、州试、院试，皆取附学生员

事迹 误入如皋张驹族籍应试

亲友 识秦烟锄、刘馥畴、张子冲、黄香山

八年己巳（1869 年） 17 岁

政局 中日订《天津条约》①

---

① 此处指《中日修好条规》。

文事　读《纲鉴易知录》《通鉴纲目》

事迹　颇苦籍事索酬之应付

亲友　识徐石渔先生、顾延卿、仁卿、陈子寿、黄少轩、范肯堂

九年庚午（1870 年）　18 岁

政局　发生"天津教案"

文事　科试取乡试不中

事迹　/

亲友　订海门徐氏婚

十年辛未（1871 年）　19 岁

政局　/

文事　学于海门训导署　院试取　读桐城方氏所选四书文及所选明文　读《朱子四书大全》及宋儒书

事迹　仍苦籍事纷缠

亲友　识无锡赵菊泉先生、太仓王菘畦先生、江夏彭久余先生、桐城孙海岑先生、周彦升

十一年壬申（1872 年）　20 岁

政局　/

文事　读名家制艺　读《通鉴》

事迹　/

亲友　识太仓孙子福先生，束织云、畏皇，陶季亮

十二年癸酉（1873 年）　21 岁

政局　/

文事　科试取乡试不中　读《三国志》及方望溪、姚惜抱集

事迹　卒归籍通州　至江宁应孙海岑先生书记

亲友　/

十三年甲戌（1874 年） 22 岁

政局 /

文事 南京惜阴、钟山二书院皆取第一名　岁试取　补增广生　读《王半山集》《韩昌黎集》《晋书》

事迹 随孙先生勘案淮安及江阴炮台工程　是岁起有日记

亲友 成室　识临川李小湖先生、全椒薛慰农先生、武昌张濂卿先生

光绪元年乙亥（1875 年） 23 岁

政局 慈安、慈禧太后秉政　慈安太后卒[①]

文事 恩科乡试不中　作书学拨镫法　读《明季稗史》及朱子《名臣言行录》　读《楚辞》及《王渔洋集》

事迹 /

亲友 识庐江吴长庆提督、朱芝阶、钱新甫、王欣甫

二年丙子（1876 年） 24 岁

政局 /

文事 科试取补廪膳生　乡试不中　读《陆宣公奏议》《日知录》从张先生治古文

事迹 至吴长庆提督军幕

亲友 识邱履平、严礼卿、顾石公、邓熙之

三年丁丑（1877 年） 25 岁

政局 /

文事 改名謇，字季直　岁试取第一名　读《史记》《前汉书》及《近思录》

事迹 游摄山、定山

---

① 慈安太后卒于 1881 年。

亲友 父亲六十寿 识朱曼君、杨子承、何眉孙

四年戊寅（1878 年） 26 岁

政局 /

文事 /

事迹 游惠山

亲友 母亲六十寿 女淑生十日殇 林公锡三卒 识夏子松先生

五年己卯（1879 年） 27 岁

政局 /

文事 科试取贡元 三院会考取第一名 乡试不中

事迹 /

亲友 母亲卒 沈公幼丹卒

六年庚辰（1880 年） 28 岁

政局 法国侵越南

文事 读《士丧礼》 作《述训》

事迹 游泰山至京 移军登州

亲友 识瑞安黄漱兰先生、袁爽秋、张蔼卿、郑太夷

七年辛巳（1881 年） 29 岁

政局 《伊犁条约》成立

文事 读《老子》《庄子》《管子》

事迹 至济南

亲友 母亲葛太夫人卒 识袁慰廷

八年壬午（1882 年） 30 岁

政局 新疆改省^① 日本干涉韩乱，派兵往援

文事 著《东征事略》《乘时规复流虬策》《规复朝鲜善后策》

事迹 荐范肯堂于吴挚甫先生 随吴公军援护朝鲜

亲友 赵先生卒

九年癸未（1883 年） 31 岁

政局 中法开战

文事 读段桂氏《说文》

事迹 仍至汉城军幕 理通海花布减捐

亲友 吴公卒

十年甲申（1884 年） 32 岁

政局 /

文事 /

事迹 散振平枭议立常乐社仓 办通海滨海渔团 定海门拔贡事
辞直粤李张二督

亲友 /

十一年乙酉（1885 年） 33 岁

政局 中法媾和 《北京条约》成立^② 曾国荃两江总督

文事 国子监考取第一名 顺天乡试中南元 读王氏《说文释例》
《古文辞类纂》

事迹 /

亲友 纳陈氏妾 识潘尚书、翁尚书 识黄仲弢、王可庄、旭庄、梁
节庵、沈子培、宗室伯熙、濮止潜、王荇卿、张伯纪、丁恒斋

---

① 1884 年，清廷发布上谕，正式设立新疆省。
② 此处疑指《中法新约》。

266

十二年丙戌（1886 年） 34 岁

政局 /

文事 礼部会试不中　读《管子》《晏子》

事迹 兴海门蚕桑

亲友 /

十三年丁亥（1887 年） 35 岁

政局 帝亲政

文事 曾总督国荃以江宁书局分校《汉书》见属　读《胡文忠集》

事迹 购柏、槐树秧分给乡人　随孙先生由安庆至开封　规计黄河决口工

亲友 /

十四年戊子（1888 年） 36 岁

政局 /

文事 长赣榆选青书院兼修县志　长太仓娄江书院兼修县志　读宋、明、清名志

事迹 恢复海门溥善堂

亲友 识莫善徵、楚生父子

十五年己丑（1889 年） 37 岁

政局 《印藏条件》成立

文事 礼部会试挑取誊录　作棉谱　辑志例欲成《志通》一书

事迹 /

亲友 识汤蛰先

十六年庚寅（1890 年） 38 岁

政局 /

文事 礼部会试不中

事迹 /

亲友 潘公卒　识蒋书箴

十七年辛卯（1891 年） 39 岁

政局 /

文事 至东台校县试卷　修县志　治《易音训句读》成

事迹 省叔兄江西

亲友 /

十八年壬辰（1892 年） 40 岁

政局 /

文事 礼部会试不中

事迹 辞翁、盛二公留管国子监南学

亲友 纳管氏妾　孙先生卒

十九年癸巳（1893 年） 41 岁

政局 /

文事 长崇明瀛洲书院

事迹 为海门增学额

亲友 识江易园

二十年甲午（1894 年） 42 岁

政局 中日战争开始　张之洞总督两江

文事 礼部会试中殿试赐进士及第授翰林院修撰

事迹 /

亲友 父亲卒　张濂卿先生卒　朱曼君卒

二十一年乙未（1895 年） 43 岁

政局 北洋海军败亡　中日媾和成　刘坤一总督两江

文事 长南京文正书院 长安庆经古书院

事迹 复通州孔庙乐舞 设采芹会 议兴通州纱厂 议办花布认捐
总办通海团练 议城宜掘濠 营家庙义庄及乡里社仓石路
石桥 列名开强学会 建海门垦开荒滩 筹备海防经费议

亲友 束畏皇卒

二十二年丙申（1896年） 44岁

政局 李鸿章使俄 京汉铁路成

文事 /

事迹 设纱厂 通唐家闸 家庙落成

亲友 纳吴梁氏妾

二十三年丁酉（1897年） 45岁

政局 德国强占胶州

文事 成《归籍记》

事迹 经营厂事 试海门芦穄炼糖 办如皋灾赈

亲友 三叔父卒 从子亮祖卒

二十四年戊戌（1898年） 46岁

政局 慈禧太后再秉政 成立辽东半岛租借议定书 恭王卒

文事 保和殿试散馆以经济特科荐 编本支系谱

事迹 纱厂兴工 为刘督拟开垦海门荒地奏 创办常乐二十八圩社
仓 议九场丈垦事 总理两江商务局商会 上翁相理财标本
急策 为刘督拟太后训政保议圣恭疏

亲友 怡儿生

二十五年己亥（1899年） 47岁

政局 俄国设立关东州

文事 /

事迹 纱厂开车出纱　任学部谘议官

亲友 /

二十六年庚子（1900 年）　48 岁

政局 义和团发生　各国联军攻北京　和议旋成

文事 /

事迹 创办通海垦牧公司　厂纱畅销至此大效　代刘督订初高等两级二学课程　为刘张督定东南互保策

亲友 意园先生卒　识刘厚生

二十七年辛丑（1901 年）　49 岁

政局 李鸿章卒

文事 著《变法平议》

事迹 经营垦牧公司　抗争西安俄约

亲友 何梅生卒

二十八年壬寅（1902 年）　50 岁

政局 帝及太后还京　满汉通婚　禁缠足　刘坤一卒　魏光焘总督两江

文事 /

事迹 设立通州师范及女师范　创办油厂面厂及实业公司　劝州人设劝业银行

亲友 五弟卒

二十九年癸卯（1903 年）　51 岁

政局 江宁铁路契约成立

文事 四修族谱　著《东游日记》

事迹 经营师范　创办吕四盐业公司及渔业公司　营垦牧公司海复

镇　议设全国渔业公司　游历日本　移居常乐新宅

亲友　／

三十年甲辰（1904 年）　52 岁

政局　日俄战争中立

文事　／

事迹　设立学校公共植物园　设立通五属学务处　创办镇江笔铅公
司　试仿日本盐田　营冶业　创办上海大达轮步公司及天生
轮步　创办新育婴堂及翰墨林书局　规运河入海道　辟四扬
坝河　草《同度量衡铜圆盐鱼制造奏》　草《变通盐法奏》
商部属主全国商会公司　定南洋渔业公司办法　为南皮魏督
拟请立宪奏稿七易始定　朝旨赏三品衔为商部头等顾问官

亲友　／

十一年乙巳（1905 年）　53 岁

政局　改革刑法军制　周馥总督两江

文事　／

事迹　设立工人艺徒学校　议设淮属师范学校　设立城厢初等小
学　设立博物苑　创办铁工厂　砖窑　耀徐玻璃厂成立
沿途视察煤铁矿　与江鄂督书争江淮省事江淮省本余议立
吴淞商船学校成立开学　为龙门师范筹款五千元　被推震旦
学校校董

亲友　韩人金沧江来依

三十二年丙午（1906 年）　54 岁

政局　《中英藏约》成立　下预备立宪诏

文事　／

事迹　请两江设工艺学校农事试验场　为扬州筹两淮自立小学中
等师范　设立南通五属中学　设立铁路学校　设立法政讲

习所　师范附设土木工科测绘特班　设立中国图书公司
助成复旦学院　营颐生酒厂　主持赴意大利赛会事　创办
工人储蓄处　创办吕四聚煎盐场　成立预备立宪公会　被
推宁属学务长　被推苏省铁路公司协理

亲友　/

三十三年丁未（1907 年）　55 岁

政局　发布地方官新制　端方总督两江

文事　/

事迹　常乐各小学校次第成立　助成中国公学　大生第二厂成立开
车　被推宁属教育会会长

亲友　/

三十四年戊申（1908 年）　56 岁

政局　帝及太后相继卒　醇王摄政　各省设谘议局

文事　/

事迹　开通如海食盐岸成　测地方舆图

亲友　徐夫人卒

宣统元年己酉（1909 年）　57 岁

政局　请愿速开国会　张之洞卒　张人骏总督两江

文事　/

事迹　营吕四十七八总船闸　改地方监狱　筹备谘议局事开研究
会　沪嘉路开车　联合十四省请速开国会　议设导淮公司
被推江宁商业高等监督　被推江苏教育总会会长　被推谘议
局议长

亲友　周彦升卒

二年庚戌（1910 年） 58 岁

政局　资政院成立

文事　著《说盐》

事迹　规植学校林于南五山　江宁南洋劝业会成设劝业研究会　设全国农业联合会　议设织布厂　被推地方议会议长

亲友　/

三年辛亥（1911 年） 59 岁

政局　革命军武昌起义　程德全江苏总督

文事　/

事迹　设垦牧小学　各商会议组游美报聘团事代表至京　至东三省视察　被推中央教育会会长　清廷简任农工商部大臣兼江苏宣慰使

亲友　沈敬夫卒

民国元年壬子（1912 年） 60 岁

政局　南京民国政府成立　孙文任总统　继政府迁北京　袁世凯任总统　庄蕴宽江苏都督

文事　/

事迹　设立幼稚园传习所　设立图书馆　设立盲哑学校　设立盐场警察长尉教练所　创办贫民工厂三处　定用工部营造尺清丈全县地亩　规度狼山森林苗圃　第三次修山路　设立第一养老院医院残废院　扩充新育婴堂　任实业部长兼两淮盐政总理　授勋二位一等嘉禾章

亲友　/

二年癸丑（1913 年） 61 岁

政局　宋教仁被刺　二次革命　袁世凯任正式总统

文事　/

事迹 设立唐闸纺织学校　设立幼稚园二处　规以垦牧一堤东区地
令退伍兵耕作　设立唐闸公园医院　被推汉冶萍总理　辞省
议员、众议员、参议员　辞宪法起草委员会　任农商总长兼
全国水利总裁　公布农商法令　议导淮借款

亲友 怡儿往学青岛

三年甲寅（1914 年）　62 岁

政局 公布《新约法》　欧洲大战开始　冯国璋江苏都督

文事 /

事迹 助成南京高等师范后扩设东南大学　成立大有晋盐垦公司
议设中法劝业银行　规部立各试验场　规定度量衡制造所
复戡淮河　派员往美筹建巴拿马运河博览会中国陈列馆　组
织游美实业报聘团出发　营濠南别业

亲友 怡儿往游南洋群岛　长兄卒　三嫂卒

四年乙卯（1915 年）　63 岁

政局 中日交涉起　袁谋帝制失败　蔡锷起义云南

文事 /

事迹 为南通公共事业请许觅地自营基金免缴地价　查勘鲁皖林牧
试验场出京　特令褒扬南通自治　美国召集国际水利会议，
欲自往列席未果　解各职

亲友 怡儿成婚，妇安徽石埭陈氏女

五年丙辰（1916 年）　64 岁

政局 黎元洪任总统　袁世凯卒　蔡锷卒　李纯江苏总督军

文事 /

事迹 残废院落成　新育婴堂十周纪念会　被推中国银行联合会会
长　营天生果园及林溪精舍

亲友 长女孙非武生

六年丁巳（1917年） 65岁

政局 张勋复辟失败　冯国璋任总统　对德宣战

文事 /

事迹 定学校林案　图书馆落成　建各盐垦公司河工闸工　开露天棉作展览会　复造城郊马路　辟军、剑、黄泥、马鞍山河　公园落成　营濠阳小筑

亲友 遣怡儿往美留学　汤蛰先卒　沈友卿卒

七年戊午（1918年） 66岁

政局 北京召集新国会　徐世昌任总统　欧战停止　《凡尔塞条约》成立

文事 /

事迹 规吕四聚煎地　改建观音院　被推全国主张国际税法平等会会长　任华成盐垦公司总理

亲友 怡儿自美回　从子仁祖卒　孟庸生卒

八年己未（1919年） 67岁

政局 五四爱国运动发生　齐燮元江苏督军

文事 /

事迹 设立伶工学社　设立工商补习学校　设立交通警察所　设立垦牧初等小学　设立蚕桑讲习所　创办大生三厂及淮海银行总行　设立更俗剧场　建青龙港闸及淮漾港闸　遥望九孔大闸成　清理全县田亩纳税鱼鳞册事　规剑山植林区　营东奥山庄西山村庐及梅垱　任江苏运河督办

亲友 次女孙生

九年庚申（1920年） 68岁

政局 直皖军战争　广州政府取消

文事 订县志　著《绣谱》

事迹 各专门合并为南通大学 置基产费四十五万元 绣织局女工传习所落成 图书馆新楼成 伶社开音乐会 创办新南公司 设立苏社 设立县自治会 规辟串场大河 议筑沿江七十里长堤 进行北方工赈通电主和 被推中国矿学会及中国工程师学会会长

亲友 孙融武生 三兄七十岁 雷继兴卒

十年辛酉（1921年） 69岁

政局 广州新政府成立 华盛顿太平洋会议

文事 /

事迹 设立垦牧高等小学国民小学 为中国科学社谋得社所 全县县道通车 开王家港河建闸 蒿枝港闸成 通电主和 政府聘为赴美专使团高等顾问，辞 被推远东运动会名誉会长 任吴淞商埠督办

亲友 第四女孙生

十一年壬戌（1922年） 70岁

政局 奉直军战争 黎再任总统 青岛交还

文事 /

事迹 维持招商局 设盐垦纺织管理处 设立第三养老院 开治江会于上海 通电主和 被推为交通银行总理 被推中国纱厂联合会会长 晋授勋一位一等大绶宝光嘉禾章 兼任江苏新运河督办

亲友 内人五十生日往游西湖 怡儿任考查各国实业专使 第五女孙生

十二年癸亥（1923年） 71岁

政局 孙文就元帅于广州 临城劫车案发生 曹锟任总统

文事 自编七十以前年谱

事迹 师范廿周纪念会　第三幼稚园成立　作纺织公司股东会宣言书　作盐垦水利规划报告股东书　作商榷世界棉业书地方路工处成立　规划全县水利　上海港务会议　巡视江堤　鬻字助慈善

亲友 生圹动工

十三年甲子（1924 年）　72 岁

政局 江浙军战争　奉直军再战争　段祺瑞任执政　杨宇霆江苏督办

文事 ／

事迹 计议实业地方改进事　沪中交两行会议　视察垦地　浚公园河　再鬻字助振　通电主和

亲友 怡儿回　怡儿任驻智利国全权公使

十四年乙丑（1925 年）　73 岁

政局 孙文卒于北京　五卅事件发生　孙传芳江苏总司令

文事 ／

事迹 海门保坍会成立

亲友 内人生圹动工

十五年丙寅（1926 年），8 月 24 日（阴历七月十七日）午时逝世　74 岁

政局 国民革命军由广东北伐

文事 ／

事迹 女师范廿周纪念会　会勘通如海县界　勘察保坍会筑榫工程

亲友 怡儿任扬子江水道委员会会长